21世纪高等职业教育
财经专业核心课程系列教材

总主编 张世体

会计模拟实习教程

KUAIJI MONI SHIXI JIAOCHENG

主编 谭树利

副主编 李孔月 张瑞珍 葛东敏

立信会计出版社

图书在版编目(CIP)数据

会计模拟实习教程 / 谭树利主编. —上海：立信会计出版社，2007.8
(21世纪高等职业教育财经专业核心课程系列教材)
ISBN 978-7-5429-1887-1

Ⅰ.会… Ⅱ.谭… Ⅲ.会计学—高等学校:技术学校—教材 Ⅳ.F230

中国版本图书馆 CIP 数据核字(2007)第 123347 号

会计模拟实习教程

出版发行	立信会计出版社		
地　　址	上海市中山西路 2230 号	邮政编码	200235
电　　话	(021)64411389	传　　真	(021)64411325
网　　址	www.lixinaph.com	电子邮箱	lxaph@sh163.net
网上书店	www.shlx.net	电　　话	(021)64411071
经　　销	各地新华书店		
印　　刷	常熟市梅李印刷有限公司		
开　　本	787 毫米×960 毫米	1/16	
印　　张	20	插　　页	4
字　　数	406 千字		
版　　次	2007 年 8 月第 1 版		
印　　次	2017 年 10 月第 9 次		
印　　数	19 901—21 000		
书　　号	ISBN 978-7-5429-1887-1/F		
定　　价	35.00 元		

如有印订差错，请与本社联系调换

总　　序

当今世界,科学技术突飞猛进,知识经济已见端倪,国际竞争日趋激烈。教育在综合国力的形成中处于基础地位,国力的强弱越来越取决于劳动者的素质,取决于各类人才的质量和数量,这对于培养和造就我国21世纪的一代新人提出了更加迫切的要求。

作为高等教育体系中的一个重要组成部分,高等职业教育近几年来进入了高速发展时期,其中财经专业学生占相当大的比例。围绕培养财经专业高技能人才这个根本目标,加强财经专业的教材建设是实现教学计划,达到培养目标的重要保证;是加强教学管理、提高教学质量的重要措施;是深化教学改革、提高人才培养质量的根本途径。教材建设重在提高质量,具有特色。

经过多方努力,"21世纪高等职业教育财经专业核心课程系列教材"已正式出版发行。这是十几所院校几十位既具有扎实的理论基础,又具有丰富的实践经验的"双师型"教师倾注了大量的人力、物力和财力共同努力的结果。

本套教材编写的特点是:第一,力求做到理论与实际相结合,既保持理论体系的系统性和方法的科学性,又注重教材的实用性和针对性。第二,每本教材的编写,注意吸收国内外优秀教材的成果,教材力求深入浅出、突出重点、通俗易懂。第三,在广泛调查研究的基础上,经过多所高等职业院校一批有着丰富教学和实践经验的专家学者的论证和推荐,优化选题,优选编者。

值此系列教材出版之际,我们谨向所有支持本套教材出版的各校领导和参编老师表示诚挚的谢意。

感谢济南铁道职业技术学院党委书记刘邦治、院长陈小言、副院长徐冬,他们对本套教材的顺利出版,给予了大力支持。感谢立信会计出版社陈旻女士对出版本套教材的热情帮助。

  作为本套教材的第一批 10 本教材,只是我们在高职财经类专业教材建设中走出的第一步。我们将继续努力,根据经济发展的要求不断修改和完善,使之成为一套真正适用于高等职业教育、经得起实践检验的优秀教材。

张世体

2007 年 5 月

前　　言

会计教学改革的关键之一是要强化实践性教学环节。实验教学是强化实践性教学环节的一种基本形式。由于会计学科的应用性特点,要求会计教学不仅要向学生全面系统地传授会计的基本理论和基本方法,而且要特别注重培养他们应用会计理论和方法,解决会计实践问题的能力。所以,开展会计模拟实验是会计学科教学改革的客观需要。我们本着厚基础、重能力、求创新的总体思路,优化整合课程内容,突出会计学科的应用性特点,依据最新的企业会计准则和财税法规,紧密结合企业实际,编写了本书,并形成以下特色。

一、突出实习业务的全面性

本书选取某企业一个会计期间实际发生的全部经济业务,包括企业在供应、生产、销售等整个生产经营过程中发生的各种经济业务,从开设账户、设置账簿、经济业务发生时取得原始凭证、编制记账凭证、登记账簿、计算产品成本、核算财务成果、进行利润分配到编制财务报表,完成了一个会计核算工作的循环过程。对学生要求比较高的可利用本教材资料进行纳税会计及纳税申报的模拟实训,从而使学生对企业会计核算的全过程得到全面完整的实际操作练习,实现学生所学知识与企业实际的"零距离"。

二、突出内容的新颖性

本教材将企业财务会计与会计实训联系起来,在教材体系中突出了会计的应用性特点。另外,针对《企业会计准则》和《税法》变化较快的特点,本教材吸收了我国最新的税收法规(2007年的税法规定),并采用了全新的企业会计准则,针对现行中小企业不能适用最新会计准则的规定,做了灵活性的说明,以求学生实现"零距离"就业。

三、突出实习业务的真实性

本书选取某一企业一个会计期间实际发生的全部经济业务,并且在进行模拟实习时,使用与企业实际工作中完全相同格式的各种发票、结算凭证、记账凭证、账簿和表格，按照最新的《企业会计准则》规定和《会计人员工作规范》要求的会计管理与会计核算的程序，对全部经济业务进行业务处理，把学生置于一个会计岗位上，增强了学生模拟实习的责任心，充分调动了学生学习的积极性、主动性，提高了学生的业务水平，锻炼了学生的实际工作能力。

四、突出实习业务的综合性

本书选取某一企业一个会计期间实际发生的全部经济业务，结合新颁布实施的《企业会计准则》对部分内容做了修改，增加了培养学生职业判断能力的业务，如各种减值准备的计提、非货币性交易的会计处理、金融资产及投资性房地产的核算。出口退税业务、外币业务也是本教材实训的重要内容。另外，本教材从手工模拟实习到电算化软件的应用，全方位、综合模拟了企业会计核算的各项基本技能。

总之，我们对本书的编写进行了大胆的尝试，对会计实训教材建设起到促进作用，对学生的专业应用能力和知识结构起到深化作用。本书可以作为高等职业教育会计实训教材，也可作为高职高专、成人会计实训教材和自学参考用书。

本书由谭树利设计提纲，各章编写分工为：第一部分模拟实习公司概况、第二部分模拟实习的组织由谭树利、黄新荣编写，第三部分模拟实习资料年初余额、12月初余额、12月份经济业务内容和第四部分参考答案由谭树利、李孔月、张瑞珍、葛东敏、李斌、张默、王金申、黄新荣共同完成。初稿完成后，由主编谭树利统一定稿。

对于会计模拟实习教程的编写，我们做了大胆的尝试，希望能取得良好的效果。囿于我们的水平，书中存在的问题和不足，诚请指正。

编　著

2007年8月

目 录

1 模拟实习公司概况 ·· 1
　1.1 注册资金、公司类型与经营范围 ··· 1
　1.2 法人治理结构 ·· 1
　1.3 内部组织机构及人员分布 ·· 3
　1.4 公司财务状况 ·· 4
　1.5 生产工艺流程 ·· 4
　1.6 公司会计政策与内部核算制度 ·· 4

2 模拟实习的组织 ·· 15
　2.1 模拟实习的目的 ··· 15
　2.2 模拟实习的步骤 ··· 15
　2.3 模拟实习的课时安排 ··· 18
　2.4 模拟实习的要求 ··· 20

3 模拟实习资料 ··· 21
　3.1 期初余额 ··· 21
　3.2 经济业务内容 ··· 44
　3.3 业务资料 ··· 59

4 参考答案 ··· 260
　4.1 会计分录序时簿 ··· 260
　4.2 内部原始凭证 ··· 297
　4.3 科目汇总表 ·· 309
　4.4 资产负债表、利润表 ··· 309

1 模拟实习公司概况

本书以山东德胜塑编有限责任公司为主体公司,以该公司 2008 年 12 月份发生的全部经济业务为资料,从开设账户、设置账簿、填制记账凭证、登记账簿、计算生产成本、结转财务成果、分配利润,到编制财务报表止,进行全面的会计核算工作。

1.1 注册资金、公司类型与经营范围

山东德胜塑编有限责任公司是一家中型塑编加工制造企业,企业组织形式是有限责任公司。

公司经营范围:生产普通塑料编织袋(以下简称普袋)、二合一编织袋(以下简称二合一)、三合一编织袋(以下简称三合一)等塑料编织产品,并从事该类产品的销售。

该产品广泛用于建材、水泥、化肥、矿产品、化工产品、粮食、面粉、食盐、食糖、葡萄糖、蛋白粉、药品以及其他颗粒物料的包装,具有强度高、不易破损、耐腐蚀、无毒、无味、防潮、防静电、抗紫外线、抗老化等特点。其化学性能稳定,产品质量可靠,印刷性能优越,色彩艳丽,是保护、美化商品的理想包装物。

公司注册资金为 33 700 000 元,由法人山东东方塑料制品有限公司、山东南海化工有限公司于 2007 年 6 月 1 日在山东省工商管理局登记设立。其中,山东东方塑料制品有限公司出资 20 220 000 元,占公司注册资金的 60%,山东南海化工有限公司出资 13 480 000 元,占公司注册资金的 40%。

公司税号:370305987654321

公司地址:临海市工业路 3 号,电话:2828888

1.2 法人治理结构

1.2.1 股东会拥有的职权

公司按我国《公司法》的规定设立股东会,股东会拥有如下职权:

(1) 决定公司的经营方针和投资计划。

(2) 选举和更换董事,决定有关董事的报酬事项。
(3) 选举和更换由股东代表出任的监事,决定有关监事的报酬事项。
(4) 审议批准董事会的报告。
(5) 审议批准监事会或者监事的报告。
(6) 审议批准公司的年度财务预算方案和决算方案。
(7) 审议批准公司的利润分配方案和弥补亏损方案。
(8) 对公司增加或者减少注册资本作出决议。
(9) 对发行公司债券作出决议。
(10) 对股东向股东以外的人转让出资作出决议。
(11) 对公司合并、分立、变更形式、解散和清算等事项作出决议。
(12) 修改公司章程。

1.2.2　董事会拥有的职权

根据公司章程的规定设立董事会,董事会拥有如下职权:
(1) 负责召集股东会,并向股东会报告工作。
(2) 执行股东会的决议。
(3) 决定公司的经营计划和投资方案。
(4) 制定公司的年度财务预算方案和决算方案。
(5) 制定公司的利润分配方案和弥补亏损方案。
(6) 制定公司增加或者减少注册资本的方案。
(7) 拟订公司合并、分立、变更形式、解散的方案。
(8) 决定公司内部管理机构的设置。
(9) 聘任或者解聘公司经理(总经理)(以下简称经理),根据经理的提名,聘任或者解聘公司副经理、财务负责人,决定其报酬事项。
(10) 制定公司的基本管理制度。

1.2.3　总经理拥有的职权

根据公司章程的规定设立总经理,总经理拥有如下职权:
(1) 主持公司的生产经营管理工作,组织实施董事会决议。
(2) 组织实施公司年度经营计划和投资方案。
(3) 拟订公司内部管理机构设置方案。
(4) 拟订公司的基本管理制度。
(5) 制定公司的具体规章。
(6) 提请聘任或者解聘公司副经理、财务负责人。

（7）聘任或者解聘除应由董事会聘任或者解聘以外的管理人员。
（8）公司章程和董事会授予的其他职权。

1.3 内部组织机构及人员分布

公司内部组织机构如下：

公司设总经理1名，全面负责公司的生产经营，组织实施董事会的决议。总经理下设副总经理2名，分别负责企业的生产技术和经营管理，副总经理对总经理负责。

公司设有3个基本生产车间：拉丝车间、圆织车间、制袋车间；一个辅助生产车间：维修车间；设有生产技术科、质检科、供应科、销售科、办公室、财务科、车队等7个科室。

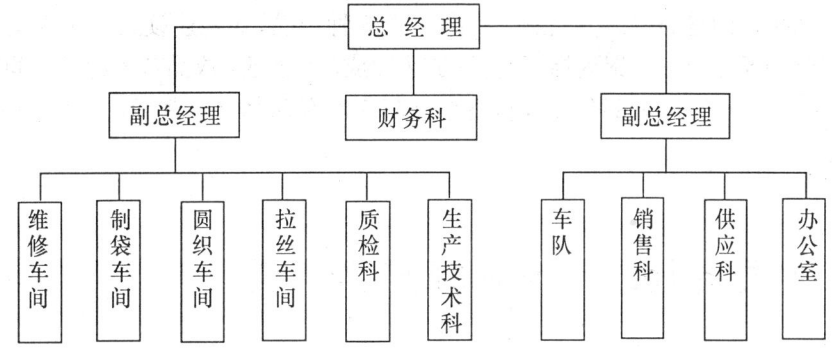

公司现有职工510人，其人员分布如下：

拉丝车间	54
圆织车间	137
制袋车间	180
维修车间	40
质检科	11
生产技术科	13
供应科	8
办公室（含经理3人）	15
财务科	9
销售科	24
车队	19
合　　计	510

1.4 公司财务状况

截至 2008 年 11 月 30 日,公司总资产 64 797 546.70 元,其中流动资产 21 534 916.20 元、在建工程 231 000.00 元、固定资产 24 556 630.00 元、投资性房地产 1 800 000.00 元、长期股权投资 6 600 000.00 元、无形资产 9 555 000.00 元、可供出售金融性资产 420 000.00 元、持有至到期投资 100 000.00 元;总负债 29 610 646.70 元,所有者权益 35 186 900.00 元。

1.5 生产工艺流程

该公司生产的普袋、二合一、三合一编织袋 3 种产品,均是连续式多步骤生产。先由拉丝车间领用原材料——聚丙烯、母料等加热制成丝,全部半成品转入圆织车间制成编织布,除少量直接销售外,大部分转入制袋车间制成库存商品——普袋、二合一和三合一编织袋。

1.6 公司会计政策与内部核算制度

1.6.1 财务科内部分工

该公司财务科共有会计人员 9 名,分工如下:

1) 财务科长

审核业务,调度资金,进行财务分析,制定财务计划,参与公司经营决策,负责财务科的全面工作。

2) 出纳

办理货币资金的收付业务,编制收、付款记账凭证,登记现金、银行存款日记账。

3) 固定资产核算

编制固定资产购建、折旧、清理、清查等业务的记账凭证。

4) 材料核算

编制材料采购、入库、领用等业务的记账凭证,计算及分摊材料成本差异,登记材料核算的有关明细账。

5) 债权债务核算

编制有关债权债务结算的记账凭证,登记有关明细账,期末根据客户情况,核销坏账,计提坏账准备。

6) 成本核算

编制费用发生、分配及成本结转等业务的记账凭证,填制各种费用分配表和产品成本计算表,登记有关费用成本明细账。

7) 工资核算

编制工资结算及分配、计提福利费及各项基金等业务的记账凭证。

8) 销售及利润核算

编制销售、计提税金、结算损益及利润分配等业务的记账凭证,登记有关明细账,填制各项税金纳税申报表。

9) 登总账、编制财务报表

登记总账,编制对外报送的财务报表。

1.6.2 会计核算办法

1) 公司采用一级成本核算,采用记账凭证汇总核算方式
2) 记账方法为借贷记账法
3) 公司会计核算必须符合我国《会计法》和会计准则制度的要求
4) 公司会计年度为公历年1月1日至12月31日
5) 公司会计核算以人民币为记账本位币
6) 公司会计核算以实际发生的经济业务为依据,如实反映财务状况和经营成果
7) 公司会计核算以权责发生制为基础
8) 资产的核算

(1) 公司的资产是指由于过去的交易或事项所引起的、企业拥有或控制的、能带来未来经济利益的经济资源。包括:库存现金、银行存款、应收及预付款项、存货(材料、低值易耗品、包装物、库存商品、在产品等)、固定资产、无形资产、长期待摊费用、金融性资产、投资性房地产。

(2) 现金及各种存款按照实际收入和支出数记账。

在临海市商业银行开设基本账户,账号14140000001;在临海市中国银行开设结算账户,账号15150000001;在建设银行开设外币结算账户(美元户),账号17170000001,美元户。

(3) 应收及预付款项按实际发生额记账,并按客户设置明细账,提取坏账准备金,应收账款坏账准备的计提按期末应收账款余额的5‰进行,待摊费用年末未摊销完一次性进入受益期分摊。

(4) 存货按取得时的实际成本核算,发出时按移动加权平均法确定实际发出成本。

(5) 公司的固定资产是指使用年限在1年以上,单位价值在2 000元以上,在使用过程中保持原来物质形态的资产,包括房屋及建筑物、机器设备、运输设备、办公设备等。公

司的固定资产折旧方法采用平均年限法,房屋及建筑物折旧年限为20年,机器设备折旧年限为10年,运输设备、办公设备及工具折旧年限为5年。

(6) 公司的无形资产是指土地使用权,在使用期限内摊销。

9) 生产经营及供产销等主要环节的核算要求

(1) 供应过程的核算要求。

① 生产产品耗用的原材料,按实际成本法核算,采用移动加权平均法核算发出材料的成本。

② 低值易耗品和包装物按实际成本法核算,采用一次摊销法摊销。

③ 外购电力和自来水,均按各使用单位电表、水表的实际记录入账。

(2) 生产过程的核算要求。

① 该公司生产的普袋、二合一、三合一编织袋三种产品,均是连续式多步骤生产。先由拉丝车间领用原材料——聚丙烯、母料等加热制成丝,全部半成品转入圆织车间制成编织布,除少量直接销售外,大部分转入制袋车间制成库存商品——普袋、二合一和三合一。产品耗用的原材料、半成品均实行领料制,由用料单位填写领料单,据以领料。月末由材料仓库编制原材料发出汇总表、半成品发出汇总表,报财务科据以报账。三种产品均采用分步法计算成本。

② 对生产成本的核算,为了简化核算手续,按生产车间设三个二级明细账户。二级明细账户分别为拉丝车间、圆织车间和制袋车间,在各二级明细账户下设置三个三级明细账户,分别为原料、工资、动力和制造费用。

③ 该公司的管理人员实行计时工资制,生产工人实行计件工资制。每月月末财务科根据劳动人事部门送来的工资结算表发放工资,编制工资结算汇总表,据以记账。

④ 共同发生的费用——维修费用,按工人工资比例在各生产车间进行分配。

⑤ 固定资产折旧的计算采用平均年限法,按分类折旧率计算:机器设备为0.75‰,电子设备为1.5‰,运输工具为1.5‰,房屋建筑类为3.75‰。按月计算提取。

⑥ 辅助生产车间设置"制造费用"账户核算,不再设置"辅助生产成本"账户。

⑦ 公司各职能科室为组织管理全公司生产所发生的费用,分别设置"管理费用""制造费用"账户进行核算。

(3) 销售过程的核算要求。

① 产品销售成本均于月终按加权平均单位成本计算结转。

② 本公司为增值税一般纳税人,增值税的核算按一般纳税人的规定进行,出口产品免交增值税,并按11%计算出口退税。营业税按5%的税率计算,城市维护建设税、房产税、教育费附加、地方教育费附加、印花税等按国家规定计算,企业所得税按25%计算。

③ 利润分配按公司法的有关规定执行,盈余公积的提取比例为10%,分配给投资者的利润按净利润的20%计算提取,剩余部分为企业的未分配利润。

10) 负债的核算

公司的负债是指公司所承担的能以货币计量的,需以资产或劳务偿还的债务。包括:银行借款、应付及预收款项、应交税费、应付职工薪酬及其他负债。

(1) 银行借款按实际借入数记账,并按银行币种设置明细账。

(2) 应付及预收款项按实际发生数入账,并按客户设置明细账。

(3) 应交税费按税种设置明细账。

明细账如下:

应交税费——应交增值税——进项税额
　　　　　　　　　　　——已交税金
　　　　　　　　　　　——转出未交增值税
　　　　　　　　　　　——减免税款
　　　　　　　　　　　——销项税额
　　　　　　　　　　　——出口退税
　　　　　　　　　　　——进项税额转出
　　　　　　　　　　　——出口抵减内销产品应纳税额
　　　　　　　　　　　——转出多交增值税
　　　　　——消费税
　　　　　——营业税
　　　　　——城市维护建设税
　　　　　——增值税检查调整
　　　　　——土地增值税
　　　　　——所得税
　　　　　——房产税
　　　　　——土地使用税
　　　　　——车船税
　　　　　——个人所得税
　　　　　——未交增值税
　　　　　——印花税
　　　　　——教育费附加

(4) "应付职工薪酬"账户用来核算公司为获得职工提供的服务而给予的各种形式的报酬以及其他相关支出。具体包括:

① 职工工资、奖金、津贴和补贴。

② 职工福利费(包括提供给职工配偶、子女或其他赡养人的福利)。

③ 医疗保险费、养老保险费(包括补充养老保险)、失业保险费、工伤保险费和生育保

险费等社会保险费。

④ 住房公积金。

⑤ 工会经费和职工教育经费。

⑥ 非货币性福利。

⑦ 因解除与职工的劳动关系而给予的补偿。

⑧ 以购买商业保险形式提供给职工的各种保险待遇。

⑨ 其他与获得职工提供的服务相关的支出。

公司按项目设置下列明细账，核算上述薪酬的计提、分配、发放。

应付职工薪酬——工资
　　　　　　——职工福利
　　　　　　——社会保险费
　　　　　　——养老保险
　　　　　　——工伤保险
　　　　　　——生育保险
　　　　　　——失业保险
　　　　　　——补充医疗金
　　　　　　——单位互助医疗金
　　　　　　——住房公积金
　　　　　　——工会经费
　　　　　　——教育经费
　　　　　　——解除职工劳动关系补偿
　　　　　　——股份支付
　　　　　　——应付劳务费

11) 所有者权益的核算

公司所有者权益是公司投资人对企业净资产的所有权，包括实收资本、资本公积、盈余公积、未分配利润等。

12) 损益的核算

公司损益的核算包括收入、费用、利润的核算。

(1) 公司的收入是指公司在销售产品或提供劳务等经营业务中实现的营业收入，包括产品销售收入和其他业务收入。

(2) 公司的费用是指公司在生产经营过程中发生的各项耗费。包括：计入生产经营成本的直接材料、直接人工和各项间接费用；直接计入当期损益的公司行政管理部门为组织和管理生产经营活动而发生的管理费用和财务费用；按各费用项目发生的内容进行明细分类核算的制造费用、管理费用、财务费用；按《企业会计准则——借款费用》、《企业会计准则——外币业务》的有关规定处理的借款利息及汇兑损益。

(3) 公司的利润是指公司在一定期间的经营成果,包括产品销售利润、营业利润、投资净收益和营业外收支净额。

产品销售利润为产品销售收入减去产品销售成本、销售费用、销售税金后的余额。

营业利润为产品销售利润加上其他业务收支净额减去管理费用、财务费用后的余额。

利润总额为营业利润加上投资收益、营业外收入,减去营业外支出后的余额。

利润净额为利润总额减去所得税费用后的余额。

13) 成本的核算

(1) 成本是公司生产产品的制造成本,包括直接材料、直接人工、制造费用等成本项目。

(2) 成本按产品的品种分类核算。

直接材料按发出移动平均法计价,摊入不同产品的生产成本。

直接人工按实际消耗人工费用直接计入成本。

制造费用中的水电费根据水表、电表的实际记录,按一定比例分配给不同产品;折旧费按固定资产部门分配;物料消耗按折旧比例分配。

14) 减值准备的计提

公司应在资产负债表日判断公司资产是否存在可能发生减值的迹象。对于发生了减值的应当计提减值准备。

(1) 存货跌价准备及坏账准备。应收账款坏账准备的计提按期末应收账款余额的5%计提,存货跌价准备按个别分类法计提。企业设置"存货跌价准备""坏账准备"和"资产减值损失"账户进行明细核算,领用已提存货跌价准备的存货时,应一并结转领用材料应负担的已计提的存货跌价准备。

(2) 持有至到期投资减值准备。资产负债表日,公司根据金融工具确认和计量准则,按个别法确定持有至到期投资发生减值的,按应减记的金额,借记"资产减值损失"账户,贷记"持有至到期投资减值准备"账户。

已计提减值准备的持有至到期投资价值以后又得以恢复的,应在原已计提的减值准备金额内,按恢复增加的金额,借记"持有至到期投资减值准备"账户,贷记"资产减值损失"账户。

(3) 长期股权投资减值准备。资产负债表日,企业根据资产减值或金融工具确认和计量准则,按个别法确定长期股权投资发生减值的,按应减记的金额,借记"资产减值损失"账户,贷记"长期股权投资减值准备"账户。

处置长期股权投资时,应同时结转已计提的长期股权投资减值准备。长期股权投资减值准备一经计提,在以后的会计期间不得转回。

(4) 无形资产减值准备。资产负债表日,公司根据资产减值准则,按个别法确定无形资产发生减值的,按应减记的金额,借记"资产减值损失"账户,贷记"无形资产减值准备"账户。

处置无形资产时,应同时结转已计提的无形资产减值准备。无形资产减值准备一经计提,在以后的会计期间不得转回。

(5) 固定资产减值准备。资产负债表日,公司根据资产减值准则,按个别法确定固定资产发生减值的,按应减记的金额,借记"资产减值损失"账户,贷记"固定资产减值准备"账户。

处置固定资产时,应同时结转已计提的固定资产减值准备。固定资产减值准备一经计提,在以后的会计期间不得转回。

(6) 在建工程减值准备。资产负债表日,企业根据资产减值准则,按个别法确定在建工程发生减值的,按应减记的金额,借记"资产减值损失"账户,贷记"在建工程——减值准备"账户。

在建工程减值准备一经计提,在以后的会计期间不得转回。

(7) 商誉减值准备。资产负债表日,企业根据资产减值准则确定商誉发生减值的,按应减记的金额,借记"资产减值损失"账户,贷记"商誉——减值准备"账户。

15)财务报表

(1) 财务报表是反映公司财务状况和经营成果的书面文件。包括:资产负债表、利润表、现金流量表、附表及财务报表附注和财务情况说明书。

(2) 财务报表是根据登记完整、核对无误的账簿记录和其他资料编制的,应做到数字真实、计算准确、内容完整、报送及时。

1.6.3 财务管理制度

为了加强财务管理,适应激烈的市场竞争的要求,提高企业效益,实现企业上新台阶的目标,根据有关会计法规和本公司实际,特制定如下制度:

1) 原则

(1) 公司各员工必须遵纪守法,从公司整体利益出发,相互协作。

(2) 公司各生产经营部门必须相互衔接,各负其责。

(3) 必须做到钱账分管、账物分管、手续齐全。

(4) 公司各员工经手每项业务必须签字,"签字"就是牵制。

2) 材料采购制度

(1) 材料库存应做到既保证生产需要,又无积压,且采购费用少。

(2) 每次采购必先由仓库向采购部门申请。

(3) 采购部门根据仓库申请打订单(3份),经财务部和经理审批,方可与客户联系采购。

(4) 采购部门必须保证材料及时、保质、保量、价优地到位,并能取得增值税专用发票。

(5) 材料进入公司以后,仓库必须及时清点数量,质量管理部门验收质量合格后,仓库填制入库单,经有关人员签字送财务部门,仓管人员及时登记入账。

(6) 供应商必须提供请款单、发票、公司订单,经财务部门审核、经理审批,方可付款。

3) 销售业务制度

(1) 销售业务人员必须详细登记客户资料。

(2) 销售业务人员必须同客户确定好售价、付款方式、送货方式以及有关事项。

(3) 必须与客户签订正式合同,并留财务部门存档。

(4) 业务人员必须根据客户订单确定生产,如需样品需由客户办理样品订做或出库手续。

(5) 业务人员给客户价格优惠的,必须经经理审批,并留财务部门存档。

(6) 业务人员必须负责客户全套服务,包括客户对产品的要求、送还货期、货款追回。

(7) 产品生产完成后立即打送货单。

(8) 发货时必须由发货人在送货单上签字,并由客户签字。

4) 借款及费用报销制度

依照借款及费用报销的暂行规定。

5) 现金管理制度

(1) 现金管理必须遵循钱账分管、钱票分管原则,会计管账票,出纳管钱。

(2) 每项现金收入必须由会计开具票据,出纳收现金,并在票上签字盖上"现金收讫"戳记。

(3) 现金收款票据必须设置多联,客户、会计、出纳、经办人分别一联,以便核对。

(4) 出纳必须确保现金的安全,防止遗失、偷窃。

(5) 出纳必须根据经办人签字、会计审核、经理审批的凭据付款。

(6) 出纳必须即时登记现金日记账,核对收入、支出、余额,并与实际库存现金核对相符,做到日清日结。

(7) 出纳不得擅自借款给员工,借款必须由总经理批准签字,并不得超过规定限额。

(8) 月底,会计同出纳核对现金余额和银行存款余款,做到账账相符、账实相符。

6) 成本控制制度

(1) 各生产员工必须有很强的成本意识,不断提高自己的生产技术水平,节约材料,提高速度,保证产品质量。

(2) 会计要与其他部门共同制定每年每种产品的成本计划、材料耗用定额、费用标准。

(3) 材料入库后,保管人员应立即与生产人员组织验收、清点数量、检查质量,如有数量和质量问题,及时通知采购部门和供应商。

(4) 材料入库后,由保管人员及时填制验收单,验收单上必须有质量检查人员和保管人员同时签字,一式三联,及时送到财务、采购部门,以便核对。

(5) 车间生产需领用材料时,必须填制领料单,并由生产和仓库部门人员同时签字,并报财务部门。

(6) 领料单一式三联,财务部、生产部、仓库各一联。

(7) 材料入库后,仓库保管人员必须立即登记数量金额式账簿,月底抽查材料实物与账存是否相符。

(8) 财务部门必须建立主要材料数量金额式二级账,修理配件零星物料建立金额式二级账,修理配件零星物料仓库可以以表代账,月底必须同仓库账核对相符。

(9) 生产员工按定额用料,超过定额必须查明原因,属于主观因素的,责任人必须承担责任;属客观因素的,则调整定额。

(10) 生产员工必须在完成规定工作量后的工作才算加班,计加班工资;未完成规定工作量的加班,不计加班工资。

(11) 员工必须有产品质量意识,由于主观因素,使产品质量未能达到客户要求,造成损失的,由员工承担责任。

(12) 生产设备操作人员和维修人员必须按规程操作保养,并予记录。

1.6.4 稽核制度

(1) 根据我国《会计法》第 27 条和《会计基础工作规范》规定,结合本公司实际情况,制定本制度。

(2) 会计稽核制度的制定工作指定专人完成,直接由总经理负责。

(3) 按月对原始凭证和记账凭证审核一次,对会计账簿、财务报表复核一次。

(4) 按月盘点现金一次,并将现金、银行存款日记账与会计现金、银行存款总账进行核对,如有不符应查明原因并及时处理。

(5) 对库存原材料,每年年底盘点一次,并据以调整账务(成本与库存)。

(6) 稽核人员对记账凭证、会计账簿、财务报表、纳税申报表和会计核算的其他资料,以及现金日记账、银行存款日记账等有关财务资料,除按月进行稽核外,还可根据需要进行抽查,会计、出纳人员应予支持和配合。

(7) 稽核人员因工作需要,可向本厂员工开展稽核调查或询问,有关人员应予支持和配合,不得借故推诿、阻挠。

(8) 原始凭证和记账凭证审核的内容和方法:

① 审核原始凭证的合法性、合理性。大宗物品必须取得税务发票,对方如是一般纳税人,应取得增值税专用发票;如是小规模纳税人,应取得普通发票或税务部门代开的专

用发票(6%)。发票上的物品必须和采购计划相符,金额不得超过预算。

② 审核原始凭证的真实性。发票上列明的物品是否销售商所经营的产品,购进价与预算、现实是否相当,货物是否验收入库等。

③ 审核原始凭证的完整性。有无购货单位名称、购货时间、品名、规格、大小写、复写、公私章;是否为发票联,有无涂改(金额涂改要退回重开),涂改处是否盖有公章,审批人是否签字等。

④ 审核记账凭证的正确性。时间、编号是否正确,使用的账户、方向、金额是否正确,大小写是否相符,摘要记载是否清楚等。

(9) 复核会计账簿和财务报表是否正确无误:

① 复核总账与明细账是否相符,摘要栏是否记载得简单明了。

② 复核资产负债表数字与总账数字是否一致,复核利润表中的数字是否与总账和有关明细账相符,有无更改报表数字,有无针对不同对象使用不同的数字报出。

③ 复核报表之间的数字是否衔接,前后期之间是否衔接。

(10) 稽核人员应敬业、守法,发现问题应及时处理,并向总经理汇报,取得其支持。

1.6.5 借款及费用报销制度

为了进一步完善公司财务管理,严格借款及报销程序,结合公司实际,特制定本制度。

1) 借款程序

(1) 出差人员借款,必须先到财务部门领取借款单,并填写出差申请单(见附件一),借款金额原则上按"往返车费+(住宿费+出差补助)×预计出差天数"计算,先经部门经理同意,再由财务部门审核,最后经总经理批准后,方可借支,前次借支差旅费无故尚未报销者,不得再次借款。

(2) 因业务需要开支招待费的,由部门经理领取借款单,并填写招待费申请单(见附件二),报总经理批准,方可借支。

(3) 其他临时借款,如购买办公用品、维修费等,须填写借款单,写明用途、金额,办理审批手续后,方可借支。

2) 报销程序

(1) 差旅费报销,出差人员返回公司后,5天内应按规定到财务部报账。填写差旅费报销单,并粘贴原始发票。在所附凭单上由经办人签字,经部门经理、财务人员签字后,报总经理审批,予以报销。

(2) 业务招待费报销,须填写支出凭单,所附单据必须是税务部门的正式发票,列明公司抬头、数字清晰,先由经办人签字,经部门经理、财务人员签字后,报总经理审批,予以报销。超审批金额外的业务招待费,一般不予开支。

(3) 其他报销,审批程序同上。

(4)报销期限为借款之日起 5 个工作日内,超期未报的,财务人员月底清账时凭借款单转应收个人款,发工资时从领用工资内扣还,当月工资扣还不足的,逐月扣发以后的工资,待领用人报账后再作补发工资处理。

附件一

出差申请单

年　　月　　日

出差人姓名			职　　别	
预计出差天数	年 月 日至	年 月 日共计　天	出差地点	
交通工具			预借差旅费¥	
出差事由				

总经理审批:　　　　　　部门经理:　　　　　　申请人:

附件二

招待费申请单

年　　月　　日

部　　　门		申　请　人	
就餐人数	人	客户单位	
就餐人员姓名		就餐标准	元
事由		就餐地点	

总经理审批:　　　　　　部门负责人:　　　　　　经办人:

2 模拟实习的组织

2.1 模拟实习的目的

通过模拟实习,要求学生进一步理解和巩固所学的会计理论知识和基本方法,以增加学生的感性认识和理性认识,培养学生良好的会计专业基本功,为将来从事实际工作奠定良好的基础。

通过模拟实习,要求学生熟悉会计资料的种类、格式、内容、填制方法、业务流程,以及会计凭证的传递手续等内容;掌握会计凭证的审核与填制、会计账簿的设置与登记、产品成本的计算、财务报表的编制等会计基本技能,能运用科目汇总表账务处理程序完成一个完整的会计循环业务的处理,并能采用手工处理和电算化处理,综合掌握企业会计核算的全过程。

2.2 模拟实习的步骤

按照记账凭证汇总表核算程序,本模拟实习主要包括开设账户、设置账簿、编制记账凭证、登记账簿、编制财务报表等步骤。

2.2.1 根据期初余额等资料开设账户、设置账簿,并登记期初余额

1)总账账户按照《企业会计准则》会计科目表的顺序设置,有期初余额的,将期初余额登入其账户内。

2)所有总账账户均应设置明细账户,应根据不同情况设置,并将期初余额登入相应账户内。

(1)现金日记账和银行存款日记账为序时账,应采用订本式日记账。为节约账页,也可采用活页三栏式账页。

(2)"在途物资"明细账,采用平行式账页,明细账按购进原材料和周转材料的品种设置账户。

(3)"原材料"明细账,原料及主要材料按详细品名设户,其他材料按类别设户;"库存商品"明细账,按产品名称设户。原材料及库存商品的实物明细账,均采用三栏式账页进

行数量金额核算。

(4)"周转材料"明细账,按"低值易耗品""包装物""存货减值损失"设户。

(5)"固定资产"明细账,分类按使用部门——"拉丝车间""圆织车间""制袋车间""辅助生产车间""管理部门""销售部门""投资性房地产"设户,采用三栏式账页或特制多栏式账页,只核算金额不核算数量。

(6)"生产成本"明细账,根据生产车间设"圆织车间""制袋车间""拉丝车间"三个二级明细账户。"生产成本——××车间"账户下设"原料""工资""动力""制造费用"等项目进行核算。"生产成本"账户期末余额反映在产品的余额。

(7)"制造费用"明细账,按"拉丝车间""圆织车间""制袋车间""辅助生产"设置二级明细账户。其中,辅助生产核算维修车间、质检科、技术科、供应科所发生的办公费、差旅费、物料消耗、修理费、劳动保护、动力、折旧、其他项目等;拉丝车间、圆织车间、制袋车间的制造费用可用多栏式会计账页核算办公费、差旅费、物料消耗、修理费、劳动保护、动力、折旧、其他项目等。期末将"辅助生产"所发生的制造费用进行归集,再按工资比例分摊到"拉丝车间"、"圆织车间"、"制袋车间"二级明细账户。

(8)"应收账款""应收票据""其他应收款""应付账款""应付票据""预收账款""其他应付款"等往来性明细账,均采用三栏式账页,按往来单位或个人名称设户。

(9)"应交税费"明细账,按制度规定的应交税费项目设户。应交税费应当设立的账户主要有:"应交税费——应交增值税""应交税费——消费税""应交税费——营业税""应交税费——城市维护建设税""应交税费——增值税检查调整""应交税费——土地增值税""应交税费——所得税""应交税费——房产税""应交税费——土地使用税""应交税费——车船税""应交税费——个人所得税""应交税费——未交增值税""应交税费——印花税""应交税费——教育费附加"等。上述账户可采用三栏式账页。

(10)"销售费用""管理费用""财务费用"明细账,按费用项目设户,采用三栏式账页或多栏式账页。财务科、办公室及副经理以上所发生的办公费、差旅费、物料消耗、修理费、劳动保护、动力、折旧、其他项目等,记入"管理费用"账户。车队和销售科所发生的办公费、差旅费、物料消耗、广告费、运输费、装卸费、修理费、劳动保护、动力、折旧、其他项目等,记入"销售费用"账户。企业为筹集资金所发生的利息支出、汇兑损益、手续费等,分别记入"财务费用"账户的"利息支出""手续费"等二级账户。

(11)其他明细账,按会计制度有关规定或核算需要设户,采用三栏式(或专用)账页。

3)期初总账与明细账相核对,核对期初余额及编制试算平衡表。

2.2.2 根据经济业务编制记账凭证

根据本模拟实习的主体企业——山东德胜塑编有限责任公司,2008年12月份发生的经济业务及其原始凭证,按照时间顺序逐项编制记账凭证。记账凭证按月从"1"开始顺序编号；一组会计分录使用两张以上记账凭证应按顺序用"带分数"编列分号。注意正确运用会计账户，按规定要求认真填写记账凭证的全部内容，并将原始凭证附在有关记账凭证后面。

根据记账凭证，按旬编制记账凭证汇总表，记账凭证汇总表可按月或年顺序编号。对于公司各车间领料、产品成本计算，可于月底一次汇总计算分配。

2.2.3 根据记账凭证登记账簿

根据收款、付款记账凭证逐日逐笔登记现金日记账和银行存款日记账，并逐日结出余额；根据收款、付款和转账三种记账凭证顺序逐笔登记有关明细分类账；根据记账凭证汇总表，按旬登记总账，结出余额。按旬将总账余额与其所属明细账余额进行核对，以保证账账相符。月终，在全部账簿登记完毕并核对相符后，办理总账、明细账月度和年度结账工作。

2.2.4 编制资产负债表、利润表、现金流量表

根据总账和明细账等有关资料，编制公司 2008 年 12 月 31 日的资产负债表和 2008 年度的利润表，并根据资产负债表、利润表和账簿记录等有关资料编制 2008 年度的现金流量表。

2.2.5 会计档案资料装订与保管

(1) 会计凭证的整理与装订。会计凭证按日整理装订。会计凭证整理应按照账户顺序排列，同一账户按照先现金后转账顺序排列，现金传票按照收付顺序排列，转账传票按照借贷顺序排列，表外账户按照收付顺序排列。会计凭证过少的，可将同一月份若干日的会计凭证(不得超过 5 日)按日顺序合并装订，并用封面隔开；会计凭证过多的，可分若干册装订。装订成册的会计凭证应在传票封面上填明要素，编写顺序号，注明日期、保管期限及档案号，由装订人员和会计主管人员在加封处签章。

(2) 会计账簿的整理与装订。总账按月分账户顺序整理装订，分户账将电脑打印分户账和手工记载分户账分开装订，分户账分账户、账号按年整理装订。在年度中间更换或结清的账页，应按照账号顺序分账户妥善保管，待年度终了统一整理装订。账页过多的，可分册整理装订。整理装订成册的账页，要填写"账首"和"账页目录"，另加封面、封底，在装订处加封并登记封面，注明名称、年度、保管期限、档案号，由装订人员和会计主管人员在加封处签章。

(3) 财务报表的整理与装订。按日打印的报表按月分类整理装订，按月、按季打印的资料以及结息和其他资料按年分类整理装订，另加封面、封底，在装订处加封，登记封面，注明名称、年度、保管期限、档案号，由装订人员和会计主管人员在加封处签章。

(4) 不需连续记载的各种登记簿,应根据类别、使用年度和保管期限,统一编列档案号,作为相关年度的会计档案归档。连续记载的登记簿应按启用时间顺序编号,作为永久性档案统一编号归档。

2.3　模拟实习的课时安排

根据实习目的、要求和模拟实习公司的实际生产经营情况,按照会计核算的要求,将综合模拟实习分为以下九个阶段(可根据学生的不同情况,做出合理的安排):

阶段	实 习 内 容	实 习 要 求	时间安排
一	设置账簿并过账: (1) 公司总账的设置及期初余额的过账方法; (2) 公司日记账的设置及期初余额的过账方法; (3) 公司各种明细账的设置及期初余额的过账方法; (4) 期初总账与明细账核对。	(1) 了解实习资料中主体公司生产经营的具体情况; (2) 熟悉公司设置账簿的种类、格式、与用途; (3) 掌握公司总账、日记账、明细账设置的具体方法,以及期初余额的过账方法,期初对账等实务操作技能。	2天 (12学时)
二	填制上旬记账凭证、账户汇总表并记账: (1) 上旬原始凭证的填制与审核方法; (2) 收款、付款、转账三种记账凭证的填制方法; (3) 科目汇总表的编制方法; (4) 总账、日记账、明细账的登记方法; (5) 上旬总账与明细账核对方法。	(1) 了解实习资料中主体公司上旬经济业务的内容; (2) 熟悉上旬公司取得或填制的各种原始凭证; (3) 掌握上旬原始凭证的填制与审核方法,收款、付款、转账三种记账凭证的填制方法等实务操作技能; (4) 掌握上旬科目汇总表的编制方法等实务操作技能; (5) 掌握上旬总账、日记账、明细账的登记方法等实务操作技能。	6天 (36学时)
三	填制中旬记账凭证、科目汇总表并记账		6天 (36学时)
四	填制21~30日的记账凭证		4天 (24学时)

(续表)

阶段	实 习 内 容	实 习 要 求	时间安排
五	填制 31 日的原始凭证、记账凭证、下旬科目汇总表并记账： (1) 各种原始凭证的填制方法，辅助生产费用分配表、产品成本计算单、所得税计算等原始凭证的填制方法； (2) 月终结转本年利润的方法； (3) 所得税计算方法； (4) 年终进行利润分配、年终结账。	(1) 了解实习资料中主体企业 31 日经济业务的内容； (2) 熟悉 31 日企业取得或填制的各种原始凭证； (3) 掌握 31 日原始凭证的填制与审核方法，收款、付款、转账三种记账凭证的填制方法等实务操作技能； (4) 掌握 31 日科目汇总表的编制方法等实务操作技能； (5) 掌握 31 日总账、日记账、明细账的登记方法等实务操作技能。	3 天 (18 学时)
六	编制财务报表： (1) 资产负债表的格式与填制； (2) 利润表的格式与填制； (3) 现金流量表的格式与填制。	(1) 熟悉财务报表的种类、格式及内容； (2) 掌握编制财务报表前要做的各项工作； (3) 掌握资产负债表、利润表、现金流量表的编制方法等实务操作技能。	2 天 (12 学时)
七	会计档案资料装订与保管： (1) 凭证封面的内容与填写，凭证装订方法； (2) 各种账簿的装订方法； (3) 财务报表的装订方法。	(1) 熟悉凭证装订的内容、方式和保管的有关规定； (2) 掌握会计凭证、会计账簿、财务报表的装订方法等实务操作技能。	2 天 (12 学时)
八	会计电算化模拟实习： (1) 期初余额录入，及试算平衡的方法； (2) 会计凭证种类设置、编制与录入方法； (3) 会计账簿的登记与查找错账的方法； (4) 财务报表的计算、编制及试算平衡。	(1) 熟悉会计电算化处理的程序； (2) 掌握会计账簿初始、会计凭证编制与输入、会计账簿登记、财务报表编制等会计电算化实务操作技能。	3 天 (18 学时)
九	模拟实习报告		1 天 (6 学时)
	合　　计		29 天 (172 学时)

2.4　模拟实习的要求

（1）进行模拟实习前,首先,应根据教学计划安排和本教程实习的需要,制定出模拟实习的实施计划,明确实习的形式、实习小组的划分,确定具体的时间进度和要求等,以使整个模拟实习按计划、有组织地进行。其次,由指导教师按照本教程内容向学生进行系统讲解,使学生对模拟实习的意义、模拟实习主体企业的生产经营概况、会计核算体系和学生在实习企业中扮演的"角色"、模拟实习的要求以及模拟实习的步骤等,有正确的认识和充分的了解,为模拟实习奠定良好的思想基础。再次,做好充分准备,按照模拟实习的要求准备好所需用的各种会计凭证、会计账簿、财务报表等资料和物品,以保证模拟实习的顺利进行。

（2）进行模拟实习时,要按照实习的步骤、要求顺序进行,对本期发生的各项经济业务,都要先分析业务内容,然后逐一审核原始凭证;确认审核无误后据以制证记账。各项经济业务的处理,应按照上述模拟实习的步骤和制度规定认真进行。

（3）为了更好地使学生掌握所学知识,熟悉企业的生产经营情况,本教材增加了企业生产经营活动所必需的最基本的资料,可以全面帮助学生了解企业实际情况,教师可以根据情况,设置生产、供销、仓储、财务等不同岗位,模拟企业运作情况,为模拟实习提供有益的支持。

（4）模拟实习结束后,学生应写出实习总结报告,着重写实习的心得体会和收获,对模拟实习教程中存在的问题,要提出改进意见。

3 模拟实习资料

3.1 期初余额

3.1.1 山东德胜塑编有限责任公司总分类账户 2008 年年初余额及 12 月份期初余额

山东德胜塑编有限责任公司总分类账户 2008 年年初余额及 12 月份期初余额

账 户 名 称	年初余额(2008年)		期初余额(12月)	
	借 方	贷 方	借 方	贷 方
101 库存现金	15 669.65		49 955.76	
102 银行存款	2 439 000.00		5 644 000.00	
109 其他货币资金	1 500 000.00		1 500 000.00	
112 应收票据	310 000.00		310 000.00	
113 应收账款	8 073 747.75		3 285 800.00	
115 预付账款			3 000 000.00	
116 坏账准备	−117 040.00		−117 040.00	
119 其他应收款	2 790.00		9 070.00	
122 在途物资	1 016 710.00		964 000.00	
123 原材料	3 114 630.27		2 526 860.27	
124 周转材料	753 409.84		634 359.84	
139 待摊费用			17 700.00	
140 库存商品	2 444 910.00		2 787 110.00	
151 长期股权投资			6 600 000.00	
152 可供出售金融资产	300 000.00		420 000.00	
153 持有至到期投资			100 000.00	

(续表)

账 户 名 称	年初余额(2008年)		期初余额(12月)	
	借 方	贷 方	借 方	贷 方
162 固定资产	29 170 030.00		29 170 030.00	
163 投资性房地产	3 000 000.00		3 000 000.00	
167 累计折旧	-2 621 400.00		-4 613 400.00	
168 投资性房地产累计折旧	-1 080 000.00		-1 200 000.00	
169 在建工程	252 000.00		231 000.00	
171 无形资产	10 500 000.00		10 500 000.00	
174 累计摊销	-715 833.34		-945 000.00	
201 短期借款		8 500 000.00		9 760 000.00
202 应付票据		3 000 000.00		3 000 000.00
203 应付账款		5 855 000.00		5 855 000.00
204 预收账款		1 270 000.00		1 510 000.00
209 其他应付款		6 800.00		93 200.00
212 应付职工薪酬		126 740.00		585 611.70
222 应交税费		89 185.00		445 865.00
224 应付股利				100 000.00
231 预提费用				17 700.00
241 长期借款		7 200 000.00		7 200 000.00
251 应付债券				1 043 270.00
301 实收资本		33 700 000.00		33 700 000.00
311 资本公积		900 000.00		900 000.00
313 盈余公积				40 900.00
321 本年利润				490 000.00
322 利润分配		56 000.00		56 000.00
401 生产成本	2 345 100.83		923 100.83	
402 制造费用				
501 主营业务收入				

(续表)

账户名称	年初余额(2008年)		期初余额(12月)	
	借方	贷方	借方	贷方
502 主营业务成本				
503 销售费用				
504 营业税金及附加				
511 其他业务收入				
512 其他业务支出				
521 管理费用				
522 财务费用				
541 营业外收入				
542 营业外支出				
550 所得税费用				
合　　计	60 703 725.00	60 703 725.00	64 797 546.70	64 797 546.70

3.1.2 总账账户期初余额(12月)

总账账户期初余额

账　户　名　称	期初余额	
	借方	贷方
101 库存现金	49 955.76	
102 银行存款	5 644 000.00	
10201 银行存款——临海市商业银行 14140000001	5 100 000.00	
10202 银行存款——临海市中国银行 15150000001	544 000.00	
109 其他货币资金	1 500 000.00	
10901 其他货币资金——商业承兑保证金	1 500 000.00	
112 应收票据	310 000.00	
11201 应收票据——临海化工	310 000.00	
113 应收账款	3 285 800.00	
11301 应收账款——科迪有限责任公司	1 612 000.00	

(续表)

账　户　名　称	期　初　余　额	
	借　方	贷　方
11302 应收账款——万马利公司	585 000.00	
11303 应收账款——江西鲁华化工公司	1 088 800.00	
115 预付账款	3 000 000.00	
11501 预付账款——建筑工程(办公楼)	3 000 000.00	
116 坏账准备		117 040.00
11601 坏账准备——应收账款		117 040.00
119 其他应收款	9 070.00	
11901 其他应收款——应收职工水电费	1 700.00	
11902 其他应收款——应收单身职工房租	2 370.00	
11903 其他应收款——严维	5 000.00	
122 在途物资	964 000.00	
12201 在途物资——聚丙烯(PP)	933 000.00	
12202 在途物资——母料	31 000.00	
123 原材料	2 526 860.27	
12301 原材料——主要材料	1 912 725.31	
1230101 原材料——主要材料——聚丙烯(PP)	953 000.00	
1230102 原材料——主要材料——母料	36 000.00	
1230103 原材料——主要材料——1C7A 高压料	131 119.00	
1230104 原材料——主要材料——油墨	6 000.00	
1230105 原材料——主要材料——专用涂覆料	6 784.61	
1230106 原材料——主要材料——彩印膜	742 614.90	
1230107 原材料——主要材料——牛皮纸	26 280.80	
1230108 原材料——主要材料——稀释剂	6 156.00	
1230109 原材料——主要材料——缝纫机线	4 770.00	
12302 原材料——辅助材料	208 903.24	
12303 原材料——备件	405 231.72	

(续表)

账　户　名　称	期　初　余　额	
	借　方	贷　方
124 周转材料	634 359.84	
12401 周转材料——包装物	65 234.89	
12402 周转材料——低值易耗品	16 248.35	
1240201 周转材料——低值易耗品——办公用低值易耗品	6 248.35	
1240202 周转材料——低值易耗品——劳保用品	5 000.00	
1240203 周转材料——低值易耗品——生产用低值易耗品	5 000.00	
12403 周转材料——自制半成品	552 876.60	
1240301 周转材料——自制半成品——编织布	257 545.44	
1240302 周转材料——自制半成品——扁丝	295 331.16	
139 待摊费用	17 700.00	
13901 待摊费用——保险费	15 600.00	
13902 待摊费用——报刊费	2 100.00	
140 库存商品	2 787 110.00	
14001 库存商品——普袋	112 110.00	
14002 库存商品——二合一	871 000.00	
14003 库存商品——三合一	1 804 000.00	
151 长期股权投资	6 600 000.00	
15101 长期股权投资——北京长城公司	6 600 000.00	
152 可供出售金融资产	420 000.00	
15201 可供出售金融资产——股票投资	300 000.00	
15202 可供出售金融资产——债券投资	120 000.00	
153 持有至到期投资	100 000.00	
15301 持有至到期投资——200902 国债	100 000.00	
162 固定资产	29 170 030.00	
16201 固定资产——房屋及建筑物	8 559 550.00	
16202 固定资产——机器设备	18 427 000.00	

(续表)

账　户　名　称	期　初　余　额	
	借　方	贷　方
16203 固定资产——电子设备	817 500.00	
16204 固定资产——运输设备	1 365 980.00	
163 投资性房地产	3 000 000.00	
16301 投资性房地产——商业楼	3 000 000.00	
167 累计折旧		4 613 400.00
16701 累计折旧——房屋及建筑物		803 400.00
16702 累计折旧——机器设备		3 200 000.00
16703 累计折旧——电子设备		210 000.00
16704 累计折旧——运输工具		400 000.00
168 投资性房地产累计折旧		1 200 000.00
169 在建工程	231 000.00	
16901 在建工程——领用工程物资	231 000.00	
171 无形资产	10 500 000.00	
17101 无形资产——土地使用权	10 000 000.00	
17102 无形资产——专利权	500 000.00	
174 累计摊销		945 000.00
17401 累计摊销——土地使用权摊销		800 000.00
17402 累计摊销——专利权摊销		145 000.00
201 短期借款		9 760 000.00
20101 短期借款——临海市商业银行		9 760 000.00
202 应付票据		3 000 000.00
20201 应付票据——商业承兑汇票		3 000 000.00
203 应付账款		5 855 000.00
20302 应付账款——燕北石化		585 000.00
20303 应付账款——南方石化公司		3 500 000.00
20304 应付账款——茂州机械		270 000.00

(续表)

账 户 名 称	期初余额 借方	期初余额 贷方
20305 应付账款——东宁石化公司		1 500 000.00
204 预收账款		1 510 000.00
20404 预收账款——国盛公司		170 000.00
20405 预收账款——江南红日集团		560 000.00
20406 预收账款——新疆独山		780 000.00
209 其他应付款		93 200.00
20901 其他应付款——存入保证金		6 800.00
20902 其他应付款——劳动保险(代扣)		52 800.00
20903 其他应付款——住房公积金(代扣)		33 600.00
212 应付职工薪酬		585 611.70
21201 应付职工薪酬——应付工资		
21202 应付职工薪酬——工会经费		12 500.00
21203 应付职工薪酬——教育经费		3 780.00
21204 应付职工薪酬——劳动保险		152 160.00
21205 应付职工薪酬——住房公积金		33 600.00
21206 应付职工薪酬——应付福利费		143 571.70
21207 应付职工薪酬——辞退福利		240 000.00
222 应交税费		445 865.00
22201 应交税费——应交所得税		275 000.00
22203 应交税费——应交城市维护建设税		10 185.00
22204 应交税费——教育费附加		4 635.00
22205 应交税费——地方教育费附加		1 545.00
22206 应交税费——未交增值税		154 500.00
224 应付股利		100 000.00
22401 应付股利——东方公司		68 000.00
22402 应付股利——南海公司		32 000.00
231 预提费用		17 700.00

(续表)

账　户　名　称	期　初　余　额	
	借　方	贷　方
23101 预提费用——大修费		17 700.00
241 长期借款		7 200 000.00
24101 长期借款——中国银行		7 200 000.00
251 应付债券		1 043 270.00
25101 应付债券——面值		1 000 000.00
25102 应付债券——利息调整		43 270.00
301 实收资本		33 700 000.00
30101 实收资本——东方公司		20 220 000.00
30102 实收资本——南海公司		13 480 000.00
311 资本公积		900 000.00
31101 资本公积——其他资本公积		900 000.00
313 盈余公积		40 900.00
31301 盈余公积——法定盈余公积		40 900.00
321 本年利润		490 000.00
322 利润分配		56 000.00
32201 利润分配——未分配利润		56 000.00
401 生产成本	923 100.83	
40101 生产成本——拉丝车间	313 478.72	
4010101 生产成本——拉丝车间——原料	313 478.72	
4010102 生产成本——拉丝车间——工资		
4010103 生产成本——拉丝车间——动力		
4010104 生产成本——拉丝车间——制造费用		
40102 生产成本——圆织车间	189 101.23	
4010201 生产成本——圆织车间——原料	189 101.23	
4010202 生产成本——圆织车间——工资		
4010203 生产成本——圆织车间——动力		
4010204 生产成本——圆织车间——制造费用		
40103 生产成本——制袋车间	420 520.88	

(续表)

账　户　名　称	期初余额	
	借　方	贷　方
4010301 生产成本——制袋车间——原料	420 520.88	
4010302 生产成本——制袋车间——工资		
4010303 生产成本——制袋车间——动力		
4010304 生产成本——制袋车间——制造费用		
402 制造费用		
40201 制造费用——拉丝车间		
4020101 制造费用——拉丝车间——办公费		
4020102 制造费用——拉丝车间——差旅费		
4020103 制造费用——拉丝车间——物料消耗		
4020104 制造费用——拉丝车间——修理费		
4020105 制造费用——拉丝车间——劳动保护费		
4020107 制造费用——拉丝车间——折旧		
4020108 制造费用——拉丝车间——其他		
40202 制造费用——圆织车间		
4020201 制造费用——圆织车间——办公费		
4020202 制造费用——圆织车间——差旅费		
4020203 制造费用——圆织车间——物料消耗		
4020204 制造费用——圆织车间——修理费		
4020205 制造费用——圆织车间——劳动保护费		
4020207 制造费用——圆织车间——折旧		
4020208 制造费用——圆织车间——其他		
40203 制造费用——制袋车间		
4020301 制造费用——制袋车间——办公费		
4020302 制造费用——制袋车间——差旅费		
4020303 制造费用——制袋车间——物料消耗		
4020304 制造费用——制袋车间——修理费		
4020305 制造费用——制袋车间——劳动保护费		
4020307 制造费用——制袋车间——折旧		

(续表)

账　户　名　称	期　初　余　额	
	借　方	贷　方
4020308 制造费用——制袋车间——其他		
40204 制造费用——辅助生产		
4020401 制造费用——辅助生产——办公费		
4020402 制造费用——辅助生产——差旅费		
4020403 制造费用——辅助生产——物料消耗		
4020404 制造费用——辅助生产——修理费		
4020405 制造费用——辅助生产——劳动保护费		
4020406 制造费用——辅助生产——动力		
4020407 制造费用——辅助生产——折旧		
4020408 制造费用——辅助生产——其他		
501 主营业务收入		
50101 主营业务收入——二合一		
50102 主营业务收入——普袋		
50103 主营业务收入——三合一		
502 主营业务成本		
50201 主营业务成本——普袋		
50202 主营业务成本——二合一		
50203 主营业务成本——三合一		
503 销售费用		
50301 销售费用——办公费		
50302 销售费用——差旅费		
50303 销售费用——职工薪酬		
50304 销售费用——广告费		
50305 销售费用——修理费		
50306 销售费用——物料消耗		
50307 销售费用——折旧		
50308 销售费用——运输费		
50309 销售费用——装卸费		

(续表)

账 户 名 称	期初余额	
	借 方	贷 方
50310 销售费用——其他		
504 营业税金及附加		
511 其他业务收入		
51101 其他业务收入——废料收入		
512 其他业务支出		
51201 其他业务支出——废料成本		
521 管理费用		
52101 管理费用——办公费		
52102 管理费用——差旅费		
52103 管理费用——职工薪酬		
52104 管理费用——董事会费		
52105 管理费用——会议费		
52106 管理费用——咨询费		
52107 管理费用——审计费		
52108 管理费用——诉讼费		
52109 管理费用——业务招待费		
52110 管理费用——税金		
52111 管理费用——印刷费		
52112 管理费用——其他		
52113 管理费用——低值易耗品摊销		
522 财务费用		
52201 财务费用——利息支出		
52203 财务费用——手续费		
541 营业外收入		
54105 营业外收入——盘盈利得		
542 营业外支出		
54206 营业外支出——盘亏损失		
550 所得税费用		
合 计	71 672 986.70	71 672 986.70

3.1.3 明细账账户期初余额(12月)

1) 资产类

(1) 库存现金。

明 细 账 户	借/贷	余 额
库存现金	借	49 955.76
合 计		49 955.76

(2) 银行存款。

明 细 账 户	借/贷	余 额
人民币户	借	
商业银行 141400000011		5 100 000.00
中国银行 151500000011		544 000.00
合 计		5 644 000.00

(3) 银行存款。

明 细 账 户	借/贷	余 额
美元户	借	
建设银行 171700000011		0
合 计		0

(4) 其他货币资金。

明 细 账 户	借/贷	余 额
商行承兑保证金	借	1 500 000.00
合 计		1 500 000.00

(5) 应收票据。

明 细 账 户	借/贷	余 额
临海化工	借	310 000.00
合 计		310 000.00

(6) 应收账款。

明 细 账 户	借/贷	余 额
科迪有限责任公司	借	1 612 000.00
万马利公司	借	585 000.00
江西鲁华化工公司	借	1 088 800.00
合 计		3 285 800.00

(7) 坏账准备。

明 细 账 户	借/贷	余 额
应收账款	贷	117 040.00
其他应收款	贷	0
合 计		117 040.00

(8) 其他应收款。

明 细 账 户	借/贷	余 额
应收职工水电费	借	1 700.00
应收单身职工房租	借	2 370.00
严维	借	5 000.00
合 计		9 070.00

(9) 在途物资。

明 细 账 户	借/贷	余 额
聚丙烯(PP)	借	933 000.00
母料	借	31 000.00
合 计		964 000.00

(10) 生产成本。

明 细 账 户	借/贷	余 额
拉丝车间	借	313 478.72
圆织车间	借	189 101.23
制袋车间	借	420 520.88
合 计		923 100.83

(10-1) 生产成本——拉丝车间。

明 细 账 户	借/贷	余 额
原料	借	313 478.72
工资	借	
动力	借	
制造费用	借	
合 计		313 478.72

(10-2) 生产成本——圆织车间。

明 细 账 户	借/贷	余 额
原料	借	189 101.23
工资	借	
动力	借	
制造费用	借	
合 计		189 101.23

(10-3) 生产成本——制袋车间。

明　细　账　户	借/贷	余　　额
原料	借	420 520.88
工资	借	
动力	借	
制造费用	借	
合　　　　计		420 520.88

(11) 原材料。

明　细　账　户		单位	数　量	单　价	金　　额
主要材料	聚丙烯	千克	100 000	9.53	953 000.00
	母料	千克	20 000	1.80	36 000.00
	1C7A 高压料	千克	10 300	12.73	131 119.00
	油墨	千克	300	20.00	6 000.00
	专用涂覆料	千克	721	9.41	6 784.61
	彩印膜	千克	31 032.80	23.93	742 614.90
	牛皮纸	千克	5 320	4.94	26 280.80
	稀释剂	千克	600	10.26	6 156.00
	缝纫机线	千克	300	15.90	4 770.00
辅助材料					208 903.24
备件					405 231.72
合　计					2 526 860.27

(12) 周转材料。

明　细　账　户	单位	数　量	借/贷	单　价	余　　额
包装物			借		65 234.89
低值易耗品			借		16 248.35
办公用低值易耗品			借		6 248.35
劳保用品			借		5 000.00

（续表）

明细账户	单位	数量	借/贷	单价	余额
生产用低值易耗品			借		5 000.00
自制半成品			借		552 876.60
编织布	千克	25 888.29	借	9.95	257 545.44
扁丝	千克	32 215.50	借	9.17	295 331.16
合　　计			借		634 359.84

注：单价保留小数2位，有尾差编织布单价9.94833725987、扁丝单价9.16736229454。

（13）库存商品。

明细账户	单位	数量	单价	金额
普袋	条	101 000	1.11	112 110.00
二合一	条	670 000	1.30	871 000.00
三合一	条	820 000	2.20	1 804 000.00
合　　计				2 787 110.00

（14）待摊费用。

明细账户	借/贷	余额
保险费	借	15 600.00
报刊费	借	2 100.00
合　　计		17 700.00

（15）长期股权投资。

明细账户	借/贷	余额
北京长城公司	借	6 600 000.00
合　　计		6 600 000.00

(16) 可供出售金融资产。

明 细 账 户	借/贷	余 额
股票投资	借	300 000.00
债券投资	借	120 000.00
合 计		420 000.00

(17) 持有至到期投资。

明 细 账 户	借/贷	余 额
200902 国债	借	100 000.00
合 计		100 000.00

(18) 固定资产。

明 细 账 户	借/贷	余 额
房屋及建筑物	借	8 559 550.00
机器设备	借	18 427 000.00
电子设备	借	817 500.00
运输设备	借	1 365 980.00
合 计		29 170 030.00

(19) 投资性房地产。

明 细 账 户	借/贷	余 额
商业楼	借	3 000 000.00
合 计		3 000 000.00

(20) 累计折旧。

明细账户	借/贷	余 额
房屋及建筑物	贷	803 400.00
机器设备	贷	3 200 000.00
电子设备	贷	210 000.00
运输设备	贷	400 000.00
合 计		4 613 400.00

(21) 投资性房地产累计折旧。

明细账户	借/贷	余 额
商业楼	贷	1 200 000.00
合 计		1 200 000.00

(22) 投资性房地产减值准备。

明细账户	借/贷	余 额
商业楼	借	0
合 计		0

(23) 在建工程。

明细账户	借/贷	余 额
领用工程物资	借	231 000.00
合 计		231 000.00

(24) 无形资产。

明 细 账 户	借/贷	余 额
土地使用权	借	10 000 000.00
专利权	借	500 000.00
合　　　计		10 500 000.00

(25) 预付账款。

明 细 账 户	借/贷	余 额
建筑工程(办公楼)	借	3 000 000.00
合　　　计		3 000 000.00

(26) 累计摊销。

明 细 账 户	借/贷	余 额
土地使用权摊销	借	800 000.00
专利权摊销		145 000.00
合　　　计		945 000.00

2) 负债类

(1) 短期借款。

明 细 账 户	借/贷	余 额
临海市商业银行	贷	9 760 000.00
合　　　计		9 760 000.00

(2) 应付票据。

明　细　账　户	借/贷	余　　　额
商业承兑汇票	贷	3 000 000.00
合　　　计		3 000 000.00

(3) 应付账款。

明　细　账　户	借/贷	余　　　额
燕北石化	贷	585 000.00
南方石化公司	贷	3 500 000.00
茂州机械	贷	270 000.00
东宁石化公司	贷	1 500 000.00
合　　　计		5 855 000.00

(4) 预收货款。

明　细　账　户	借/贷	余　　　额
国盛公司	贷	170 000.00
江南红日集团	贷	560 000.00
新疆独山	贷	780 000.00
合　　　计		1 510 000.00

(5) 其他应付款。

明　细　账　户	借/贷	余　　　额
存入保证金	贷	6 800.00
劳动保险(代扣)	贷	52 800.00
住房公积金(代扣)	贷	33 600.00
合　　　计		93 200.00

(6) 应付职工薪酬。

明 细 账 户	借/贷	余 额
应付工资	贷	
工会经费	贷	12 500.00
教育经费	贷	3 780.00
劳动保险	贷	152 160.00
住房公积金	贷	33 600.00
应付福利费	贷	143 571.70
辞退福利	贷	240 000.00
合 计		585 611.70

(7) 预提费用。

明 细 账 户	借/贷	余 额
大修费	借	17 700.00
合 计		17 700.00

(8) 应交税费。

明 细 账 户	借/贷	余 额
应交所得税	贷	275 000.00
未交增值税	贷	154 500.00
应交城市维护建设税	贷	10 185.00
教育费附加	贷	4 635.00
地方教育费附加	贷	1 545.00
合 计		445 865.00

(9) 应付股利。

明 细 账 户	借/贷	余 额
东方公司	贷	68 000.00
南海公司	贷	32 000.00
合 计		100 000.00

(10) 应付债券。

明 细 账 户	借/贷	余 额
面值	贷	1 000 000.00
利息调整	贷	43 270.00
合 计		1 043 270.00

(11) 长期借款。

明 细 账 户	借/贷	余 额
中国银行	贷	7 200 000.00
合 计		7 200 000.00

3) 所有者权益类
(1) 实收资本。

明 细 账 户	借/贷	余 额
东方公司	贷	20 220 000.00
南海公司	贷	13 480 000.00
合 计		33 700 000.00

(2) 盈余公积。

明　细　账　户	借/贷	余　　额
法定盈余公积	贷	40 900.00
合　　　　计		40 900.00

(3) 资本公积。

明　细　账　户	借/贷	余　　额
其他资本公积	贷	900 000.00
合　　　　计		900 000.00

(4) 本年利润。

明　细　账　户	借/贷	余　　额
	贷	490 000.00
合　　　　计		490 000.00

(5) 利润分配。

明　细　账　户	借/贷	余　　额
未分配利润	贷	56 000.00
合　　　　计		56 000.00

3.1.4 利润表附列资料(2008年1~11月发生额)

利润表附列资料

会计账户	累计发生额	
	借方	贷方
501 主营业务收入	87 900 000.00	87 900 000.00
502 主营业务成本	81 881 543.00	81 881 543.00
503 销售费用	2 239 970.00	2 239 970.00
504 营业税金及附加	256 400.00	256 400.00
511 其他业务收入	678 000.00	678 000.00
512 其他业务支出	658 700.00	658 700.00
521 管理费用	1 418 967.00	1 418 967.00
522 财务费用	1 263 546.00	1 263 546.00
541 营业外收入	6 547.00	6 547.00
542 营业外支出	5 421.00	5 421.00
550 所得税费用	370 000.00	370 000.00

3.2 经济业务内容

顺序号	时间	经济业务内容
1	12.1	签发现金支票,从商业银行(现金支票No7673501)提取现金8 000元备用。
2	12.1	临海石化公司发来聚丙烯(PP)100000千克验收入库,收到收料单。其货款923 000元及代垫运杂费10 000元均在上月付讫。
3	12.1	企业原有生产周转用仓库1幢,原值300 000元,已提折旧115 000元。因生产需要,由顺昌建筑公司改扩建为维修车间厂房。
4	12.1	银行转来东宁石化公司托收承付结算凭证,托收已发运母料10 000千克的货款31 000元,增值税额5 270元,代垫运杂费1 000元。经验收与合同规定相符全部承付,材料尚未到达。
5	12.1	向临海市商业银行申请流动资金贷款2 800 000元,已经开户银行批准,收到收账通知,款已转入银行存款账户。借款期限10个月。

(续表)

顺序号	时间	经济业务内容
6	12.2	由新华建筑公司承建竣工的办公楼1幢,建筑面积2 000m²,总造价4 000 000元,移交手续办讫,交付生产使用。余款1 000 000元用商业银行转账支票(No8289601)支付。
7	12.2	从明达机械制造有限公司购入全新圆织机2台,价款240 000元,增值税额40 800元,运杂费300元,包装费400元,均以中国银行转账支票(No4347701)付讫。该设备已交付生产使用,预计使用10年。
8	12.2	向腾达石化公司采购聚丙烯(PP)15吨,计税价款141 750元,取得增值税专用发票,增值税额24 097.50元。签发商业银行转账支票(No8289602)付讫,同时材料验收入库。
9	12.2	以现金支付临海市联运总公司15吨聚丙烯(PP)的短途运费1 000元。
10	12.3	拉丝车间领用刀片等低值易耗品,价值6 500元。
11	12.3	制袋车间向仓库领用捆扎绳250根,价款2 500元;胶带纸1 250卷,价款7 500元。
12	12.3	从土产杂品公司购进捆扎绳2 000根,价款30 000元,增值税额5 100元;胶带纸3 000卷,价款18 000元,增值税额3 060元,取得增值税专用发票,货款用商行转账支票(No8289603)支付。
13	12.3	去济南恒德化工有限公司采购稀释剂,填写汇票委托申请书,向商业银行申请签发银行汇票12 000元,银行受理,收到银行签发的"银行汇票"及其解讫通知。
14	12.3	收到南方石化公司发来的母料10 000千克,货款29 800元,运杂费1 200元,增值税专用发票上月已到。
15	12.3	从临海齐华商城购入工作服510套,单价150元,共计76 500元,增值税额13 005元。取得增值税专用发票,开出商业银行转账支票(No8289604)付讫。
16	12.3	支付研究塑编配方(五合一编织袋)及其他研究费用110 000元,用中国银行转账支票(No4347702)付讫。
17	12.3	购进东方有限责任公司无形资产——非专利技术,价款160 000元,用商业银行转账支票(No8289605)支付。合同使用寿命为10年,估计使用寿命为6年。
18	12.3	接商业银行转来电汇收账通知,系科迪有限责任公司归还前欠本公司货款1 200 000元。

(续表)

顺序号	时间	经 济 业 务 内 容
19	12.3	经董事会研究决定,拟辞退职工15人,拟补偿金额共计240 000元,以商业银行现金支票(No7673502)支付。
20	12.4	收到东宁石化公司发来聚丙烯(PP)材料10 000千克,组织验收入库,货款94 000元,增值税额15 980元,发票已开,款未付。
21	12.4	从宏达机械制造有限公司购进不需安装的制袋机1台,当即交付生产使用。其价款260 000元,增值税额44 200元,签发商业银行转账支票(No8289606)付讫。
22	12.4	采购员刘明去外地出差,预借差旅费2 000元,用现金支付。
23	12.5	圆织车间向仓库领取工作服160套发给生产工人,每套单价150元,计24 000元;拉丝车间领取36套工作服,计5 400元;制袋车间领取230套工作服,计34 500元;辅助生产车间领用工作服52套,计7 800元;管理科领用17套,计2 550元;销售科领用15套,计2 250元,共计76 500元。
24	12.5	根据当地税务局的有关规定,填写缴款书,向商业银行交纳上月未交所得税275 000元。
25	12.5	填写缴款书,向商业银行交纳上月增值税154 500元,城市维护建设税10 185元,教育费附加4 635元,地方教育费附加1 545元。
26	12.5	本公司进口聚丙烯(PP),采用发生时当日市场汇率向建设银行购入外汇。当日市场汇率为1美元=7.71元人民币,购入24 200美元,由商行电汇186 582元购汇。
27	12.6	从证券公司购入中国人寿股份有限公司发行的股票10 000股,每股面值1元,购买价35.70元(每股含已宣告发放但未支取的股利0.20元),另外支付购买股票手续费1 428元,价款由商行存款(转账支票号码No8289607)支付。
28	12.6	供应科从东宁石化公司购置聚丙烯(PP)200吨,货款金额1 970 000元,增值税额334 900元,取得增值税专用发票,验收入库,货款以商行存款电汇支付。
29	12.6	供应科购置弘光化工厂专用涂覆料200吨,货款金额2 500 000元,增值税额425 000元,取得增值税专用发票,验收入库,货款挂账处理。
30	12.6	供应科购置前进贸易商行牛皮纸200吨,货款金额1 090 000元,增值税额185 300元,取得增值税专用发票,材料已验收入库,货款挂账处理。
31	12.7	从俄罗斯森达尔公司购进聚丙烯(PP)20 000千克,发票到岸价格(CIF)为USD24 200,当日汇价是1美元兑换人民币7.71元,银行买入价7.70元。向建设银行交单付款,材料尚未运到。

(续表)

顺序号	时间	经济业务内容
32	12.7	签发商业银行转账支票(No8289608),支付临海市律师事务所律师费 3 200 元。
33	12.7	接受鲁西机械有限公司捐赠 X-4 圆织机 1 台,原账面价值 50 000 元,已提折旧 15 350 元。接受捐赠后发生包装费 350 元,运杂费 450 元,签发商业银行转账支票 (No8289609)付讫。
34	12.7	采购员王一凡持已办妥的商业银行银行汇票及其解讫通知 30 000 元,去西安化工厂采购专用涂覆料 3 000 千克,实际金额 25 000 元,增值税额 4 250 元,余款退回存入银行。材料尚未运到。
35	12.7	销售给齐银水泥公司三合一编织袋 400 000 条(售价 1.8 元/条),收到承兑期为 60 天的商业承兑汇票。
36	12.7	销售给万马利公司二合一编织袋 200 000 条(售价 1.7 元/条),由银行存款代垫运杂费 600 元。根据供销合同规定采用分期收款方式结算货款,于发货时收取 40% 货款,其余货款于发货后 20 天收清。产品于今日全部发出,同时收到第一批货款,当即送存商业银行。
37	12.7	人事部经理张明出差考察其他企业人事管理,预借差旅费 5 000 元。
38	12.8	根据工资结算汇总表签发现金支票(No7673503),向商业银行提取现金 457 065.8 元,发放本月份职工工资。
39	12.8	接到商业银行转来鑫达化工公司托收承付结算凭证,托收金额共计 30 811.6 元,计 IC7A 高压料 2 000 千克,货款 25 480 元,增值税额 4 331.6 元,运杂费 1 000 元,发票、运单等原始凭证审核无误,全部承付,材料尚未到达。
40	12.8	销售给临海石化公司二合一编织袋 300 000 条,每条售价 1.9 元,货款 570 000 元,增值税额 96 900 元,共计 666 900 元,收到银行汇票一张,当即送存商业银行。
41	12.8	采购员刘明出差回来报销差旅费 2 350 元,扣除原借款 2 000 元,补付现金 350 元。
42	12.8	行政科购买办公用品共计 800 元,签发商业银行转账支票(No8289610)付讫。
43	12.10	夫鑫达化工厂采购的 IC7A 2 000 千克运达公司,货款 26 480 元,材料全部验收入库。
44	12.10	用银行汇票购买恒德化工公司的稀释剂 1 000 千克,价款 11 000 元,增值税额 1 870 元,由商业银行补汇出价款 870 元,货已到验收入库。

(续表)

顺序号	时间	经 济 业 务 内 容
45	12.10	因管理不善丢失聚丙烯(PP)1吨,计9 530元,增值税额1 620.1元。经经理办公室研究同意转为管理费用。
46	12.10	销售给科迪有限责任公司普通编织袋100 000条(售价1元/条),货款100 000元,增值税额17 000元,代垫运杂费2 000元,以商业银行转账支票(No8289611)支付。根据合同规定,货款实行现金折扣,付款条件为:2/10,1/20,N/30。
47	12.10	行政科购进办公用品共计1 000元,增值税额170元,以现金支付。
48	12.11	前从俄罗斯森达尔公司购进的聚丙烯(PP)20吨,已运达并验收入库,关税完税价格186 340元,以商业银行转账支票(No8289612)支付进口聚丙烯(PP)国内运杂费1 300元,进口关税9 317元,增值税额33 261.69元。
49	12.11	商业银行转来东宁石化公司委托收款结算凭证及有关单证,托收聚丙烯(PP)材料10 000千克,价税款109 890元及代垫运杂费1 500元。经审核无误,通知银行付款。该批材料已于本月4日验收入库。
50	12.11	以现金支付王林困难职工补助费500元。
51	12.11	为研制新产品,生产技术科领用聚丙烯(PP)1 000千克,母料50千克,牛皮纸50 00千克,专用涂覆料1 000千克。
52	12.11	各管理科室及生产车间向行政科领用办公用品共计650元。拉丝车间、圆织车间、制袋车间、辅助车间、办公室、销售科分别领用120元、150元、170元、110元、50元、50元。原始凭证见附件。
53	12.12	科迪有限责任公司将货款电汇至中国银行,按照折扣约定收到货款117 000元。
54	12.13	用商行转账支票(No8289613)购入含有放射元素的质检仪器价税合计120 000元,预计使用期满报废时需要特殊处理费用20 000元。
55	12.13	向中国银行申请的流动资金借款600 000元,已经银行批准并存入本公司账户,借款期为6个月。
56	12.13	以中行存款电汇付茂州机械公司270 000元,偿还上月欠货款。
57	12.13	购进原材料油墨1 000千克,货款20 000元,增值税额3 400元,通过中行电汇支付,货未到。

(续表)

顺序号	时间	经 济 业 务 内 容
58	12.13	购进原材料彩印膜 90 000 千克,货款 2 150 000 元,增值税额 365 500 元,通过商行电汇支付,货未到。
59	12.14	公司以二合一编织袋 50 000 条,账面价值 75 000 元,公允价值 90 000 元,换入东宁石化公司原材料聚丙烯(PP)10 000 千克,账面价值 95 000 元,公允价值 100 000 元,并且用商行转账支票(No8289614)支付运杂费 1 000 元,此交换具有商业性质,公允价值能够可靠计量。
60	12.14	公司聘请美誉维修公司对圆织机进行全面检修,现金支付维修费 2200 元,增值税额 374 元。
61	12.14	以现金支付采购员邓晓市内交通费及误餐补助等共计 154.6 元。
62	12.14	收到齐茂公司交来房屋租赁费 30 000 元,计算应交营业税 1 500 元,收到支票当即送存商行。
63	12.14	计算下半年应交房产税,见计算单。
64	12.15	12 月 13 日购进的 1 000 千克油墨运到,经验收实收为 900 千克,短缺 100 千克,其中运输途中合理自然损耗 10 千克,其余系运输过程中,因运输不当造成的损失,应由光明运输公司负责赔偿。赔偿款尚未收到。
65	12.15	行政科从利群商贸公司购买小灵通 5 部,每个单价 260 元,共计 1 300 元,取得普通发票。签发中行转账支票(No4347703)付讫。
66	12.15	因销售产品收到临海化工承兑期为 6 个月的带息商业票据,票面额为 310 000 元,今日到期,持票到商业银行兑现,并根据规定按票面额收取年利率 6%的利息。银行受理,取得收账通知。
67	12.16	12 月 15 日购买的小灵通已领用。办公室、销售部门、拉丝车间、圆织车间、制袋车间各 1 部,见附表。
68	12.17	万马利公司由于财务发生困难,短期内不能支付按合同于本月 5 日到期的货款 585 000 元。12 月 15 日经双方协商,公司同意万马利公司以其生产的产品专用涂覆料 50 吨偿还债务。该产品的公允价值 460 000 元,实际成本 420 000 元。万马利公司为增值税一般纳税人,适用增值税税率 17%,公司于今日收到万马利公司抵债的专用涂覆料,并作为原材料验收入库,公司对该项应收账款计提坏账准备 23 400 元。

(续表)

顺序号	时间	经济业务内容
69	12.17	人事经理张明出差归来,报销差旅费4 850元,退回现金150元。
70	12.17	从商行(现金支票No7673504)提取现金20 400元,发放职工午餐补助,见附表。
71	12.17	物美化工发来彩印膜90 000千克,经验收,实收数量为89 900千克,短缺100千克,其中50千克系定额损耗,计入材料采购成本;50千克系非正常损耗,待领导批准后处理。
72	12.18	王东总经理报销交通补助3 250.50元,现金支付,附汽油发票。
73	12.18	签发商行转账支票(No8289615),支付临海市计量局计量器具检测费784元。
74	12.18	公司质检科领用检测工具及材料784元。
75	12.18	向宏维土产杂品公司购买缝纫机线500千克,货款7 250元,增值税额1 232.50元,以商行转账支票(No8294301)支付。
76	12.19	经研究决定,将已使用3年的一项专利,出租给宏达塑编有限责任公司,每年租金收入60 000元。今收到12月份租金5 000元,收到转账支票当即送存商业银行。
77	12.19	收到光明运输公司交来转账支票一张,赔偿本月运输材料损失1 800元,支票当即送存商业银行。
78	12.19	将1台不需用的圆织机出售给达昌塑编厂,原价130 000元,已提折旧22 000元,双方协定价100 000元,收到价款存入商业银行。
79	12.20	委托临海塑编公司加工扁丝,发出聚丙烯(PP)20 000千克。
80	12.20	销售给辉煌石化公司二合一编织袋200 000条,每条无税单价2.8元。签发中行转账支票(No4347704)垫付铁路运费580元。货款已办妥委托银行收款手续。
81	12.20	签发商行转账支票(No8294302),支付海拓广告公司沿街牌广告费12 150元。
82	12.21	以商行转账支票(No8294303),支付上月计提的五险一金。
83	12.21	市工会持收据前来收取上月按规定计提的工会经费12 500元。签发商行转账支票(No8294304)。
84	12.21	办公室购买招待用烟和茶叶共计2 600元,现金支付。

(续表)

顺序号	时间	经济业务内容
85	12.21	公司决定用二合一编织袋 130 000 条从京津文化公司换入高级投影设备 1 套,该商品账面余额 195 000 元,计税价格 234 000,假定不考虑其他因素。此项交换不具有商业性质。
86	12.22	将未使用的 E11-60 型吊带机 1 台,原值 85 000 元,已提折旧 7 750 元,按原价 85 000 元售给兴达塑编厂,款已汇入中行账户。
87	12.22	维修车间报废工具 95 套,价值 3 500 元,残值收入 150 元,收到现金入账。
88	12.22	向武林贸易公司采购 IC7A 高压料 5 吨,价款 63 500 元,增值税额 10 795 元,材料已验收入库,开出为期 1 个月的商业承兑汇票一张,已办妥承兑手续。
89	12.22	销往江南红日集团二合一编织袋 1 200 000 条,货款 2 880 000 元,增值税额 489 600 元,减去上月预收货款 560 000 元,按合同公司应支付运费 39 000 元,运费发票可抵扣,发票已开,剩余货款已由对方电汇公司商行。
90	12.22	签发商行转账支票(No8294305)7 650 元,支付职工上下班租用大客车费用。
91	12.24	企业现有不需用日野卡车 1 辆,经批准出售给个体经营户王雨,原价 139 500 元,已提折旧 44 220 元,已使用 2 年,预计尚可使用 3 年。经双方协商定价为 120 000 元,收到支票送存商业银行。
92	12.24	财产清查中盘盈的账外电机 1 台,公允价值 15 000 元,经领导批准,作企业收益处理。
93	12.24	签发商行转账支票(No8294306),付牛皮纸运费 32 000 元。
94	12.24	因非正常停电,拉丝车间损失聚丙烯(PP)1.5 吨,价值 14 295 元,增值税额 2 430.15 元,经领导批准,作企业损失处理。
95	12.24	以商业银行存款归还到期商行短期借款 1 600 000 元。
96	12.24	经营经理刘剑报销差旅费 895 元、会议费 1 000 元。
97	12.25	新产品(五合一编织袋)试制成功,已向国家申请专利,注册费、律师费等共计 32 000 元,用商行转账支票(No8294307)支付;前期研发费用 154 104.55 元,其中,30 000 元可确定为研发费用化支出,124 104.55 元确定为成本化支出,将此项专利计入无形资产,按 10 年摊销。

(续表)

顺序号	时间	经 济 业 务 内 容
98	12.25	预付顺昌建筑公司改建维修车间工程价款450 000元。购入需安装设备,价款总计38 000元。用商行转账支票(No8294308)支付。
99	12.25	经查,17日购入的彩印膜非正常损失系运输公司装运不当造成,今日收到赔偿损失1 195元现金。203.15元的进项税额经税务机关批准,准予抵扣。
100	12.25	销售给临海华星水泥公司三合一编织袋200 000条,每条售价2.80元,委托运输公司运输,现金支付代垫运费10 000元。货款采用银行汇票方式结算,收到对方交来的银行汇票解讫通知,当即填写进账单送存商业银行。
101	12.25	企业有运输卡车1辆,送交顺达维修有限责任公司进行大修,以现金支付修理费共17 700元,其增值税额3 009元。
102	12.25	前收齐银水泥厂面值为842 400元的商业承兑汇票,原定承兑期为60天,现因采购材料急需资金,提前20天向银行申请贴现,经银行审查同意,于今日办理贴现,贴现年利率为12%,收到银行收账通知。
103	12.26	开出中行转账支票(No4347705)支付临海市仓储有限公司下半年年度仓库租金29 000元。
104	12.26	经批准,清理报废生产用工业缝纫机1台,原价32 000元,已提折旧13 500元。清理时以商行转账支票(No8294309)付拆除费300元,残值收入6 000元,收到电汇凭证存入商业银行。
105	12.26	接商业银行转来晋北石化公司托收承付结算凭证,托收聚丙烯(PP)190吨,货款1 713 800元,增值税额291 346元,及代垫运费15 000元,运费发票可抵扣。经验收单据无误当即承付,材料尚未到达。
106	12.26	向前进贸易商行购进包装材料捆扎绳、打包带一批,价款37 000元,增值税额6 290元,经双方协议20天内付款,给予1%折扣。材料已验收入库,货款尚未支付。
107	12.26	向兰州物美纸业公司购进160吨牛皮纸,货款792 000元,增值税额134 640元,用商行电汇支付。
108	12.26	采购员刘飞持商业银行汇票100 000元,去青岛美英公司采购备件一批,货款120 000元,增值税额20 400元,对方代垫杂费2 200元,实际共需142 600元,采购员带回结算凭证,同时,从商业银行补汇42 600元,材料尚未到达。

(续表)

顺序号	时间	经济业务内容
109	12.26	收到商行存款利息单,存款计息5 924.35元,财务入账。
110	12.26	接商业银行收账通知,本月20日销售给辉煌石化公司二合一编织袋货款及运杂费共655 780元,已收回入账。
111	12.26	向宏达塑编机械厂购进需安装缠绕机1台,价税共计18 500元,以商行转账支票(No8294310)付讫。
112	12.27	根据生产需要,将车队1台价值28 000元的叉车,调给制袋车间使用。
113	12.27	晋北石化公司发来聚丙烯(PP)190吨,材料验收入库。
114	12.27	市人民医院持收据前来结算本厂职工王艳住院医药费5280元,签发商行转账支票(No8294311)付讫。
115	12.27	按照规定,企业确认购期5年的国库券100 000元,以商行转账支票(No8294312)付讫。
116	12.27	接商业银行付款通知,付市供电局本月份生产和生活用电价税款共计301 648.16元,并将该电费按耗用量分配到各用电部门。
117	12.28	接商业银行付款通知,付市自来水公司本月份生产和生活用水价税款共计5 850元,并将该水费按耗用量分配到各用水部门。
118	12.28	根据工资结算汇总表,编制工资分配汇总表,进行工资分配。
119	12.28	经领导批准,拉丝车间提取本月份原材料节约奖1 600元,计入产品成本。签发商行现金支票(No7673505)付给该车间。
120	12.28	根据工资结算汇总表,编制职工福利费计算表,按税法规定比例14%提取本月份应付福利费79 090.90元。
121	12.28	根据工资结算汇总表,编制工会经费计算表,教育经费计算表按规定比例2%提取本月份工会经费11 298.70元,按1.5%的比例提取本月份教育经费8 474.03元。
122	12.28	根据工资结算汇总表,编制社会保险费计算表,按规定比例20%提取本月份养老保险112 987元,按规定比例7%提取本月份医疗保险39 545.45元,按规定比例1%提取本月份工伤保险5 649.35元,按规定比例3%提取本月份失业保险16 948.05元,按规定比例0.7%提取本月份生育保险3 954.55元。

(续表)

顺序号	时间	经 济 业 务 内 容
123	12.28	根据工资结算汇总表,编制住房公积金计算表,按规定比例7％提取本月份住房公积金39 545.45元。
124	12.28	车队司机刘亮报销过桥汽油费2 480元,以现金支付。
125	12.28	为扩大生产购买生产设备,向社会发行债券300 000张,每张面值1 000元,共计3 000 000元。期限为4年,每年12月31日付息一次,票面利率为12％,市场利率为10％,到期一次还本。收到价款存入商业银行。
126	12.28	签发商行转账支票(No8294313),支付临海塑编公司加工费16 000元,增值税额2 720元。
127	12.28	委托临海塑编公司加工的20 000千克扁丝已完工,并验收入库。
128	12.28	领出27日购进的缠绕机1台,由田辰安装公司安装。
129	12.28	我公司决定为每位副总裁租赁1套住房,免费使用,副总裁共有3名。每月每套住房租金为8 000元,本月租金已由办公室用商行转账支票(No8294314)支付。
130	12.28	缠绕机安装工程领用备件等物资共计1 960元。
131	12.28	缠绕机安装工程完工,签发商行转账支票(No8294315),支付临海市安装公司安装费1 300元。
132	12.28	办公室以商行转账支票(No8295333)支付本月网通电话费5 920元。详见表197。
133	12.29	缠绕机安装完毕,验收合格,交付拉丝车间生产使用,全部造价21 760元,予以转账。
134	12.29	接商业银行转来收账通知,万马利公司交来第二批价税共计239 280元,已入本单位账户。
135	12.29	出口美国ES公司普通编织袋800 000条,每条0.25美元,汇率1美元=7.75元人民币,FOB价,按一般贸易执行,货款已电汇建行。
136	12.29	摊销本月报刊费2 100元,保险费15 600元。
137	12.29	经领导研究决定,"两节"期间给每位职工按每人400元标准,发放实物(花生油等)作为福利,总金额204 000元,交由办公室领取商行转账支票(No8294316)办理完毕。
138	12.29	销售给科迪有限责任公司彩印普通编织袋100 000条,每条售价1.5元,货款150 000元,增值税额25 500元,以商业银行存款(No8294317)垫付运费4 800元,共计180 300元,采用委托收款方式结算,已办妥托收。

(续表)

顺序号	时间	经 济 业 务 内 容
139	12.29	出售账外废旧材料一批,售价 2 800 元,增值税额 476 元,收到兰美化工厂转账支票一张,填写进账单送存商业银行。
140	12.29	顺风大酒店前来结算本月业务招待费 39 800 元。以商行转账支票(No8294318)付讫。
141	12.29	接到科迪有限公司来电,验收发现编织袋印刷不均匀,经双方协商,给予销售折让 0.2 元/条,收到对方商业银行货款。
142	12.29	经批准,从中行取得长期借款 420 000 元,并以此款开出中行转账支票(No4347706)购进阀口袋机,该设备当即交付生产使用。
143	12.29	建行收到的外汇 200 000 美元,扣除手续费 172 美元,结汇至商行 150 000 美元,汇率 1 美元=7.73 元人民币。
144	12.29	销售给华旗贸易公司三合一编织袋 700 000 条,每条售价 2.1 元,货款 1 470 000 元,增值税额 249 000 元,根据合同挂账。
145	12.29	以商行转账支票(No8294319)支付运输公司为销售产品而发生的装卸费 3 567.2 元。
146	12.29	接中国银行收账通知,本月份银行存款利息 1 272.16 元,已收入本公司账户。
147	12.29	釜山包装制品公司预交二合一编织袋货款 80 000 元,送来转账支票一张,填写进账单送存商业银行。
148	12.30	销售给北银包装材料公司三合一编织袋 850 000 条,单价 2.3 元,货款 1 955 000 元,增值税额 332 350 元,收到 6 个月期的银行承兑汇票一张,金额 950 000 元,其余货款挂账。
149	12.30	销售普通编织袋 100 000 条,单价 1.3 元,货款 130 000 元,增值税额 22 100 元,收到中行支票一张,已存妥入账。
150	12.30	办公室根据职工培训计划组织班组长进行管理轮训,支出费用 12 000 元,商行转账支票(No8294320)支付。
151	12.30	还中行长期借款 5 000 000 元,以商行电汇支付。
152	12.30	商行转账支票(No8294321)支付本年度河道维护费 120 000 元。
153	12.30	办公室向临海市计生委购买药品共计 3 250 元,签发商行转账支票(No8294322)付讫。

(续表)

顺序号	时间	经济业务内容
154	12.30	按规定付给本厂职工魏明遗属补助费现金126元。
155	12.30	付本厂职工费云报销托儿费600元,以现金支付。
156	12.30	盘亏切割机1台,账面原值26 000元,已提折旧12 000元,经领导批准作企业损失处理,予以转销。
157	12.30	在维修车间改扩建中,共发生支出52 500元,其中有12 500元不能为企业带来经济效益,全部以商行转账支票(No8294323)支付。拆除残料收入4 500元,收到转账支票当即送存商行。改建扩建后,建筑面积为10 000平方米。该工程已经达到可使用状态,但未办理竣工结算手续。预计尚可使用年限15年。
158	12.30	党委举办"十七大"宣传活动,以现金支付党务宣传费3 200元。
159	12.31	摊销土地使用权无形资产价值10 000 000元。
160	12.31	摊销出租无形资产——专利权的价值500 000元,摊销本月转入无形资产——专利权的价值156 104.55元。
161	12.31	按确定的有效使用期限,摊销本月购入的非专利技术价值160 000元。
162	12.31	本日外汇中间价1美元=7.71元人民币,核算年终汇兑损益。
163	12.31	东宁石化公司10吨母料运到,价款32 000元,母料验收入库。
164	12.31	外购牛皮纸运到160吨,价款792 000元,牛皮纸已验收入库。
165	12.31	北京时代有限公司通过中行电汇,分派该公司股利40 000元,北京时代有限公司适用所得税税率17%。
166	12.31	经领导批准,将确认无法收回的应收账款科迪有限责任公司80 000元,作坏账损失处理,予以转账。
167	12.31	根据期末应收账款余额和应收款编制坏账准备计提表,按5‰计提坏账准备金,并视其账面余额予以转账。
168	12.31	根据固定资产分类期初余额,编制固定资产折旧计算表,按规定比例计提本月份固定资产折旧(投资性房地产单独计提折旧)。

(续表)

顺序号	时间	经济业务内容
169	12.31	年末,发现市场上已存在类似新五合一编织袋专利所生产的产品,经董事会研究决定,对此项专利权计提减值准备,其账面原值为 156 104.55 元,可收回价值为 136 104.55元。
170	12.31	对投资性房地产进行评估发现,发现由于城市中心的转移,使得其出租价值降低,其账面原值为 3 000 000 元,可收回金额为 2 883 000 元,确认资产减值损失为 117 000元。
171	12.31	根据本月销售合同金额 8 200 000 元,采购合同 7 500 000 元,提取购销合同印花税。
172	12.31	预提本月长、短期借款利息 211 959.30 元,并转账(均列作财务费用)。
173	12.31	我公司采用成本和可变现净值孰低法对期末存货进行计量,存货成本与可变现净值的比较采用单项比较法,其减值金额 120 000 元。
174	12.31	经董事会研究决定,对固定资产组进行减值测试,发现本公司固定资产发生减值,确认的减值损失为 150 000 元,计提减值准备。
175	12.31	当月单证收齐,根据出口销售收入计算应退税额(按一般贸易处理)。
176	12.31	将"应交税费——应交增值税"有关明细账户的余额结转"应交税费——未交增值税"账户。
177	12.31	根据本月销售额和规定税率,编制城市维护建设税计算表,计算本月份应交城市维护建设税。
178	12.31	根据本月份应纳流转税额和规定比例,编制教育费附加计算表,计算本月应交教育费附加。
179	12.31	根据本月材料消耗汇总表,计算并结转本月份发出材料成本。
180	12.31	编制制造费用分配表,按生产工资分配制造费用并转账。
181	12.31	根据基本生产成本明细账有关资料,编制产品成本计算表,采用逐步分项解转分布法,计算拉丝车间、圆织车间半成品成本和制袋车间完工产品成本(此处只计算产品成本,但不转账)。
182	12.31	根据已计算出的半产品成本,将拉丝车间加工的扁丝,入半成品库。计算圆织领用扁丝金额。

(续表)

顺序号	时间	经济业务内容
183	12.31	根据已计算出的半产品成本,将圆织车间加工的编织布,入半成品库。计算制袋领用编织布金额。
184	12.31	制袋车间生产完工的普通编织袋,二合一编织袋。三合一编织袋经验收合格,根据入库单计入库存商品库。
185	12.31	编制产品销售成本计算表,采用加权平均法计算本月份单位产品销售成本,结转本月份销售总成本。
186	12.31	根据有关明细账户记录,编制月终结转本年利润明细表,将"主营业务收入""其他业务收入""营业外收入""主营业务成本""管理费用""财务费用""投资收益""其他业务支出""营业税金及附加""营业外支出"等收支类账户的期末余额,转入"本年利润"账户。
187	12.31	根据本月实现的税前会计利润编制所得税计算表,按25%的比例计算应交所得税,予以转账。同时,将"所得税费用"账户的余额转入"本年利润"账户。
188	12.31	编制利润分配明细表,按规定比例分配本月税前利润:按10%计提法定盈余公积;按40%分给投资者利润;其余为未分配利润。
189	12.31	年终结转本年利润。将本年利润总额由"本年利润"账户转入"利润分配——未分配利润"账户,同时,将"利润分配"账户的其他明细账户余额,转入"未分配利润"明细账户。
190	12.31	根据核对相符的账簿记录编制"科目汇总表",再根据"科目汇总表"编制该公司2008年12月份的资产负债表和利润表。
191	12.31	根据资产负债表的年初数和上题编制的12月份的资产负债表、利润表(本月数)的有关资料,编制现金流量表。采用工作底稿法编制: 第一,将资产负债表的年初数和上题编出的12月份资产负债表的期末数,过入现金流量表工作底稿的期初数栏和期末数栏。 第二,对当期业务进行分析并编制调整分录。要以利润表项目为基础,从主营业务收入开始,结合资产负债表项目并查阅有关会计账簿记录等资料,逐一进行分析编制。 第三,将调整分录过入现金流量表工作底稿的相应部分的有关项目。 第四,核对调整分录,使借方、贷方合计数相等,资产负债表项目期初数加减调整分录中的借贷金额以后,等于期末数。 第五,根据现金流量表工作底稿中的现金流量项目部分编制正式的现金流量表。
192	12.31	按照规定办理年终结账工作。

3.3 业务资料

1

```
临海市商业银行
现金支票存根

支票号码：No7673501
账    户_____
对方账户_____
出票日期 2008 年 12 月 1 日

收款人：山东德胜塑编有限责任公司
金    额：￥8 000.00
用    途  备用

单位主管 孙晓红    会计 李丹
```

2

收 料 单

材料账户：材料　　　　　　　　　　　　　　　　编　号：001
材料类别：原料及主要材料　　　　　　　　　　　收料仓库：1号仓库
供应单位：临海石化公司　　2008 年 12 月 1 日　　发票号码：007510

材料编号	材料名称	规格	计量单位	数量		实际价格				计划价格	
				应收	实收	单价	发票金额	运费	合计	单价	金额
001	聚丙烯(PP)		千克	100 000	100 000	9.23	923 000	10 000	933 000		

备　注

采购员：×× 　　　检验员：×× 　　　记账员：×× 　　　保管员：××

3

固定资产改建交接单

承建单位	顺昌建筑公司			使用单位	仓储		
原有固定资产	名称及规格	单位	数量	原值	已提折旧	已提减值准备	净值
	仓库	幢		300 000	115 000	0	185 000
改建后固定资产	名称及规格	单位	数量	预计使用年限	30 年		
	维修车间	幢					
备注							
移交单位	山东德胜塑编有限责任公司			接受单位	顺昌建筑公司		

4-1

委托收款凭证（支款通知）

委托号码：

委 邮

委托日期：2008 年 12 月 1 日

5

收款单位	全 称	东宁石化公司		付款单位	全 称	山东德胜塑编有限责任公司	
	账号或地址	280000038477448			账号或地址	15150000001	
	开户银行	工商东宁支行	行号 3828		开户银行	临海市中国银行	
委收金额	人民币（大写）叁万柒仟贰佰柒拾元整			千百十万千百十元角分 ¥ 3 7 2 7 0 0 0			
款项内容	货款及运费	委托收款凭据名称	临海市中国银行 2008.12.01	附寄单证张数	3		
备注 上月购货款	付款人注意： 1. 根据结算办法，上列委托收款，如在付款期限内未据付，即视同全部同意付款，以此联代付款通知。 2. 如需提前付或多付款时，应另写书面通知送银行办理。 3. 系全部或部分据付，应在付款期限内另填拒绝付款理由书送银行办理。						

收讫
(1)

此联付款人开户银行给付款人按期付款的通知

4-2

增值税专用发票

No. 0238650

12345678

开票日期：2008 年 12 月 1 日

购货单位	名称：	山东德胜塑编有限责任公司	密码区	密码版本 12345678
	纳税人识别号：	370305987654321		
	地址、电话：	临海市工业路3号,2828888		
	开户银行及账户：	临海市商业银行,14140000001		

货物或应税劳务名称	规格型号	单位	数量	单价	金额	税率	税额
母料		千克	10 000	3.1	31 000.00	17%	5 270.00
合计					31 000.00		5 270.00
价税合计（大写）	⊗叁万陆仟贰佰柒拾元整				（小写）￥36 270.00		

销货单位	名称：	东宁石化公司	备注	（东宁石化公司发票专用章） 税号 280002737743500
	纳税人识别号：	280002737743500		
	地址、电话：	东宁中心路200号,79574600		
	开户银行及账户：	东宁工商银行城东办事处,7957460056 78342		

收款人：　　　复核：×× 　　　开票人：×× 　　　销货单位：

第二联 发票联

4-3

增值税专用发票

No. 0238650

12345678

开票日期：2008 年 12 月 1 日

购货单位	名称：	山东德胜塑编有限责任公司	密码区	密码版本 12345678
	纳税人识别号：	370305987654321		
	地址、电话：	临海市工业路3号,2828888		
	开户银行及账户：	临海市商业银行,14140000001		

货物或应税劳务名称	规格型号	单位	数量	单价	金额	税率	税额
母料		千克	10 000	3.1	31 000.00	17%	5 270.00
合计					31 000.00		5 270.00
价税合计（大写）	⊗叁万陆仟贰佰柒拾元整				（小写）￥36 270.00		

销货单位	名称：	东宁石化公司	备注	（东宁石化公司发票专用章） 税号 280002737743500
	纳税人识别号：	280002737743500		
	地址、电话：	东宁中心路200号,79574600		
	开户银行及账户：	东宁工商银行城东办事处,7957460056 78342		

收款人：　　　复核：×× 　　　开票人：×× 　　　销货单位：

第三联 抵扣联

4-4

铁路局运费杂费收据

付款单位或姓名：东宁石化公司　　2008 年 12 月 1 日

原运输票据	年　月　日　第　号		办理种别	
发　站	东宁火车站		到　站	临海火车站
车种车号			标　重	
货物名称	件　数	包　装	重　量	计费重量
甲材料	10	箱	10 000 千克	10 000 千克
类　别	费　率	数　量	金　额	附　记
运　费			1 000.00	
装卸费				
合计金额(大写)：壹仟元整			1 000.00	
收款单位：东宁火车站		经办人：		

5

企业借款借据（收账通知）

借款企业名称：山东德胜塑编有限责任公司　　2008 年 12 月 1 日

借款种类	流动资金	贷款账号		存款账号	14140000001							
借款金额	人民币(大写)贰佰捌拾万元整				万	千	百	十	万	千	百	十	元
				¥	2	8	0	0	0	0	0	0

借款用途：流动资金

约定还款期限：期限为 10 个月，于 2009 年 9 月 1 日到期

上列借款已批准发放，转入你单位存款账户。

临海市商业银行
2008.12.01
此致
（银行签章）

单位分录：

借：
贷：
主管　　会计　　复合　　记账

此联转账后送还借款单

6-1

固定资产交接(验收)单

2008 年 12 月 2 日

固定资产编号	名称	规格	型号	计量单位	数量	建造单位	建造编号	资金来源	附属技术资料
B13	办公楼	2 000m²		幢	1	新华建筑公司			
总价(净值)	土建工程费	设备费	安装费	运杂费	包装费	其他	合计 4 000 000	预计年限 50	净残值率 5%
附属设备或建筑						原值		已提折旧	
验收意见	合格,交办公室使用			验收人签章	刘达		保管使用人签章	刘三	

6-2

临海市商业银行
现金支票存根

支票号码：No8289601

账　户＿＿＿＿＿＿＿＿＿＿

对方账户＿＿＿＿＿＿＿＿＿

出票日期 2008 年 12 月 2 日

收款人：新华建筑公司

金　额：￥1 000 000.00

用　途：支付工程款

单位主管 孙晓红　会计 李丹

7-1

中国银行
转账支票存根

支票号码：No4347701

账　户＿＿＿＿＿＿＿＿＿＿

对方账户＿＿＿＿＿＿＿＿＿

出票日期 2008 年 12 月 2 日

收款人：明达机械制造有限公司

金　额：￥281 500.00

用　途：支付设备款

单位主管 孙晓红　会计 李丹

7-2

增值税专用发票 No. 0245640

23456789   开票日期：2008年12月2日

购货单位	名称：	山东德胜塑编有限责任公司					密码区	密码版本 23456789	
	纳税人识别号：	370305987654321							
	地址、电话：	临海市工业路3号，2828888							
	开户银行及账户：	临海市商业银行，14140000001							
货物或应税劳务名称	规格型号	单位	数量	单价	金额	税率	税额		
设备		台	2	120 000	240 000.00	17%	40 800.00		
合计					240 000.00		40 800.00		
价税合计（大写）	⊗ 贰拾捌万零捌佰元整				（小写）¥280 800.00				
销货单位	名称：	明达机械制造有限公司					备注		
	纳税人识别号：	280001237456500							
	地址、电话：	东宁中心路207号，79574400							
	开户银行及账户：	东宁工商银行城东办事处，760300610907450							

第二联 发票联

收款人：   复核：××   开票人：××   销货单位：

7-3

增值税专用发票 No. 0245640

23456789   开票日期：2008年12月2日

购货单位	名称：	山东德胜塑编有限责任公司					密码区	密码版本 23456789	
	纳税人识别号：	370305987654321							
	地址、电话：	临海市工业路3号，2828888							
	开户银行及账户：	临海市商业银行，14140000001							
货物或应税劳务名称	规格型号	单位	数量	单价	金额	税率	税额		
设备		台	2	120 000	240 000.00	17%	40 800.00		
合计					240 000.00		40 800.00		
价税合计（大写）	⊗ 贰拾捌万零捌佰元整				（小写）¥280 800.00				
销货单位	名称：	明达机械制造有限公司					备注		
	纳税人识别号：	280001237456500							
	地址、电话：	东宁中心路207号，79574400							
	开户银行及账户：	东宁工商银行城东办事处，760300610907450							

第三联 抵扣联

收款人：   复核：××   开票人：××   销货单位：

7-4

山东省公路、内河货物运输业统一发票
发 票 联

备查号　　　　　　　　　　　　　　　　　　发票代码：234567123
　　　　　　开票日期 2008 年 12 月 02 日　　　发票号码：00004523

机打代码	234567123	税控码	
机打号码	0000452357		
机器编号			
收货人及纳税人识别号	山东德胜塑编有限责任公司 370305987654321	承运人及纳税人识别号	临海联运公司 3703789456123
发货人及纳税人识别号	黄山公司 370203007654251	主管税务机关及代码	345123456
运输项目及金额	货物名称　数量　运费金额 圆织机　　2　　300.00	其他项目及金额	包装费 400.00	备注（手写无效） 临海联运公司
运费小计	￥300.00	其他费用小计	￥400.00
合计（大写）	柒佰元整		（小写）￥700.00
代开单位及代码	地税局 345123456	扣缴税额、税率 完税凭证号码	

开票人：×××

8-1

增值税专用发票

34567890　　　　开票日期：2008 年 12 月 2 日　　　　No. 0245444

购货单位	名称：	山东德胜塑编有限责任公司	密码区	密码版本 34567890
	纳税人识别号：	370305987654321		
	地址、电话：	临海市工业路3号，2828888		
	开户银行及账户：	临海市商业银行，14140000001		

货物或应税劳务名称	规格型号	单位	数量	单价	金 额	税率	税 额
聚丙烯（PP）		吨	15	9 450	141 750.00	17%	24 097.50
合　计					141 750.00		24 097.50

价税合计（大写）　⊗壹拾陆万伍仟捌佰肆拾柒元伍角整　（小写）￥165 847.50

销货单位	名称：	腾达石化公司	备注	腾达石化公司 税号 370305987655555 发票专用章
	纳税人识别号：	370305987655555		
	地址、电话：	临海市工业路23号，2828999		
	开户银行及账户：	临海市商业银行，141400000000002		

收款人：　　　复核：××　　　开票人：××　　　销货单位：

8-2

34567890

增值税专用发票

No. 0245444

开票日期：2008年12月2日

购货单位	名称：	山东德胜塑编有限责任公司					密码区	密码版本 34567890		第三联 抵扣联
	纳税人识别号：	370305987654321								
	地址、电话：	临海市工业路3号，2828888								
	开户银行及账户：	临海市商业银行，14140000001								
货物或应税劳务名称	规格型号	单位	数量	单价	金额	税率	税额			
聚丙烯(PP)		吨	15	9 450	141 750.00	17%	24 097.50			
合计					141 750.00		24 097.50			
价税合计（大写）	⊗壹拾陆万伍仟捌佰肆拾柒元伍角整　（小写）￥165 847.50									
销货单位	名称：	腾达石化公司					备注	(腾达石化公司 税号370305987655555 发票专用章)		
	纳税人识别号：	370305987655555								
	地址、电话：	临海市工业路23号，2828999								
	开户银行及账户：	临海市商业银行，141400000000002								

收款人：　　　　复核：××　　　　开票人：××　　　　销货单位：

8-3

临海市商业银行
转账支票存根

支票号码：No8289602

账　　户＿＿＿＿＿＿＿＿＿＿

对方账户＿＿＿＿＿＿＿＿＿＿

出票日期 2008年12月2日

收款人：腾达石化公司

金　额：￥165 847.50

用　途：支付材料款

单位主管 孙晓红　　会计 李丹

8-4

入 库 单

字第6701号

2008年12月2日　　　　　　　　　　　　　　　　　单位：元

发货地点					供应单位	腾达石化公司		备 注			
库名	编号	名 称	单位	规 格	入　　库			单张据数	实　　收		
					数量	单价	金 额		数量	金 额	
		聚丙烯(PP)	吨		15	9 450	141 750		15	141 750	

会计：×××　　　保管：×××　　　采购员：××　　　制单：×××

第三联　送交财务会计

9

公路、内河货物运输业统一发票

发 票 联

备查号　　　　　　　　　　　　　　　　发票代码：237030411102

开票日期 2008-12-2　　　　　　　　　　发票号码：00007457

机打代码	237030411102	税控码		
机打号码	00007457			
机器编号				
收货人及纳税人识别号	山东德胜塑编有限责任公司 370305987654321	承运人及纳税人识别号	临海市联运总公司 370102800965337	
发货人及纳税人识别号	腾达石化公司 370305987655555	主管税务机关及代码	237030503	
运输项目及金额	货物名称　数量　运费金额 聚丙烯(PP)　15吨　1000	其他项目及金额		备注(手写无效) （开单位盖章） 发票专用章
运费小计	￥1 000.00	其他费用小计		
合计(大写)	壹仟元整　　现金付讫		(小写)￥1 000.00	
代开单位及代码	地税局 237030503	扣缴税额、税率完税凭证号码		

开票人：×××

第二联 发票联 付款方记账凭证

10

领 料 单

字第 3701 号

领料部门：拉丝车间　　　　　用途：生产用　　　　　2008 年 12 月 3 日

品　名	规格型号	单位	数　量		单价	金额
			请领	实领		
低值易耗品						6 500

物料号码	备注：
	刀片等低值易耗品

领料部门负责人：××　　　领料人：××　　　会计：　　　发料人：××

11

领 料 单

字第 3701 号

领料部门：制袋车间　　　　　用途：生产用　　　　　2008 年 12 月 3 日

品　名	规格型号	单位	数　量		单价	金额
			请领	实领		
捆扎绳		根	250	250	10	2 500
胶带纸		卷	1 250	1 250	6	7 500

物料号码	

领料部门负责人：××　　　领料人：××　　　会计：　　　发料人：××

12-1

临海市商业银行
转账支票存根

支票号码：No8289603

账　　户＿＿＿＿＿＿＿＿＿＿＿＿

对方账户＿＿＿＿＿＿＿＿＿＿＿＿

出票日期 2008 年 12 月 3 日

| 收款人：土产杂品公司 |
| 金　额：￥56 160.50 |
| 用　途：支付材料款 |

单位主管　孙晓红　　　会计　李丹

12-2

增值税专用发票

No. 0242544

20987673

开票日期：2008 年 12 月 3 日

购货单位	名称：	山东德胜塑编有限责任公司	密码区	密码版本 20987673
	纳税人识别号：	370305987654321		
	地址、电话：	临海市工业路3号,2828888		
	开户银行及账户：	临海市商业银行,14140000001		

货物或应税劳务名称	规格型号	单位	数量	单价	金额	税率	税额
捆扎绳		根	2 000	15	30 000.00	17%	5 100.00
胶带纸		卷	3 000	6	18 000.00	17%	3 060.00
合　计					48 000.00		8 160.00

| 价税合计（大写） | ⊗伍万陆仟壹佰陆拾元整 | （小写）￥56 160.00 |

销货单位	名称：	土产杂品公司	备注	土产杂品公司 税号370305987655566 发票专用章
	纳税人识别号：	370305987655566		
	地址、电话：	临海市工业路25号,2828966		
	开户银行及账户：	临海市商业银行,14140000222		

第二联　发票联

收款人：　　复核：××　　开票人：××　　销货单位：

12-3

增值税专用发票

No. 0242544

20987673

开票日期：2008 年 12 月 3 日

购货单位	名称：	山东德胜塑编有限责任公司				密码区	密码版本 20987673		
	纳税人识别号：	370305987654321							
	地址、电话：	临海市工业路3号，2828888							
	开户银行及账户：	临海市商业银行，14140000001							

货物或应税劳务名称	规格型号	单位	数量	单价	金额	税率	税额
捆扎绳		根	2 000	15	30 000.00	17%	5 100.00
胶带纸		卷	3 000	6	18 000.00	17%	3 060.00
合　计					48 000.00		8 160.00

价税合计（大写）	⊗伍万陆仟壹佰陆拾元整	（小写）￥56 160.00

销货单位	名称：	土产杂品公司	备注	（发票专用章）
	纳税人识别号：	370305987655566		
	地址、电话：	临海市工业路25号，2828966		
	开户银行及账户：	临海市商业银行，14140000222		

收款人：　　复核：××　　开票人：××　　销货单位：

第三联　抵扣联

12-4

入　库　单

字第 6701 号

2008 年 12 月 3 日

单位：元

发货地点			供应单位	土产杂品公司		备　注		
库名	编号	名　称	单位	规格	入库			单张据数

库名	编号	名　称	单位	规格	入　库			单张据数	实　收	
					数量	单价	金额		数量	金额
		捆扎绳	根		2 000	15	30 000		2 000	30 000
		胶带纸	卷		3 000	6	18 000		3 000	18 000

会计：×××　　保管：×××　　采购员：××　　制单：×××

第三联　送交财务会计

13

银行汇票申请书（存根） ①

申请日期 2008 年 12 月 3 日　　　　　　　　　　　No：000376

申请人	山东德胜塑编有限责任公司	收款人	济南恒德化工有限公司
账号或住址	14140000001	账号或住址	28603006000374678
用途	购料款	代理付款行	济南工商银行城东办事处
汇款金额	人民币(大写)壹万贰仟元整		￥12000 00
备注：	临海市商业银行 2008.12.03 转讫 (1)	账户 对方账户 财务主管　复核　经办	

此联申请人留存

14

收　料　单

材料账户：材料　　　　　　　　　　　　　　编　号：008
材料类别：原料及主要材料　　　　　　　　　收料仓库：1号仓库
供应单位：南方石化公司　　2008 年 12 月 3 日　发票号码：007520

材料编号	材料名称	规格	计量单位	数量 应收	数量 实收	实际价格 单价	实际价格 发票金额	实际价格 运费	实际价格 合计	计划价格 单价	计划价格 金额
001	母料		千克	100 000	100 000	2.98	29 800	1 200	31 000		
备　注											

采购员：×× 　　检验员：×× 　　记账员：×× 　　保管员：××

15-1

临海市商业银行
转账支票存根

支票号码：8289604
账　户：_____
对方账户：_____

出票日期 2008 年 12 月 3 日

收款人：	临海齐华商城
金　额：	￥89 505.00
用　途：	支付工作服款

单位主管　孙晓红　　　会计　李　丹

15-2

增值税专用发票

No. 0345443

13456789　　　　**发　票　联**　　开票日期：2008 年 12 月 3 日

购货单位	名称：	山东德胜塑编有限责任公司	密码区	密码版本 13456789
	纳税人识别号：	370305987654321		
	地址、电话：	临海市工业路3号，2828888		
	开户银行及账户：	临海市商业银行，14140000001		

货物或应税劳务名称	规格型号	单位	数量	单价	金额	税率	税额
工作服		套	510	150	76 500.00	17%	13 005.00
合　计					76 500.00		13 005.00

| 价税合计（大写） | ⊗捌万玖仟伍佰零伍拾元整　　　　（小写）￥89 505.00 |

销货单位	名称：	临海齐华商城	备注	（临海齐华商城 税号370305987622222 发票专用章）
	纳税人识别号：	370305987622222		
	地址、电话：	临海市中心路25号，2828778		
	开户银行及账户：	临海市商业银行，14140000333		

收款人：　　复核：××　　开票人：××　　销货单位：

第二联 发票联

15-3

增值税专用发票
抵 扣 联

13456789

No. 0345443

开票日期：2008 年 12 月 3 日

购货单位	名称：	山东德胜塑编有限责任公司	密码区	密码版本
	纳税人识别号：	370305987654321		13456789
	地址、电话：	临海市工业路3号，2828888		
	开户银行及账户：	临海市商业银行，14140000001		

货物或应税劳务名称	规格型号	单位	数量	单价	金额	税率	税额
工作服		套	510	150	76 500.00	17%	13 005.00
合计					76 500.00		13 005.00
价税合计（大写）	⊗ 捌万玖仟伍佰零伍拾元整				（小写）￥89 505.00		

销货单位	名称：	临海齐华商城	备注	（临海齐华商城发票专用章）税号 370305987622222
	纳税人识别号：	370305987622222		
	地址、电话：	临海市中心路 25 号，2828778		
	开户银行及账户：	临海市商业银行，14140000333		

收款人： 　　复核：×× 　　开票人：×× 　　销货单位：

第三联 抵扣联

15-4

入 库 单

字第6704号

2008 年 12 月 3 日　　　　　　单位：元

发货地点				供应单位	临海齐华商城		备注		
库名	编号	名称	单位	规格	入库		单张据数	实收	
					数量	单价	金额		数量	金额
		工作服	套		510	150	76 500		510	76 500

会计：××× 　　保管：××× 　　采购员：×× 　　制单：×××

第三联 送交财务会计

16-1

中国银行
转账支票存根

支票号码：No4347702

账　户＿＿＿＿＿＿＿＿＿＿＿＿＿＿
对方账户＿＿＿＿＿＿＿＿＿＿＿＿＿

出票日期 2008 年 12 月 3 日

收款人：	临海市科研中心
金　额：	￥110 000.00
用　途	支付研究费

单位主管 孙晓红　　会计 李丹

16-2

临海市行政事业性收费统一收款收据

2008 年 12 月 3 日　　　　　　　　　　No. 1200111

收款单位	临海市科研中心	交款单位	山东德胜塑编有限责任公司	金　额 百十万千百十元角分	第二联 收据联
金额（大写）	人民币壹拾壹万元整			￥1 1 0 0 0 0 0 0	
事　由	付研究费			备注：	

收款单位：（临海市科研中心 税号370305987654321 财务专用章）　　单位负责人：××　　经手人：××

17-1

**临海市商业银行
转账支票存根**

支票号码：No8289605

账　　户＿＿＿＿＿＿＿＿＿＿＿＿＿

对方账户＿＿＿＿＿＿＿＿＿＿＿＿＿

出票日期 2008 年 12 月 3 日

| 收款人：东方有限责任公司 |
| 金　额：￥160 000.00 |
| 用　途　购无形资产 |
| 单位主管 孙晓红　　会计 李丹 |

17-2

山东省商品销售统一发票

发 票 联

G: 3706031234567
No. 12345678

客户名称及地址：山东德胜塑编有限责任公司　　2008 年 12 月 3 日

品名	规格	单位	数量	单价	金额 十万千百十元角分	备注
无形资产			1	160 000	1 6 0 0 0 0 0 0	使用寿命10年，估计使用寿命6年。
合计人民币（大写）	⊗壹拾陆万元整					

填票人：×× 　　收款人：×× 　　单位名称：

第二联　发票联

18

中国农业银行电汇凭证（收款通知）

No: 0289350

委托日期 2008 年 12 月 3 日　　　　　　　第 2 号

汇款人	全称	科迪有限责任公司	收款人	全称	山东德胜塑编有限责任公司
	账号或住址	1240000000045		账号或住址	14140000001
	汇出地点	济南		汇入地点	临海
	汇出行名称	中国农业银行		汇入行名称	临海市商业银行

金额	人民币（大写）	壹佰贰拾万元整	千	百	十	万	千	百	十	元	角	分
			￥	1	2	0	0	0	0	0	0	0

汇款用途：偿还货款

上列款项已照收无误

账户（付）_____

对方账户_____

汇入行解汇日期 2008 年 12 月 3 日

复核　　出纳　　记账

（汇入银行盖章）　　（收款人盖章）

此联给收款人的收账通知

19-1

临海市商业银行
现金支票存根

支票号码：No7673502

账　户_____

对方账户_____

出票日期 2008 年 12 月 3 日

收款人：山东德胜塑编有限责任公司

金　额：￥ 240 000.00

用　途：支付职工补偿金

单位主管　孙晓红　　会计　李丹

19-2

接受辞退与补偿金额一览表

职　位	拟辞退数量(人)	工　龄(年)	补偿标准(元)
车间主任	2	11～20	30 000
高级技工	5	20～30	200 000
一般技工	8	1～10	10 000
合　计	15		240 000

20-1

增值税专用发票

No. 0245123

13245678

开票日期：2008 年 12 月 4 日

购货单位	名称：	山东德胜塑编有限责任公司	密码区	密码版本 13245678
	纳税人识别号：	370305987654321		
	地址、电话：	临海市工业路3号,2828888		
	开户银行及账户：	临海市商业银行,14140000001		

货物或应税劳务名称	规格型号	单位	数量	单价	金　额	税率	税　额
聚丙烯(PP)		千克	10 000	9.40	94 000.00	17%	15 980.00
合　计					94 000.00		15 980.00

价税合计(大写)　⊗壹拾万玖仟玖佰捌拾元整　　(小写) ￥109 980.00

销货单位	名称：	东宁石化公司	备注
	纳税人识别号：	280002737743500	
	地址、电话：	东宁中心路200号,79574600	
	开户银行及账户：	东宁工商银行城东办事处,795746005678342	

收款人：　　　复核：××　　　开票人：××　　　销货单位：

第二联 发票联

20-2

增值税专用发票

No. 0245123

13245678

开票日期：2008 年 12 月 4 日

购货单位	名称：	山东德胜塑编有限责任公司	密码区	密码版本 13245678
	纳税人识别号：	370305987654321		
	地址、电话：	临海市工业路3号，2828888		
	开户银行及账户：	临海市商业银行，14140000001		

货物或应税劳务名称	规格型号	单位	数量	单价	金　额	税率	税　额
聚丙烯(PP)		千克	10 000	9.40	94 000.00	17%	15 980.00
合　计					94 000.00		15 980.00

价税合计(大写)	⊗壹拾万玖仟玖佰捌拾元整	(小写) ￥109 980.00

销货单位	名称：	东宁石化公司	备注	（东宁石化公司发票专用章） 税号280002737743500
	纳税人识别号：	280002737743500		
	地址、电话：	东宁中心路200号，79574600		
	开户银行及账户：	东宁工商银行城东办事处，795746005678342		

收款人：　　　复核：×× 　　　开票人：×× 　　　销货单位：

第三联 抵扣联

20-3

入　库　单

字第 6701 号

2008 年 12 月 4 日

单位：元

发货地点					供应单位	腾达石化公司		备　注		
库名	编号	名　称	单位	规格	入　库			单张据数	实　收	
					数量	单价	金额		数量	金额
		聚丙烯(PP)	千克		10 000	9.40	94 000			94 000

会计：×××　　　保管：×××　　　采购员：××　　　制单：×××

第三联 送交财务会计

21-1

临海市商业银行
转账支票存根

支票号码：No8289606

账　户＿＿＿＿＿＿＿＿＿＿＿＿

对方账户＿＿＿＿＿＿＿＿＿＿＿

出票日期 2008 年 12 月 4 日

收款人　宏达机械制造有限公司

金　额　¥304 200.00

用　途　购进设备

单位主管　孙晓红　　会计　李丹

21-2

增值税专用发票

No. 1345127

13245679

开票日期：2008 年 12 月 4 日

购货单位	名称：	山东德胜塑编有限责任公司					密码区	密码版本 13245679	
	纳税人识别号：	370305987654321							
	地址、电话：	临海市工业路3号,2828888							
	开户银行及账户：	临海市商业银行,14140000001							
货物或应税劳务名称	规格型号	单位	数量	单价	金额	税率	税额		
制袋机		台	1	260 000.00	260 000.00	17%	44 200.00		
合　计					260 000.00		44 200.00		
价税合计（大写）	⊗叁拾万肆仟贰佰元整				（小写）¥304 200.00				
销货单位	名称：	宏达机械制造有限公司					备注	宏达机械制造有限公司 税号280002737743522 发票专用章	
	纳税人识别号：	280002737743522							
	地址、电话：	东宁中心路203号,79574643							
	开户银行及账户：	东宁工商银行城东办事处,765300610907452							

收款人：　　复核：××　　开票人：××　　销货单位：

21-3

增值税专用发票

13245679　　　　开票日期：2008 年 12 月 4 日　　　　No. 1345127

购货单位	名称：	山东德胜塑编有限责任公司					密码区	密码版本 13245679	
	纳税人识别号：	370305987654321							
	地址、电话：	临海市工业路 3 号，2828888							
	开户银行及账户：	临海市商业银行，14140000001							

货物或应税劳务名称	规格型号	单位	数量	单价	金额	税率	税额
制袋机		台	1	260 000.00	260 000.00	17%	44 200.00
合计					260 000.00		44 200.00

价税合计（大写）	⊗叁拾万肆仟贰佰元整　　　　（小写）￥304 200.00

销货单位	名称：	宏达机械制造有限公司	备注	（发票专用章）
	纳税人识别号：	280002737743522		
	地址、电话：	东宁中心路 203 号，79574643		
	开户银行及账户：	东宁工商银行城东办事处，765300610907452		

收款人：　　　　复核：×× 　　　开票人：×× 　　　销货单位：

21-4

固定资产交接(验收)单

2005 年 6 月 28 日

固定资产编号	名 称	规 格	型 号	计量单位	数量	建造单位	建造编号	资金来源	附属技术资料
2-4	制袋机			台	1			自有	
总价（净值）	土建工程费	设备费	安装费	运杂费	包装费	其他	合计 304 200	预计年限 10	净残值率 5%
备注						原值		已提折旧	
验收意见	合格，交生产使用		验收人签章		刘 安		保管使用人签章		张 雨

22

借 款 单

2008 年 12 月 4 日　　　　　　　　　　　　　　　字第 15 号

借款人姓名	刘　明	借款理由	差旅费
所属部门	采购部		
借款金额	贰仟元整	核准借款金额	人民币(大写)贰仟元整
审批意见：同意借支刘明 　　　　　12月4日(批准日期)		归还方式：回来报账。	

主管：　　　　　会计：　　　　　出纳：张雨　　　　　借款人：刘雪

23-1

领 料 单

领料部门：圆织车间

用　　途：工作服　　　　2008 年 12 月 5 日　　　　字第 1701 号

品　名	规格型号	单 位	数　量		单 价	金　额
			请 领	实 领		
工作服		套	160	160	150	24 000
物料号码	备注：					

领料部门负责人：×××　　领料人：×××　　会计：××　　发料人：××

23-2

领 料 单

领料部门：拉丝车间

用　　途：工作服　　　　2008 年 12 月 5 日　　　　字第 1702 号

品　名	规格型号	单 位	数　量		单 价	金　额
			请 领	实 领		
工作服		套	36	36	150	5 400
物料号码	备注：					

领料部门负责人：×××　　领料人：×××　　会计：××　　发料人：××

23-3

领 料 单

领料部门：制袋车间

用　途：工作服　　　2008年12月5日　　　字第1703号

品　名	规格型号	单位	数量		单价	金额
			请领	实领		
工作服		套	230	230	150	34 500
物料号码	备注：					

领料部门负责人：×××　　领料人：×××　　会计：××　　发料人：××

23-4

领 料 单

领料部门：辅助生产车间

用　途：工作服　　　2008年12月5日　　　字第1704号

品　名	规格型号	单位	数量		单价	金额
			请领	实领		
工作服		套	52	52	150	7 800
物料号码	备注：					

领料部门负责人：×××　　领料人：×××　　会计：××　　发料人：××

23-5

领 料 单

领料部门：管理科

用　途：工作服　　　2008年12月5日　　　字第1705号

品　名	规格型号	单位	数量		单价	金额
			请领	实领		
工作服		套	17	17	150	2 550
物料号码	备注：					

领料部门负责人：×××　　领料人：×××　　会计：××　　发料人：××

23-6

领 料 单

领料部门：销售科

用　途：工作服　　　2008年12月5日　　　字第1706号

品名	规格型号	单位	数量		单价	金额
			请领	实领		
工作服		套	15	15	150	2 250
物料号码	备注：					

领料部门负责人：×××　　　领料人：×××　　　会计：××　　　发料人：××

24

中华人民共和国税收通用缴款书

（国）

隶属关系：

注册类型：**有限责任公司**

税源管理科：　　　填发日期 2008 年 12 月 5 日　　　征收机关：**临海市国家税务局**

缴款单位	代码	370305987654321	预算账户	编码	
	全称	山东德胜塑编有限责任公司		名称	有限责任公司所得税
	开户银行	临海市商业银行		级次	中央级
	账号	14140000001		收缴国库	中央国库临海支库(0511)
税款所属时期 2008 年 11 月 1 日至 2008 年 11 月 30 日			税款限缴日期 2008 年 12 月 5 日		
品目名称	课税数量	计税金额或销售收入	税率或单位税额	已缴或扣除额	实缴金额
所得税					￥275 000.00
合计	（大写）贰拾柒万伍仟元整				￥275 000.00
缴款单位（人） （盖章）经办人	（盖章） 填票人（章）	上列款项已收妥并划转收款单位账户 国库（银行）盖章 2008 年 12 月 5 日		备注：	

第一联　缴款单位作完税凭证
收据国库银行收款盖章后退给

25-1

中华人民共和国
税收通用缴款书 （国）

隶属关系：
注册类型：有限责任公司
税源管理科：　　　　填发日期 2008 年 12 月 5 日　　征收机关：临海市国家税务局

缴款单位	代　码	370305987654321	预算账户	编码	
	全　称	山东德胜塑编有限责任公司		名称	有限责任公司增值税
	开户银行	临海市商业银行		级次	中央级75%，地方级25%
	账　号	14140000001		收缴国库	中央国库临海支库

税款所属时期 2008 年 11 月 1 日至 2008 年 11 月 30 日　　税款限缴日期 2008 年 12 月 5 日

品目名称	课税数量	计税金额或销售收入	税率或单位税额	已缴或扣除额	实缴金额
增值税					￥154 500.00
合计	（大写）壹拾伍万肆仟伍佰元整				￥154 500.00

缴款单位（人）（盖章）经办人	（盖章）填票人（章）	上列款项已收妥并划转收款单位账户 国库（银行）盖章 2008 年 12 月 5 日	备注：

第一联 收据 国库银行收款盖章后退给缴款单位作完税凭证

25-2

中华人民共和国
税收通用缴款书 （地）

隶属关系：
注册类型：有限责任公司
税源管理科：　　　　填发日期 2008 年 12 月 5 日　　征收机关：临海市国家税务局

缴款单位	代　码	370305987654321	预算账户	编码	
	全　称	山东德胜塑编有限责任公司		名称	城市维护建设税
	开户银行	临海市商业银行		级次	地方级
	账　号	14140000001		收缴国库	临海市国库

税款所属时期 2008 年 11 月 1 日至 2008 年 11 月 30 日　　税款限缴日期 2008 年 12 月 5 日

品目名称	课税数量	计税金额或销售收入	税率或单位税额	已缴或扣除额	实缴金额
城市维护建设税					￥10 185.00
合计	（大写）壹万零壹佰捌拾伍元整				￥10 185.00

缴款单位（人）（盖章）经办人	（盖章）填票人（章）	上列款项已收妥并划转收款单位账户 国库（银行）盖章 2008 年 12 月 5 日	备注：

第一联 收据 国库银行收款盖章后退给缴款单位作完税凭证

25-3

中华人民共和国
税收通用缴款书 (地)

隶属关系：
注册类型：有限责任公司
税源管理科：　　　填发日期 2008 年 12 月 5 日　　　征收机关：临海市国家税务局

缴款单位	代　码	370305987654321	预算账户	编码	
	全　称	山东德胜塑编有限责任公司		名称	教育费附加
	开户银行	临海市商业银行		级次	省级
	账　号	14140000001	收缴国库		山东省国库

税款所属时期 2008 年 11 月 1 日至 2008 年 11 月 30 日　　　税款限缴日期 2008 年 12 月 5 日

品目名称	课税数量	计税金额或销售收入	税率或单位税额	已缴或扣除额	实缴金额
教育费附加					￥4 635.00
合计	(大写) 肆仟陆佰叁拾伍元整				￥4 635.00

缴款单位(人) (盖章)经办人	(盖章) 填票人(章)	上列款项已收妥并划转收款单位账户 国库(银行)盖章 2008 年 12 月 5 日	备注:

25-4

中华人民共和国
税收通用缴款书 (地)

隶属关系：
注册类型：有限责任公司
税源管理科：　　　填发日期 2008 年 12 月 5 日　　　征收机关：临海市国家税务局

缴款单位	代　码	370305987654321	预算账户	编码	
	全　称	山东德胜塑编有限责任公司		名称	教育费附加
	开户银行	临海市商业银行		级次	地方级
	账　号	14140000001	收缴国库		临海市国库

税款所属时期 2008 年 11 月 1 日至 2008 年 11 月 30 日　　　税款限缴日期 2008 年 12 月 5 日

品目名称	课税数量	计税金额或销售收入	税率或单位税额	已缴或扣除额	实缴金额
地方教育费附加					￥1 545.00
合计	(大写) 壹仟伍佰肆拾伍元整				￥1 545.00

缴款单位(人) (盖章)经办人	(盖章) 填票人(章)	上列款项已收妥并划转收款单位账户 国库(银行)盖章 2008 年 12 月 5 日	备注:

26-1

临海市建设银行外汇进账单（收账通知） 3

No 98712345

2008年12月5日　　　　　　　　　　　第011号

付款人	全称	山东德胜塑编有限责任公司	收款人	全称	山东德胜塑编有限责任公司
	账号	17170000001		账号	17170000001
	开户银行	临海市建设银行		开户银行	临海市建设银行

购入美元 USD24 200.00

	千	百	十	万	千	百	十	元	角	分
			$	2	4	2	0	0	0	0

支出人民币（大写）⊗壹拾捌万陆仟伍佰捌拾贰元整

千	百	十	万	千	百	十	元	角	分
		¥	1	8	6	5	8	2	0	0

票据种类　转账支票

中国建设银行
2008.12.05
转讫
(1)

收款单位开户行盖章

此联是收款单位交给收款人的收账通知

26-2

临海市商业银行电汇凭证（回单）

No: 0287654

委托日期 2008年12月5日　　　　　第　号

汇款人	全称	山东德胜塑编有限责任公司	收款人	全称	山东德胜塑编有限责任公司
	账号或住址	14140000001		账号或住址	17170000001
	汇出地点	临海市	汇出行名称	商业银行	汇入地点 临海市 汇入行名称 建设银行

金额 人民币（大写）壹拾捌万陆仟伍佰捌拾贰元整

千	百	十	万	千	百	十	元	角	分
		¥	1	8	6	5	8	2	0	0

汇款用途：

上列款项已根据委托办理，如需查询，请持此回单来行面洽。

（汇出行盖章）

临海市商业银行
2008.12.10

单位主管　　会计　　出纳　　记账

此联给汇款人的回单

27-1

中国人寿股份有限公司发行股票收款收据

2008 年 12 月 6 日

交款单位	山东德胜塑编有限责任公司	开户银行	临海市商业银行	账号	14140000001								
款项名称	股票 10 000 股，每股面值 1 元，购买价 35.70 元（每股含已宣告发放但未支取的股利 0.20 元），手续费 1 428 元			现金									
				支票									
				领据									
合计人民币（大写）	人民币叁拾伍万捌仟肆佰贰拾捌元整				百	十	万	千	百	十	元	角	分
				¥	3	5	8	4	2	8	0	0	

收款单位：（中国人寿股份有限公司 财务专用章 税号14000000000112） 主管：×× 　　收款：×× 　　制单：××

第二联 交付款单位

27-2

临海市商业银行
转账支票存根

支票号码：No8289607

账　户_____

对方账户_____

出票日期 2008 年 12 月 6 日

| 收款人：中国人寿股份有限公司 |
| 金　额：¥358 428.00 |
| 用　途：购进股票 |

单位主管 孙晓红 　　会计 李丹

28-1

临海市商业银行电汇凭证（回单）

No：0287654

委托日期 2008 年 12 月 6 日　　　　第　　号

汇款人	全称	山东德胜塑编有限责任公司	收款人	全称	东宁石化公司
	账号或住址	14140000001		账号或住址	795746005678342
	汇出地点	临海市	汇出行名称	商业银行	汇入地点	临海市	汇入行名称	建设银行

金额	人民币（大写）	贰佰叁拾万肆仟玖佰元整	千	百	十	万	千	百	十	元	角	分
			¥	2	3	0	4	9	0	0	0	0

汇款用途：
上列款项已根据委托办理，如需查询，请持此回单来行面洽。

（汇出行盖章）
临海市商业银行
2008.12.10
付讫

单位主管　　会计　　出纳　　记账

此联给汇款人的回单

28-2

增值税专用发票

No. 0245228

13456734

开票日期：2008 年 12 月 6 日

购货单位	名称：	山东德胜塑编有限责任公司	密码区	密码版本 13456734
	纳税人识别号：	370305987654321		
	地址、电话：	临海市工业路3号，2828888		
	开户银行及账户：	临海市商业银行，14140000001		

货物或应税劳务名称	规格型号	单位	数量	单价	金额	税率	税额
聚丙烯(PP)		吨	200	9 850.00	1 970 000.00	17%	334 900.00
合　计					1 970 000.00		334 900.00

价税合计（大写）　⊗贰佰叁拾万肆仟玖佰元整　　（小写）¥ 2 304 900.00

销货单位	名称：	东宁石化公司	备注	东宁石化公司 税号 280002737743500 发票专用章
	纳税人识别号：	280002737743500		
	地址、电话：	东宁中心路200号，79574600		
	开户银行及账户：	东宁工商银行城东办事处，795746005678342		

收款人：　　复核：××　　开票人：××　　销货单位：

第二联 发票联

28-3

增值税专用发票

No. 0245228

13456734

开票日期：2008年12月6日

购货单位	名称：	山东德胜塑编有限责任公司					密码区	密码版本 13456734	
	纳税人识别号：	370305987654321							
	地址、电话：	临海市工业路3号,2828888							
	开户银行及账户：	临海市商业银行,14140000001							
货物或应税劳务名称	规格型号	单位	数量	单价	金 额	税率	税 额
聚丙烯(PP)		吨	200	9 850.00	1 970 000.00	17%	334 900.00
合 计					1 970 000.00		334 900.00
价税合计(大写)	⊗贰佰叁拾万肆仟玖佰元整　　　　(小写)￥2 304 900.00						
销货单位	名称：	东宁石化公司					备注	东宁石化公司 税号 280002737743500 发票专用章	
	纳税人识别号：	280002737743500							
	地址、电话：	东宁中心路200号,79574600							
	开户银行及账户：	东宁工商银行城东办事处,795746005678342							

收款人：　　　复核：××　　　开票人：××　　　销货单位：

第三联 抵扣联

28-4

入 库 单

字第6701号

2008年12月6日

单位:元

发货地点					供应单位	东宁石化			备 注		
库名	编号	名 称	单位	规格	入　库			单张据数	实　收		
					数量	单价	金额		数量	金额	
		聚丙烯(PP)	吨		200	9 850	1 970 000		200	1 970 000	

会计：×××　　　保管：×××　　　采购员：××　　　制单：×××

第三联 送交财务会计

29-1

增值税专用发票

No. 0245425

12987654

开票日期：2008 年 12 月 6 日

购货单位	名称：	山东德胜塑编有限责任公司					密码区	密码版本 12987654	
	纳税人识别号：	370305987654321							
	地址、电话：	临海市工业路3号,2828888							
	开户银行及账户：	临海市商业银行,14140000001							
货物或应税劳务名称	规格型号	单位	数量	单价	金　额	税率	税　额		
专用涂覆料		吨	200	12 500.00	2 500 000.00	17%	425 000.00		
合　计					2 500 000.00		425 000.00		
价税合计（大写）	⊗贰佰玖拾贰万伍仟元整				（小写）￥2 925 000.00				
销货单位	名称：	弘光化工厂					备注		
	纳税人识别号：	280002737123422							
	地址、电话：	东宁中心路190号,79512343							
	开户银行及账户：	东宁工商银行城东办事处,795211310213456							

第二联 发票联

收款人：　　复核：××　　开票人：××　　销货单位：（弘光化工厂 发票专用章）

29-2

增值税专用发票

No. 0245425

12987654

开票日期：2008 年 12 月 6 日

购货单位	名称：	山东德胜塑编有限责任公司					密码区	密码版本 12987654	
	纳税人识别号：	370305987654321							
	地址、电话：	临海市工业路3号,2828888							
	开户银行及账户：	临海市商业银行,14140000001							
货物或应税劳务名称	规格型号	单位	数量	单价	金　额	税率	税　额		
专用涂覆料		吨	200	12 500.00	2 500 000.00	17%	425 000.00		
合　计					2 500 000.00		425 000.00		
价税合计（大写）	⊗贰佰玖拾贰万伍仟元整				（小写）￥2 925 000.00				
销货单位	名称：	弘光化工厂					备注		
	纳税人识别号：	280002737123422							
	地址、电话：	东宁中心路190号,79512343							
	开户银行及账户：	东宁工商银行城东办事处,795211310213456							

第三联 抵扣联

收款人：　　复核：××　　开票人：××　　销货单位：（弘光化工厂 发票专用章）

29-3

入 库 单

字第6704号

2008年12月6日　　　　　　　　　　　　　　　单位：元

发货地点					供应单位	弘光化工厂		备注		
库名	编号	名称	单位	规格	入库			单张据数	实收	
					数量	单价	金额		数量	金额
		专用涂覆料	吨		200	12 500	2 500 000		200	2 500 000

会计：×××　　　保管：×××　　　采购员：××　　　制单：×××

第三联　送交财务会计

30-1

增值税专用发票

No. 0245425

13459876

开票日期：2008年12月6日

购货单位	名称：	山东德胜塑编有限责任公司					密码区	密码版本 13459876	
	纳税人识别号：	370305987654321							
	地址、电话：	临海市工业路3号，2828888							
	开户银行及账户：	临海市商业银行，14140000001							
货物或应税劳务名称	规格型号	单位	数量	单价	金额		税率	税额	
牛皮纸		吨	200	5 450.00	1 090 000.00		17%	185 300.00	
合　计					1 090 000.00			185 300.00	
价税合计（大写）		⊗壹佰贰拾柒万伍仟叁佰元整			（小写）￥1 275 300.00				
销货单位	名称：	前进贸易商行					备注		
	纳税人识别号：	370305987654156							
	地址、电话：	临海市中心路3号，79512111							
	开户银行及账户：	临海工商银行城东办事处，787654311051227						税号370305987654156 发票专用章	

收款人：　　复核：××　　开票人：××　　销货单位：

第二联 发票联

30-2

增值税专用发票

No. 0245425

13459876

开票日期：2008 年 12 月 6 日

购货单位	名称：	山东德胜塑编有限责任公司						密码区	密码版本 13459876	
	纳税人识别号：	370305987654321								
	地址、电话：	临海市工业路3号,2828888								
	开户银行及账户：	临海市商业银行,14140000001								
货物或应税劳务名称		规格型号	单位	数量	单价	金　额	税率	税　额		
牛皮纸			吨	200	5 450.00	1 090 000.00	17%	185 300.00		
合　计						1 090 000.00		185 300.00		
价税合计（大写）		⊗壹佰贰拾柒万伍仟叁佰元整				（小写）￥1 275 300.00				
销货单位	名称：	前进贸易商行						备注	（前进贸易商行发票专用章 税号370305987654156）	
	纳税人识别号：	370305987654156								
	地址、电话：	临海市中心路3号,79512111								
	开户银行及账户：	临海工商银行城东办事处,787654311051227								

收款人：　　复核：×× 　　开票人：×× 　　销货单位：

第三联 抵扣联

30-3

入　库　单

字第6704号

2008 年 12 月 6 日

单位：元

发货地点					供应单位	前进贸易商行		备　注			
库名	编号	名　称	单位	规格	入　库			单张据数	实　收		
					数量	单价	金额		数量	金额	
		牛皮纸	吨		200	5 450	1 090 000		200	1 090 000	

会计：××× 　　保管：××× 　　采购员：×× 　　制单：×××

第三联 送交财务会计

31-1

俄罗斯森达尔公司

发票编号：000405
日　　期：2008 年 12 月 7 日
合 同 号：000565
信用证号：390878

装由：

从 _____ 至 __临海__

头及编码	数量、包装及品名	(CIF)单价	总价
聚丙烯(PP)	20 000 千克	USD1.21	USD24 200

31-2

临海市建设银行电汇凭证（回单）

No：0289350

委托日期 2008 年 12 月 07 日　　　第　号

汇款人	全　称	山东德胜塑编有限责任公司	收款人	全　称	俄罗斯森达尔公司										
	账号或住址	17170000001		账号或住址											
	汇出地点	临海市	汇出行名称	商业银行		汇入地点		汇入行名称							
金额	人民币(大写)	壹拾捌万陆仟伍佰捌拾贰元整			千	百	十	万	千	百	十	元	角	分
						￥	1	8	6	5	8	2	0	0

汇款用途：
上列款项已根据委托办理，如需查询，请持此回单来行面洽。

（汇出行盖章）
临海市商业银行
2008.12.07
付讫

单位主管　会计　出纳　记账

此联给汇款人的回单

32-1

**临海市商业银行
转账支票存根**

支票号码：No8289608

账　户＿＿＿＿＿＿＿＿＿＿＿＿

对方账户＿＿＿＿＿＿＿＿＿＿＿

出票日期 2008 年 12 月 7 日

收款人：临海市律师事务所

金　额：￥3 200.00

用　途　支付诉讼费

单位主管　孙晓红　　会计　李　丹

32-2

临海市行政事业性收费统一收款收据

2008 年 12 月 7 日　　　　　　　　　　　No. 1200231

收款单位	临海市律师事务所	交款单位	山东德胜塑编有限责任公司	金　额 百十万千百十元角分
金额（大写）	人民币叁仟贰佰元整			￥320000
事　由		付律师费	备注：	

收款单位：（临海市律师事务所 财务专用章）　　单位负责人：李　　经手人：吴

第二联 收据联

33-1

**临海市商业银行
转账支票存根**

支票号码：No8289609

账　　户＿＿＿＿＿＿＿＿＿＿＿＿＿＿

对方账户＿＿＿＿＿＿＿＿＿＿＿＿＿＿

出票日期 2008 年 12 月 7 日

| 收款人：鲁西市联运总公司 |
| 金　额：￥800.00 |
| 用　途：支付运输费 |

单位主管　孙晓红　　　会计　李　丹

33-2

固定资产调拨单

2008 年 12 月 7 日　　　　　　　固调入字第 012 号

调出单位: 鲁西机械有限公司				调入单位: 山东德胜塑编有限责任公司				
名称及型号	单位	数量	原始价值	已提折旧	净值	预计使用年限	调拨方式	调拨原因
X-4 圆织机	台	1	50 000	15 350	34 650	10	捐赠	
制造单位	制造年份		出产号	转让价格		备注		
北京机械厂	2003		09899	无偿				

调出单位：（鲁西机械有限公司 税号370102800317373 财务专用章）　主管人：×× 　会计：×× 　制单：××

第二联　调入单位入账凭证

33-3

公路、内河货物运输业统一发票

发 票 联

备查号
开票日期 2008-12-7

发票代码：237030411102
发票号码：00007457

机打代码	237030411102	税控码	
机打号码	00007457		
机器编号			
收货人及纳税人识别号	山东德胜塑编有限责任公司 370305987654321	承运人及纳税人识别号	鲁西市联运总公司 370102800965337
发货人及纳税人识别号	鲁西机械有限责任公司 370102800317373	主管税务机关及代码	237030503
运输项目及金额	货物名称 数量 运费金额 设备 1 450	其他项目及金额	包装费 350元	备注（手写无效） （鲁西市联运总公司发票专用章）
运费小计	￥450.00	其他费用小计	￥350.00
合计（大写）	捌佰元整		（小写）￥800.00
代开单位及代码	地税局 237030503	扣缴税额、税率完税凭证号码	

开票人：丁大力

34-1

增值税专用发票

31245676

开票日期：2008 年 12 月 7 日

No. 0245425

购货单位	名称：	山东德胜塑编有限责任公司				密码区	密码版本 31245676		
	纳税人识别号：	370305987654321							
	地址、电话：	临海市工业路3号,2828888							
	开户银行及账户：	临海市商业银行,14140000001							
货物或应税劳务名称	规格型号	单位	数量	单价	金额		税率	税额	
专用涂覆料		千克	3 000	8.33	25 000.00		17%	4 250.50	
合 计					25 000.00			4 250.50	
价税合计（大写）	⊗贰万玖仟贰佰伍拾元整						（小写）￥29 250.00		
销货单位	名称：	西安化工厂				备注	（西安化工厂 税号 470305987654156 发票专用章）		
	纳税人识别号：	470305987654156							
	地址、电话：	西安市中心路3号,79512111							
	开户银行及账户：	西安市工商银行城南办事处,160500710907320							

收款人： 　　复核：×× 　　开票人：×× 　　销货单位：

34-2

增值税专用发票

No.0245425

31245676

开票日期：2008 年 12 月 7 日

购货单位	名称：	山东德胜塑编有限责任公司							密码区	密码版本 31245676	
	纳税人识别号：	370305987654321									
	地址、电话：	临海市工业路3号，2828888									
	开户银行及账户：	临海市商业银行，14140000001									

货物或应税劳务名称	规格型号	单位	数量	单价	金额	税率	税额
专用涂覆料		千克	3 000	8.33	25 000.00	17%	4 250.50
合　计					25 000.00		4 250.50
价税合计（大写）	⊗贰万玖仟贰佰伍拾元整				（小写）￥29 250.00		

销货单位	名称：	西安化工厂	备注
	纳税人识别号：	470305987654156	
	地址、电话：	西安市中心路3号，79512111	（西安化工厂发票专用章 税号470305987654156）
	开户银行及账户：	西安市工商银行城南办事处，1605007109907320	

收款人：　　　复核：××　　　开票人：××　　　销货单位：

第三联 抵扣联

34-3

付款期限 壹个月

中国工商银行
银 行 汇 票（多余款收账通知） 4　第0056743号

出票日期	代理付款行：西安工商银行城南办事处
（大写）贰零零捌年壹拾贰月零柒日	行　号：400857

收款人：山东德胜塑编有限责任公司
账　号：14140000001

出票金额人民币（大写）叁万元整
（压数机压印出票金额）

		千	百	十	万	千	百	十	元	角	分
实际结算金额人民币（大写）贰万玖仟贰佰伍拾元整					￥	2	9	2	5	0	0

申请人：西安化工厂　　　账号或住址：16030058363803366

出票行：西安工行　　行号：37920

备　注：购原料

凭票付款

出票行签章　　（中国工商银行 2008.12.07 付讫）

多 余 金 额	账户（借）_____
千百十万千百十元角分	对方账户（贷）_____
￥7 5 0 0 0	兑付期限 2008 年 12 月 7 日
	复核　　　　记账

35-1

商业承兑汇票(卡片)

出票日期(大写) 贰零零捌年壹拾贰月零柒日　　第　号

付款人	全称	齐银水泥公司	收款人	全称	山东德胜塑编有限责任公司	
	账号或住址	64009003675575675		账号或住址	14140000001	
	开户行	建行　行号　3012		开户行	商行　行号　3704	

出票金额	人民币(大写) 柒拾贰万元整	千 百 十 万 千 百 十 元 角 分
		¥ 7 2 0 0 0 0 0 0

汇票到期日	2009年2月7日	交易合同号码	销字029号

本汇票一经承兑到期无条件付款　　　本汇票请予以承兑于到期日付

承兑人签章（齐银水泥公司印章）　　出票人签章

承兑日期　2008年12月7日

此联承兑人留存

35-2

增值税专用发票

No. 0245425

34567891

开票日期：2008年12月7日

购货单位	名称：	齐银水泥公司	密码区	密码版本 34567891	第四联 记账联
	纳税人识别号：	370305987614444			
	地址、电话：	临海市工业路12号,2823333			
	开户银行及账户：	临海市建设银行,64009003675575675			

货物或应税劳务名称	规格型号	单位	数量	单价	金额	税率	税额
三合一编织袋		条	400 000	1.80	720 000.00	17%	122 400.00
合计					720 000.00		122 400.00

价税合计(大写)	⊗捌拾肆万贰仟肆佰元整	(小写) ¥842 400.00

销货单位	名称：	山东德胜塑编有限责任公司	备注
	纳税人识别号：	370305987654321	
	地址、电话：	临海市工业路3号,2828888	
	开户银行及账户：	临海市商业银行,14140000001	

（山东德胜塑编有限责任公司 税号370305987654321 发票专用章）

收款人：　　复核：××　　开票人：××　　销货单位：

35-3

商 品 出 库 单

购货单位：齐银水泥公司　　2008年12月7日　　销出字第001号

商品名称及规格	单　位	数　量
三合一编织袋	条	400 000
合　　计		

主管人：张雁　　会计：李文　　记账：成琳　　制单：王英

第二联　会计记账

35-4

收 款 收 据

2008年12月7日　　　　　　　　No. 1200000

收款单位	山东德胜塑编有限责任公司	交款单位	齐银水泥公司	金　额 百十万千百十元角分
金　额（大写）	人民币柒拾贰万元整			￥720000 00
事　由	货款			备注：商业承兑汇票

（盖章：山东德胜塑编责任有限公司　税号37030598765432　财务专用章）

会计主管：孙晓红　　　收款人：　　　制单：

第二联　收据联

36-1

商 品 出 库 单

购货单位：万马利公司　　2008年12月7日　　分销出字第001号

商品名称及规格	单　位	数　量
二合一编织袋	条	200 000
合　　计		

主管人：张风　　会计：李英　　记账：成红　　制单：王立

第二联　会计记账

36-2

增值税专用发票   No. 0245425

23415678   开票日期：2008 年 12 月 7 日

购货单位	名称：	万马利公司				密码区	密码版本 23415678	
	纳税人识别号：	370305987612378						
	地址、电话：	临海市工业路8号，2828824						
	开户银行及账户：	临海市商业银行，14140000003						
货物或应税劳务名称	规格型号	单位	数量	单价	金　额	税率	税　额	
二合一编织袋		条	80 000	1.70	136 000.00	17%	23 120.00	
合　计								
价税合计（大写）	⊗壹拾伍万玖仟壹佰贰拾元整				（小写）￥159 120.00			
销货单位	名称：	山东德胜塑编有限责任公司				备注	（发票专用章）	
	纳税人识别号：	370305987654321						
	地址、电话：	临海市工业路3号，2828888						
	开户银行及账户：	临海市商业银行，14140000001						

收款人：　　复核：××　　开票人：××　　销货单位：

第四联 记账联

36-3

临海市商业进账单（回单）   3   No 9726653

2008 年 12 月 7 日　　第　号

付款人	全　称	万马利公司	收款人	全　称	山东德胜塑编有限责任公司	千	百	十	万	千	百	十	元	角	分
	账　号	14140000003		账　号	14140000001										
	开户银行	临海市商业银行		开户银行	临海市商业银行										
人民币（大写）	⊗壹拾伍万玖仟壹佰贰拾元整						￥	1	5	9	1	2	0	0	0
票据种类	转账支票			临海市商业银行 2008.12.07 转讫 (1)											
票据张数	1														

单位主管　　会计　　复核　　记账　　　　收款单位开户行盖章

此联是出票人开户银行交给出票人的回单

36-4

临海市商业银行
转账支票存根

支票号码：No8289608-1

账　　户＿＿＿＿＿＿＿＿＿＿＿＿

对方账户＿＿＿＿＿＿＿＿＿＿＿＿

出票日期 2008 年 12 月 7 日

| 收款人：临海市联运总公司 |
| 金　额：￥600.00 |
| 用　途：代垫运杂费 |

单位主管　　　　　　会计

37

借 款 单

2008 年 12 月 7 日　　　　　　字第　号

借款人姓名	张　明	借款事由	赴外地考察
所属部门	人事部		
借款金额 人民币（大写）	伍仟元整	核准借款金额 人民币（大写）	伍仟元整
审批意见：同意借支　12.7 刘明		归还方式：回来报账。	

主管人：　　　会计：　　　出纳：张雪　　　借款人：张明

38-1

山东德胜塑编有限责

序号	编号	姓 名	基本工资	浮动工资	加班津贴	病事缺勤	应付工资
2		拉丝车间	53 206.70		930.40		54137.10
3		圆织车间	139 169.00		1 030.40		140 199.40
4		制袋车间	189 750.00		1 230.40		190 980.40
5		维修车间	44 338.00	555.20	435.80		45 329.00
6		质检科	10 850.00	552.80	542.50		11 945.30
7		生产技术科	12 967.00		226.80		13 193.80
8		供应科	7 590.00	723.20	139.00		8 452.20
9		销售科	23 687.00	452.80	225.40	129.00	24 236.20
10		财务科	13 629.00	331.00	140.40		14 100.40
11		办公室	42 687.00	331.00	142.50		43 160.50
12		车队	18 645.00	313.20	242.50		19 200.70
13							
14							
15							
16							
17							
18							
19							
20							
		合 计	556 518.70	3 259.20	5 286.10	129.00	564 935.00

任公司 12 月份工资表

养老金	失业金	住房公积金	医保	房租	小计	所得税	实付工资
4 256.50	532.10	3 724.50	1 064.10	580.00	43 979.90	349.00	43 630.90
11 133.50	1 391.70	9 741.80	2 783.40	320.00	114 829.00	497.00	114 332.00
15 180.00	1 897.50	13 282.50	3 795.00	750.00	156 075.40	1 223.00	154 852.40
3 547.00	443.40	3 103.70	886.80	130.00	37 218.10	415.00	36 803.10
868.00	108.50	759.50	217.00	160.00	9 832.30	128.00	9 704.30
1 037.40	129.70	907.70	259.30	130.00	10 729.70	136.00	10 593.70
607.20	75.90	531.30	151.80	150.00	6 936.00	772.20	6 163.80
1 895.00	236.90	1 658.10	473.70		19 972.50	105.80	19 866.70
1 090.30	136.30	954.00	272.60		11 647.20	152.90	11 494.30
3 415.00	426.90	2 988.10	853.70		35 476.80	1 017.70	34 459.10
1 491.60	186.50	1 305.20	372.90	150.00	15 694.50	529.00	15 165.50
44 521.50	5 565.40	38 956.40	11 130.30	2 370.00	462 391.40	5 325.60	457 065.80

38-2

临海市商业银行
现金支票存根

支票号码：7673503

账　户＿＿＿＿＿＿＿＿＿＿＿＿

对方账户＿＿＿＿＿＿＿＿＿＿＿

出票日期 2008 年 12 月 8 日

收款人：山东德胜塑编有限责任公司

金　额：￥457 065.80

用　途 12月份职工工资

单位主管　　　　　会计

39-1

邮　　**商业银行托收承付结算凭证**（承付支款通知）　　第 5 号

签发日期：2008 年 12 月 8 日　　托收号码：0103

收款单位	全　称	鑫达化工公司			付款单位	全　称	山东德胜塑编有限责任公司
	账　号	16030058363803366				账号或地址	14140000001
	开户银行	商行	行号	3703		开户银行	临海市商业银行
托收金额	人民币（大写）	叁万零捌佰壹拾壹元陆角整				千百十万千百十元角分　￥3 0 8 1 1 6 0		
附件		商品发运情况			合同名称号码		
附交单证张数或册数	4	商品通过公路运输			07573		
备注：		鲁西市商业银行 银行意见 2008.12.08 收讫 （收款单位开户行盖章） 月　日			账户（付）＿＿＿＿＿＿ 对方账户（收）＿＿＿＿ 转账　　年　月　日 复核员　　　　记账员		
	信汇						

单位主管：　　　会计：　　　复核：　　　记账：

此联是付款单位开户银行通知付款单位按期承付通知

39-2

增值税专用发票

No.0245449

34567891

开票日期：2008年12月8日

购货单位	名称：	山东德胜塑编有限责任公司					密码区	密码版本 34567891	
	纳税人识别号：	370305987654321							
	地址、电话：	临海市工业路3号，2828888							
	开户银行及账户：	临海市商业银行，14140000001							
货物或应税劳务名称	规格型号	单位	数量	单价	金额	税率	税额		
IC7A 高压料		千克	2 000	12.74	25 480.00	17%	4 331.60		
合　计					25 480.00		4 331.60		
价税合计(大写)	⊗贰万玖仟捌佰壹拾壹元陆角整				（小写）￥29 811.60				
销货单位	名称：	鑫达化工公司					备注		
	纳税人识别号：	280002737724522							
	地址、电话：	鲁西市中心路25号，79555643							
	开户银行及账户：	鲁西商业银行城东办事处，16160000003							

收款人：　　　复核：××　　　开票人：××　　　销货单位：

39-3

增值税专用发票

No.0245449

34567891

开票日期：2008年12月8日

购货单位	名称：	山东德胜塑编有限责任公司					密码区	密码版本 34567891	
	纳税人识别号：	370305987654321							
	地址、电话：	临海市工业路3号，2828888							
	开户银行及账户：	临海市商业银行，14140000001							
货物或应税劳务名称	规格型号	单位	数量	单价	金额	税率	税额		
IC7A 高压料		千克	2 000	12.74	25 480.00	17%	4 331.60		
合　计					25 480.00		4 331.60		
价税合计(大写)	⊗贰万玖仟捌佰壹拾壹元陆角整				（小写）￥29 811.60				
销货单位	名称：	鑫达化工公司					备注		
	纳税人识别号：	280002737724522							
	地址、电话：	鲁西市中心路25号，79555643							
	开户银行及账户：	鲁西商业银行城东办事处，16160000003							

收款人：　　　复核：××　　　开票人：××　　　销货单位：

39-4

公路、内河货物运输业统一发票

发 票 联

备查号
开票日期 2008-12-8

发票代码：237030411133
发票号码：00007434

机打代码	237030411222	税控码		
机打号码	00002345			
机器编号				
收货人及纳税人识别号	山东德胜塑编有限责任公司 370305987654321	承运人及纳税人识别号	联运公司 370102800965337	
发货人及纳税人识别号	鑫达化工公司 380002737724522	主管税务机关及代码	237030523	
运输项目及金额	货物名称 数量 运费金额 ICA高压料 2000千克 1000	其他项目及金额		备注（手写无效） 鲁西市联运总公司 税号 370102800965337 发票专用章
运费小计	￥1000.00	其他费用小计		
合计（大写）	壹仟元整		（小写）￥1000.00	
代开单位及代码	地税局 237030503	扣缴税额、税率完税凭证号码		

开票人：丁大力

40-1

增值税专用发票

No. 0245425

12897654

开票日期：2008年12月7日

购货单位	名称：	临海市石化公司					密码区	密码版本 12897654	
	纳税人识别号：	370305987654411							
	地址、电话：	临海市工业路19号，2823336							
	开户银行及账户：	临海市建设银行，64009003675575675							
货物或应税劳务名称	规格型号	单位	数量	单价	金额	税率	税额		
二合一编织袋		条	300 000	1.90	570 000.00	17%	96 900.00		
合 计					570 000.00		96 900.00		
价税合计（大写）	⊗陆拾陆万陆仟玖佰元整				（小写）￥666 900.00				
销货单位	名称：	山东德胜塑编有限责任公司					备注	山东德胜塑编有限责任公司 税号 370305987654321 发票专用章	
	纳税人识别号：	370305987654321							
	地址、电话：	临海市工业路3号，2828888							
	开户银行及账户：	临海市商业银行，14140000001							

收款人：　　复核：××　　开票人：××　　销货单位：

40-2

临海市商业银行进账单（回单） 3

No 9726653

2008 年 12 月 8 日　　　　　　　　　　　　　　第　号

付款人	全称	临海石化公司	收款人	全称	山东德胜塑编有限责任公司
	账号	64009003675575675		账号	141400000000001
	开户银行	临海市建设银行		开户银行	临海市商业银行

人民币（大写）	⊗陆拾陆万陆仟玖佰元整	千百十万千百十元角分 ¥ 6 6 6 9 0 0 0 0

票据种类	转账支票
票据张数	1

临海市商业银行
2008.12.08
转讫
(1)

单位主管　　会计　　复核　　记账　　　　　收款单位开户行盖章

此联是出票人开户银行交给出票人的回单

40-3

商品出库单

购货单位：临海石化公司　　　　2008 年 12 月 8 日　　　　　　销出字第 015 号

商品名称及规格	单位	数量
二合一编织袋	条	300 000
合计		

主管人：张行　　会计：李双　　记账：　　　　制单：王言

第二联　会计记账

41

差旅费结算单

2008 年 12 月 8 日　　　　　　　　　附原始凭证 10 张

姓名	刘　明	出差地点	西安		出差事由	采购		日期	12 月 4 日起
									12 月 8 日止
乘火车费		自 临海 站至 西安 站		金额	700	00	说明：		
乘汽车费		自　　站至　　站		金额	100	00	原借款 2 000 元，抵扣		
乘　费				金额			后补付现金 350 元。		
行李运费		千克	每千克	元	金额				
出差补助费	5 天	定额	100		金额	500	00		
		定额			金额				
旅馆费	4 天	单价	200		金额	800	00		
其他		现金付讫				250	00	单位负责人	孙晓红	出差人盖章	刘　明
合计金额		小写				2 350	00		
		大写	贰仟叁佰伍拾元整						

42-1

山东省商品销售统一发票

发 票 联

G: 3706038575006
No. 36475686

客户名称及地址：山东德胜塑编有限责任公司　　　　2008 年 12 月 8 日

品　名	规格	单位	数量	单价	金　额							备注
					十万	千	百	十	元	角	分	
复印纸		包	20	30.00		¥	6	0	0	0	0	
笔记本		个	20	10.00		¥	1	0	0	0	0	
签字笔		支	50	2.00		¥	1	0	0	0	0	
合计人民币（大写）	⊗捌佰元整					¥	8	0	0	0	0	

第二联　发票联

填票人：严　寒　　　收款人：刘和平　　　单位名称：

42-2

临海市商业银行
现金支票存根

支票号码：No 8289610

账　户＿＿＿＿＿＿＿＿＿＿

对方账户＿＿＿＿＿＿＿＿＿＿

出票日期 2008 年 12 月 8 日

收款人：	东方商城购物广场
金　额：	￥800.00
用　途：	支付办公用品

单位主管　　　　　　　会计

43

收　料　单

材料账户：材料　　　　　　　　　　编　号：001
材料类别：原料及主要材料　　　　　收料仓库：1号仓库
供应单位：鑫达化工厂　　2008 年 12 月 10 日　　发票号码：007440

材料编号	材料名称	规格	计量单位	数量		实际价格				计划价格	
				应收	实收	单价	发票金额	运费	合计	单价	金额
003	IC7A		千克	2 000	2 000	12.74	25 480	1 000	26 480		

备　注

采购员：××　　检验员：××　　记账员：××　　保管员：××

44-1

44567891

增值税专用发票

No. 0245559

开票日期：2008 年 12 月 10 日

购货单位	名称：	山东德胜塑编有限责任公司	密码区	密码版本 44567891
	纳税人识别号：	370305987654321		
	地址、电话：	临海市工业路3号，2828888		
	开户银行及账户：	临海市商业银行，14140000001		

货物或应税劳务名称	规格型号	单位	数量	单价	金额	税率	税额
稀释剂		千克	1000	11.00	11 000.00	17%	1 870.00
合　计					11 000.00		1 870.00

价税合计（大写）	⊗壹万贰仟捌佰柒拾元整	（小写）¥ 12 870.00

销货单位	名称：	恒德化工公司	备注	
	纳税人识别号：	289076567899876		
	地址、电话：	济南市柳泉路35号，79555643		
	开户银行及账户：	济南商业银行城东办事处，15030000005		

收款人：　　复核：×× 　　开票人：×× 　　销货单位：（恒德化工公司发票专用章）

第二联 发票联

44-2

44567891

增值税专用发票

No. 0245559

开票日期：2008 年 12 月 10 日

购货单位	名称：	山东德胜塑编有限责任公司	密码区	密码版本 44567891
	纳税人识别号：	370305987654321		
	地址、电话：	临海市工业路3号，2828888		
	开户银行及账户：	临海市商业银行，14140000001		

货物或应税劳务名称	规格型号	单位	数量	单价	金额	税率	税额
稀释剂		千克	1000	11.00	11 000.00	17%	1 870.00
合　计					11 000.00		1 870.00

价税合计（大写）	⊗壹万贰仟捌佰柒拾元整	（小写）¥ 12 870.00

销货单位	名称：	恒德化工公司	备注	
	纳税人识别号：	289076567899876		
	地址、电话：	济南市柳泉路35号，79555643		
	开户银行及账户：	济南商业银行城东办事处，15030000005		

收款人：　　复核：×× 　　开票人：×× 　　销货单位：（恒德化工公司发票专用章）

第三联 抵扣联

44-3

入　库　单

字第6719号

2008年12月10日　　　　　　　　　　　　　　　单位：元

发货地点	济南		供应单位	恒德化工公司		备　注			
库名	编号	名　称	单位	规　格	入　库			单张据数	实　收	
					数量	单价	金额		数量	金额
		稀释剂	千克		1 000	11	11 000		1 000	11 000

会计：××× 　　　保管：××× 　　　采购员：×× 　　　制单：×××

第三联 送交财务会计

44-4

临海市商业银行电汇凭证（回单）

No：0289350

委托日期 2008 年 12 月 10 日　　　　　　　　　第　号

汇款人	全　称	山东德胜塑编有限责任公司			收款人	全　称	恒德化工公司		
	账号或住址	14140000001				账号或住址	141400000011111		
	汇出地点	临海市	汇出行名称	商业银行		汇入地点	济南市	汇入行名称	商业银行
金额	人民币（大写）	捌佰柒拾元整			千百十万千百十元角分				
					￥ 8 7 0 0 0				

汇款用途：

上列款项已根据委托办理，如需查询，请持此回单来行面洽。

（汇出行盖章）

临海市商业银行
2008.12.10
转讫

单位主管　　会计　　出纳　　记账

此联给汇款人的回单

45-1

材料盘存盘亏报告单

库号 1　　　　　　　　　2008 年 12 月 10 日

名称	规格型号	单位	单价	账面数	实有数	盘盈数		盘亏数		增值税	备注
						数量	金额	数量	金额		
聚丙烯(PP)		吨						1	9 530.00	1 620.10	
审批意见：同意转为管理费用，今后应加强管理。 刘平 12月12日						盈亏原因		管理不善			

部门主管：×××　　　　保管员：×××　　　　复查人：×××

45-2

进项税转出单

单位　　　　　　　　　　2008 年 12 月 10 日

项目	计税金额	转出税额	备注
聚丙烯(PP)	9 530.00	1 620.10	丢失1吨聚丙烯(PP)，应负担的增值税进项税额。
合计	9 530.00	1 620.10	

部门主管：×××　　　记账：×××　　　复查人：×××　　　制单：×××

46-1

临海市商业银行
转账支票存根

支票号码：No 8289611

账　　户＿＿＿＿＿＿＿＿＿＿

对方账户＿＿＿＿＿＿＿＿＿＿

出票日期 2008 年 12 月 10 日

收款人：临海市联运总公司

金　额：￥2 000.00

用　途：代垫运杂费

单位主管　　　　　会计

46-2

增值税专用发票

No. 0245425

19827364

开票日期：2008 年 12 月 7 日

购货单位	名称：	科迪有限责任公司						密码区	密码版本 19827364	
	纳税人识别号：	370305987654411								
	地址、电话：	临海市工业路19号,2823336								
	开户银行及账户：	临海市建设银行,64009003675575675								
货物或应税劳务名称	规格型号	单位	数量	单价	金额	税率	税额			
普通编织袋		条	100 000	1.00	100 000.00	17%	17 000.00			
合　计					100 000.00		17 000.00			
价税合计(大写)	⊗壹拾壹万柒仟元整				(小写) ￥117 000.00					
销货单位	名称：	山东德胜塑编有限责任公司						备注		
	纳税人识别号：	370305987654321								
	地址、电话：	临海市工业路3号,2828888								
	开户银行及账户：	临海市商业银行,14140000001								

第四联 记账联

收款人：　　　复核：××　　开票人：××　　销货单位：

46-3

公路、内河货物运输业统一发票
发 票 联

发票代码：237030411133
发票号码：00007434

备查号
开票日期 2008-12-10

机打代码	237030411222	税控码	
机打号码	00002345		
机器编号			
收货人及纳税人识别号	科迪有限责任公司 370305987654411	承运人及纳税人识别号	联运公司 370102800965337
发货人及纳税人识别号	山东德胜塑编有限责任公司 370305987654321	主管税务机关及代码	237030523

运输项目及金额	货物名称	数量	运费金额	其他项目及金额		备注（手写无效）
	普通编织袋	100 000条	2 000			

运费小计	￥2 000.00	其他费用小计	
合计（大写）	贰仟元整	（小写）￥2 000.00	
代开单位及代码	地税局 237030503	扣缴税额、税率 完税凭证号码	

开票人：丁大力

第二联发票联 付款方记账凭证

46-4

购销折让合同

甲方：科迪有限责任公司　　　　　乙方：山东德胜塑编有限责任公司

甲方于2008年12月10日向乙方购买普通编织袋100 000条，共计价税款117 000元，（乙方代垫运输费用2 000元）。经双方商定，实行现金折扣，具体付款条件为：2/10，1/20，N/30。

以上条件，甲、乙双方共同遵守。

甲方：　　　　　　　　　　　　乙方：

46-5

商 品 出 库 单

购货单位：科迪有限责任公司　　2008年12月7日　　分销出字第001号

商品名称及规格	单　位	数　量
普通编织袋	条	100 000
合　计		

主管人：×× 　　会计：×× 　　记账：×× 　　制单：××

第二联　会计记账

47-1

18982763

增值税专用发票

No. 0245449

开票日期：2008年12月10日

购货单位	名称：	山东德胜塑编有限责任公司	密码区	密码版本 18982763
	纳税人识别号：	370305987654321		
	地址、电话：	临海市工业路3号,2828888		
	开户银行及账户：	临海市商业银行,14140000001		

货物或应税劳务名称	规格型号	单位	数量	单价	金　额	税率	税　额
办公用品		袋	10	100	1 000.00	17%	170.00
合　计					1 000.00		170.00
价税合计（大写）	⊗壹仟壹佰柒拾元整				（小写）¥1 170.00		

销货单位	名称：	前进贸易商行	备注	
	纳税人识别号：	370305987654156		
	地址、电话：	临海市中心路3号,79512111		
	开户银行及账户：	临海工商银行城东办事处,787654311051227		

前进贸易商行
税号 280002737724569
发票专用章

收款人：　　复核：×× 　　开票人：×× 　　销货单位：

第二联　发票联

47-2

增值税专用发票

No. 0245449

18982763

开票日期：2008 年 12 月 10 日

购货单位	名称：	山东德胜塑编有限责任公司					密码区	密码版本 18982763	
	纳税人识别号：	370305987654321							
	地址、电话：	临海市工业路3号,2828888							
	开户银行及账户：	临海市商业银行,14140000001							
货物或应税劳务名称	规格型号	单位	数量	单价	金　额	税率	税　额		
办公用品		袋	10	100	1 000.00	17%	170.00		
合　计					1 000.00		170.00		
价税合计（大写）	⊗壹仟壹佰柒拾元整				（小写）￥1 170.00				
销货单位	名称：	前进贸易商行					备注		
	纳税人识别号：	370305987654156							
	地址、电话：	临海市中心路3号,79512111							
	开户银行及账户：	临海工商银行城东办事处,787654311051227							

收款人：　　　复核：××　　　开票人：××　　　销货单位：

（前进贸易商行 税号 280002737724569 发票专用章）

第三联 抵扣联

47-3

入　库　单

字第 6704 号

2008 年 12 月 10 日

单位：元

库名	编号	名　称	单位	规　格	入　库			单张据数	实　收	
					数量	单价	金　额		数量	金　额
		办公用品	袋		10	100	1 000		10	1 000

发货地点：　　　供应单位：前进贸易商行　　　备　注：

会计：×××　　　保管：×××　　　采购员：××　　　制单：×××

第三联 送交财务会计

48-1

海关　关税　专用缴款书

收入系统：海关系统　　填发日期：2008年12月11日　　号码：No 临海海关（　　）×××

收款单位	收入机关	临海海关			缴款单位	名　称	山东德胜塑编有限责任公司
	账　户		预算级次	中央级		账　号	14140000001
	收缴国库	临海金库				开户银行	临海市商业银行

税号	货物名称	数量	单位	完税价格（¥）	税率（%）	税款金额（¥）
038	聚丙烯(PP)	20	吨	186 340	5.0	9 317.00

金额人民币(大写) 玖仟叁佰壹拾柒元整　　合　计　　9 317.00

申请单位编写 3700289　　报关单编号 0700119　　填制单位

合同(批文号)　　　运输工具(号)

缴款期限　7天　　提/装货单号

制单人　复合人　（中华人民共和国临海海关印）　制单人　复合人　（中国人民银行营业处临海分行）12.11

备注

从填发缴款书次日起，限七日内(星期日和法定假日除外)缴纳，逾期按日征收税款总额千分之一的滞纳金。

第一联收据。国库收款签章后交缴款单位或缴纳人。

48-2

海关　增值税（代征）　专用缴款书

收入系统：海关系统　　填发日期：2008年12月11日　　号码：No 临海海关（　　）×××

收款单位	收入机关	临海海关			缴款单位	名　称	山东德胜塑编有限责任公司
	账　户		预算级次	中央级		账　号	14140000001
	收缴国库	临海金库				开户银行	临海市商业银行

税号	货物名称	数量	单位	完税价格（¥）	税率（%）	税款金额（¥）
040	聚丙烯(PP)	20	吨	186 340	17	33 261.69

金额人民币(大写) 叁万叁仟贰佰陆拾壹元陆角玖分　　合　计　　33 261.69

申请单位编写 3700291　　报关单编号 0700118　　填制单位

合同(批文号)　　　运输工具(号)

缴款期限　7天　　提/装货单号

制单人　复合人　（中华人民共和国临海海关印）　制单人　复合人　（中国人民银行营业处临海分行）

备注

从填发缴款书次日起，限七日内(星期日和法定假日除外)缴纳，逾期按日征收税款总额千分之一的滞纳金。

第一联收据。国库收款签章后交缴款单位或缴纳人。

48-3

公路、内河货物运输业统一发票
发 票 联

备查号　　　　　　　　　　　　　　　发票代码：237030411133
开票日期 2008-12-11　　　　　　　　　发票号码：00007434

机打代码 机打号码 机器编号	237030411329 00002395		税控码		
收货人及纳税人识别号	山东德胜塑编有限责任公司 370305987654321		承运人及纳税人识别号	临海市联运总公司 370102800965337	
发货人及纳税人识别号	山东德胜塑编有限责任公司 370305987654321		主管税务机关及代码	237030523	
运输项目及金额	货物名称 聚丙烯(PP)	数量 20吨	运费金额 1 300	其他项目及金额	备注(手写无效) （单位盖章）
运费小计	￥1 300.00			其他费用小计	
合计(大写)	壹仟叁佰元整			(小写) ￥1 300.00	
代开单位及代码	地税局 237030503			扣缴税额、税率 完税凭证号码	

第二联发票联　付款方记账凭证

开票人：丁大力

48-4

临海市商业银行
转账支票存根

支票号码：8289612-1

账　　户 _____

对方账户 _____

出票日期 2008年12月11日

收款人：临海市联运总公司
金　　额：￥1 300.00
用　　途：代垫运杂费

单位主管　　　　　会计

48-5

临海市商业银行
转账支票存根

支票号码：8289612-2

账　　户 _____

对方账户 _____

出票日期 2008年12月11日

收款人：临海海关
金　　额：￥9 317.00
用　　途：支付关税

单位主管　　　　　会计

48-6

**临海市商业银行
转账支票存根**

支票号码：8289612-3

账　　户＿＿＿＿＿＿＿＿＿＿＿＿＿＿

对方账户＿＿＿＿＿＿＿＿＿＿＿＿＿＿

出票日期 2008 年 12 月 11 日

| 收款人：*临海海关* |
| 金　额：￥33 261.69 |
| 用　途　*支付增值税* |

单位主管　　　　　　会计

48-7

入　库　单

字第 6701 号

2008 年 12 月 11 日　　　　　　　　　单位：元

发货地点				供应单位	腾达石化公司			备注		
库名	编号	名称	单位	规格	入库			单张据数	实收	
					数量	单价	金额		数量	金额
		聚丙烯(PP)	吨		20					

会计：×××　　　保管：×××　　　采购员：××　　　制单：×××

第三联　送交财务会计

49-1

委托收款凭证（支款通知）

委收号码：5

委托日期：2008年12月11日

委 邮

收款单位	全称	东宁石化公司	付款单位	全称	山东德胜塑编有限责任公司
	账号或地址	东宁石化公司 5324000000000001		账号或地址	14140000001
	开户银行	建行西门支行 行号 3828		开户银行	临海市商业银行

委收金额	人民币（大写）壹拾壹万壹仟肆佰捌拾元整	千百十万千百十元角分 ¥1 1 1 4 8 0 0 0

款项内容	货款及运费	委托收款凭据名称		附寄单证张数	1

备注	购货款	付款人注意： 1. 根据结算办法，上列委托收款，如在付款期限内未据付，即视同全部同意付款，以此联代付款通知。 2. 如需提前付或多付款时，应另写书面通知送银行办理。 3. 系全部或部分据付，应在付款期限内另填拒绝付款理由书送银行办理。

此联付款人开户银行给付款人按期付款的通知

49-2

公路、内河货物运输业统一发票

发 票 联

发票代码：237030422233
发票号码：00007434

备查号

开票日期 2008-12-11

机打代码	237030411333	税控码	
机打号码	00002144		
机器编号			
收货人及纳税人识别号	山东德胜塑编有限责任公司 370305987654321	承运人及纳税人识别号	联运公司 570102800965339
发货人及纳税人识别号	东宁石化公司 280002737743500	主管税务机关及代码	237030523
运输项目及金额	货物名称 数量 运费金额 聚丙烯(PP) 10 000千克 1 500	其他项目及金额	备注（手写无效） 单位盖章 税号 570102800965339 发票专用章
运费小计	¥1 500.00	其他费用小计	
合计(大写)	壹仟伍佰元整	(小写)¥1 500.00	
代开单位及代码	地税局 237030503	扣缴税额、税率完税凭证号码	

开票人：丁大力

第二联 发票联 付款方记账凭证

50

领 款 单

领款部门(人)：王　林　　　　2008 年 12 月 11 日　　　　字第　　号

领到　　　　　现　金	金　　额							
人民币(大写)　　伍佰元整	十万	万	千	百	十	元	角	分
				¥	5	0	0	0

领款用途：王林职工困难补助费				
领导审批	同意付给。 王方 12月10日	部门负责人意见	请领导批示。 李双 12月10日	领款人盖章	王　林

51

领 料 单

字第 4756 号
2008 年 12 月 11 日

领料部门：生产技术科　　　用途：研制新产品

品　名	规格型号	单位	数　量		单价	金　额
			请领	实领		
聚丙烯(PP)		千克	1 000	1 000		9 639.66
母料		千克	50	50		111.67
牛皮纸		千克	5 000	5 000		27 183.95
专用涂覆料		千克	1 000	1 000		12 427.71
物料号码		备注：				

领料部门负责人：××　　　领料人：×××　　　会计：××　　　发料人：×××

52

领 料 单

用途：办公用　　　　　　2008 年 12 月 11 日　　　　　　字第 3456 号

领料部门	品　名	规格型号	单位	数量 请领	数量 实领	单价	金额
拉丝车间	办公用品						120
圆织车间							150
制袋车间							170
辅助车间							110
办公室							50
销售科							50
合　计							650
物料号码	备注：						

领料部门负责人：×××　　　领料人：×××　　　会计：××　　　发料人：××

53

中国农业银行电汇凭证（收款通知）

No: 0289389

委托日期 2008 年 12 月 13 日　　　　　　第 2 号

汇款人	全称	科迪有限责任公司	收款人	全称	山东德胜塑编有限责任公司
	账号或住址	1240000000045		账号或住址	15150000001
	汇出地点	济南	汇出行名称	中国农业银行	汇入地点	临海	汇入行名称	临海市中国银行

金额 人民币（大写）：壹拾壹万柒仟元整　　　千百十万千百十元角分　¥1 1 7 0 0 0 0 0

汇款用途：偿还贷款

上列款项已根据委托办理，如需查询，请持此单来行洽询。

（汇入银行盖章）　　付讫

上列款项已照收无误

账户（付）_____

对方账户_____

汇入行解汇日期 2008 年 12 月 3 日

复核　　出纳　　记账

（收款人盖章）

此联给收款人的收账通知

54-1

增值税专用发票

No. 0245655

开票日期：2008 年 12 月 13 日

购货单位	名称：	山东德胜塑编有限责任公司	密码区
	纳税人识别号：	370305987654321	
	地址、电话：	临海市工业路3号，2828888	
	开户银行及账户：	临海市商业银行，14140000001	

货物或应税劳务名称	规格型号	单位	数量	单价	金额	税率	税额
设备		台	1	102 564.10	102 564.10	17%	17 435.90
合计					102 564.10		17 435.90

价税合计(大写)	⊗壹拾贰万元整　　　　　　（小写）￥120 000.00

销货单位	名称：	明达机械制造有限公司	备注
	纳税人识别号：	280001237456500	
	地址、电话：	东宁中心路 207 号，79574400	
	开户银行及账户：	东宁工商银行城东办事处，7603006109 07450	

收款人：　　　　复核：××　　　　开票人：××　　　　销货单位：

第二联 发票联

54-2

增值税专用发票

No. 0245655

开票日期：2008 年 12 月 13 日

购货单位	名称：	山东德胜塑编有限责任公司	密码区
	纳税人识别号：	370305987654321	
	地址、电话：	临海市工业路3号，2828888	
	开户银行及账户：	临海市商业银行，14140000001	

货物或应税劳务名称	规格型号	单位	数量	单价	金额	税率	税额
设备		台	1	102 564.10	102 564.10	17%	17 435.90
合计					102 564.10		17 435.90

价税合计(大写)	⊗壹拾贰万元整　　　　　　（小写）￥120 000.00

销货单位	名称：	明达机械制造有限公司	备注
	纳税人识别号：	280001237456500	
	地址、电话：	东宁中心路 207 号，79574400	
	开户银行及账户：	东宁工商银行城东办事处，7603006109 07450	

收款人：　　　　复核：××　　　　开票人：××　　　　销货单位：

第三联 抵扣联

54-3

临海市商业银行
转账支票存根

支票号码：No8289613

账　　户_____

对方账户_____

出票日期 2008 年 12 月 13 日

| 收款人：明达机械制造有限公司 |
| 金　额：￥120 000.00 |
| 用　途　支付设备款 |

单位主管　　　　　　会计

54-4

固定资产交接（验收）单

2005 年 6 月 28 日

固定资产编号	名称	规格	型号	计量单位	数量	建造单位	建造编号	资金来源	附属技术资料
20-1	设备			台	1			自有	
总价（净值）	土建工程费	设备费	安装费	运杂费	包装费	其他	合计	预计年限	净残值率
							120 000	10	5%
备注：报废时需要特殊处理费用 20 000 元。						原值		已提折旧	
验收意见	合格，交生产使用			验收人签章	王一		保管使用人签章	张雨	

55

企业借款借据（收账通知）

借款企业名称：山东德胜塑编有限责任公司　　2008 年 12 月 13 日

借款种类	流动资金	贷款账号		存款账号	14140000001

借款金额	人民币(大写) 陆拾万元整	万千百十万千百十元 ¥ 6 0 0 0 0 0

借款用途：流动资金

约定还款期限：期限为6个月，于 2009 年 6 月 13 日到期

上列借款已批准发放，转入你单位存款账户。 此致 （银行签章）	单位分录： 借：…………………… 贷：…………………… 主管　　会计　　复合　　记账

（盖章：临海市商业银行 2008.12.01 付讫）

此联转账后送还借款单

56

临海市中国银行 电汇凭证（回单）

第 2284 号

委托日期 2008 年 12 月 13 日　　　　　　　　　应解汇款编号

汇款人	全称	山东德胜塑编有限责任公司	收款人	全称	茂州机械公司
	账号或住址	14140000001		账号或住址	454545454545454
	汇出地点	临海	汇出行名称	中国银行	汇入地点	茂州	汇入行名称	中国银行

金额	人民币(大写) 贰拾柒万元整	千百十万千百十元角分 ¥ 2 7 0 0 0 0 0 0

汇款用途：归还长期借款

留行待取预留收款人印鉴

款项已收入收款账户

（盖章：临海市中国银行 2008.12.13 付讫）

款项已收妥

账户(借)_____

对方账户(贷)_____

汇入行解汇日期 2008 年 12 月 13 日

复核×××　　出纳××

记账×××

汇入行盖章 2008 年 12 月 13 日　　收款人盖章 2008 年 12 月 13 日

此联给付款人的回单

57-1

增值税专用发票

No. 44668877

36000456　　发票联　　开票日期：2008年12月13日

购货单位	名称：	山东德胜塑编有限责任公司	密码区	加密版本 36000456		第二联 发票联
	纳税人识别号：	370305987654321				
	地址、电话：	临海市工业路3号,0533-2828888				
	开户银行及账户：	临海市商业银行,14140000001				

货物或应税劳务名称	规格型号	单位	数量	单价	金额	税率	税额
油墨		千克	1 000	20.00	20 000.00	17%	3 400.00
合　计					20 000.00		3 400.00

价税合计（大写）	⊗贰万叁仟肆佰元整	（小写）¥23 400.00

销货单位	名称：	兰州物美纸业公司	备注	（兰州物美纸业公司 税号370305678789987 发票专用章）
	纳税人识别号：	370305678789987		
	地址、电话：	兰州市东一路213号,0726-7652345		
	开户银行及账户：	兰州市中国银行,123456789123456		

收款人：　　复核：××　　开票人：××　　销货单位：

57-2

增值税专用发票

No. 44668877

36000456　　抵扣联　　开票日期：2008年12月13日

购货单位	名称：	山东德胜塑编有限责任公司	密码区	加密版本 36000456		第三联 抵扣联
	纳税人识别号：	370305987654321				
	地址、电话：	临海市工业路3号,0533-2828888				
	开户银行及账户：	临海市商业银行,14140000001				

货物或应税劳务名称	规格型号	单位	数量	单价	金额	税率	税额
油墨		千克	1 000	20.00	20 000.00	17%	3 400.00
合　计					20 000.00		3 400.00

价税合计（大写）	⊗贰万叁仟肆佰元整	（小写）¥23 400.00

销货单位	名称：	兰州物美纸业公司	备注	（兰州物美纸业公司 税号370305678789987 发票专用章）
	纳税人识别号：	370305678789987		
	地址、电话：	兰州市东一路213号,0726-7652345		
	开户银行及账户：	兰州市中国银行,123456789123456		

收款人：　　复核：××　　开票人：××　　销货单位：

57-3

临海市中国银行电汇凭证（回单）

第 2254 号

委托日期 2008 年 12 月 13 日　　应解汇款编号

汇款人	全称	山东德胜塑编有限责任公司	收款人	全称	兰州物美纸业公司
	账号或住址	15150000001		账号或住址	123456789123456
	汇出地点	山东	汇出行名称	中国银行	汇入地点	兰州	汇入行名称	工商银行

金额	人民币（大写）贰万叁仟肆佰元整	千	百	十	万	千	百	十	元	角	分
				¥	2	3	4	0	0	0	0

汇款用途：支付购油墨货款

款项已收入收款人账户　　中国银行 款项已收妥　　2008.12.13　　付讫

汇入行盖章　　收款人盖章

2008 年 12 月 13 日　　2008 年 12 月 13 日

账户（借）_____
对方账户（贷）_____
汇入行解汇日期 2008 年 12 月 13 日
复核××× 出纳××
记账×××

58-1

增值税专用发票

No. 44668800

36000478　　　　发票联　　开票日期：2008 年 12 月 13 日

购货单位	名称：	山东德胜塑编有限责任公司	密码区	加密版本 36000478
	纳税人识别号：	370305987654321		
	地址、电话：	临海市工业路3号,0533-2828888		
	开户银行及账户：	临海市商业银行,14140000001		

货物或应税劳务名称	规格型号	单位	数量	单价	金额	税率	税额
彩印膜		千克	90 000	23.89	2 150 000.00	17%	365 500.00
合计					2 150 000.00		365 500.00

价税合计（大写）⊗贰佰伍拾壹万伍仟伍佰元整　　（小写）¥2 515 500.00

销货单位	名称：	兰州物美化工公司	备注	（兰州物美化工公司 税号 370305678789998 发票专用章）
	纳税人识别号：	370305678789998		
	地址、电话：	兰州市东一路218号,0726-7652347		
	开户银行及账户：	兰州市中国银行,123456789123479		

收款人：　　复核：××　　开票人：××　　销货单位：

58-2

增值税专用发票
抵 扣 联

36000478

No. 44668800

开票日期：2008 年 12 月 13 日

购货单位	名称：	山东德胜塑编有限责任公司					密码区	加密版本
	纳税人识别号：	370305987654321						36000478
	地址、电话：	临海市工业路3号, 0533-2828888						
	开户银行及账户：	临海市商业银行, 14140000001						

货物或应税劳务名称	规格型号	单位	数量	单价	金 额	税率	税 额
彩印膜		千克	90 000	23.89	2 150 000.00	17%	365 500.00
合 计					2 150 000.00		365 500.00

价税合计（大写）	⊗ 贰佰伍拾壹万伍仟伍佰元整	（小写）￥2 515 500.00

销货单位	名称：	兰州物美化工公司	备注
	纳税人识别号：	370305678789998	
	地址、电话：	兰州市东一路218号, 0726-7652347	
	开户银行及账户：	兰州市中国银行, 123456789123479	

收款人： 复核：×× 开票人：×× 销货单位：

58-3

临海市中国银行电汇凭证（回单）

第 2254 号

委托日期 2008 年 12 月 13 日   应解汇款编号

汇款人	全 称	山东德胜塑编有限责任公司	收款人	全 称	兰州物美化工公司
	账号或住址	14140000001		账号或住址	123456789123479
	汇出地点	山东	汇出行名称	商业银行	汇入地点	兰州	汇入行名称	工商银行

金额	人民币（大写）贰佰伍拾壹万伍仟伍佰元整	千 百 十 万 千 百 十 元 角 分
		￥ 2 5 1 5 5 0 0 0 0

汇款用途：支付购彩印膜货款

留行待取预留收款人印鉴

款项已收入收款人账户   款项已收妥
中国银行 2008.12.13 付讫
汇入行盖章   收款人盖章

账户（借）_____
对方账户（贷）_____
汇入行解汇日期 2008 年 12 月 13 日
复核××× 出纳××
记账×××

2008 年 12 月 13 日   2008 年 12 月 13 日

此联给付款人的回单

59-1

原料入库单

字第 3 号
2005 年 12 月 14 日
单位：元

发货地点					供应单位		东宁石化公司		备 注		
库名	编号	名 称	单位	规格	入　库			单据张数	实　收		
					数量	单价	金 额		数量	金 额	
1		聚丙烯（PP）	千克		10 000				10 000		
		合　计			10 000				10 000		

会计：　　　　　保管：　　　　　采购员：　　　　　制单：

第三联　送交财务会计

59-2

增值税专用发票

No. 0235531

5264789

记　账　联

开票日期：2008 年 12 月 14 日

购货单位	名称：	东宁石化公司				密码区	5264789	
	纳税人识别号：	280002737743500						
	地址、电话：	东宁市中心路 200 号，79574900						
	开户银行及账户：	东宁工商银行城东办事处，795746005678342						
货物或应税劳务名称	规格型号	单位	数量	单价	金　额		税率	税　额
二合一编织袋		条	50 000	1.80	90 000.00		17%	15 300.00
合　计					90 000.00			15 300.00
价税合计（大写）	⊗壹拾万伍仟叁佰元整						（小写）￥105 300.00	
销货单位	名称：	山东德胜塑编有限责任公司				备注		
	纳税人识别号：	370305987654321						
	地址、电话：	临海市工业路 3 号，0533-2828888						
	开户银行及账户：	临海市商业银行，14140000001						

收款人：　　复核：张丽　　开票人：王成　　销货单位：

第四联　记账联

59-3

增值税专用发票

No. 0123467

开票日期：2008 年 12 月 14 日

购货单位	名称：	山东德胜塑编有限责任公司						密码区	
	纳税人识别号：	370305987654321							
	地址、电话：	临海市工业路3号，2828888							
	开户银行及账户：	临海市商业银行，14140000001							

货物或应税劳务名称	规格型号	单位	数量	单价	金额	税率	税额
聚丙烯(PP)		千克	10 000	10.00	100 000.00	17%	17 000.00
合计					100 000.00		17 000.00
价税合计（大写）	⊗壹拾壹万柒仟元整				（小写）¥ 117 000.00		

销货单位	名称：	东宁石化公司		备注
	纳税人识别号：	280002737743500		
	地址、电话：	东宁中心路200号，79574600		
	开户银行及账户：	东宁工商银行城东办事处，795746005678342		

第二联 发票联

收款人：　　复核：××　　开票人：××　　销货单位：

59-4

增值税专用发票

No. 0123467

开票日期：2008 年 12 月 14 日

购货单位	名称：	山东德胜塑编有限责任公司						密码区	
	纳税人识别号：	370305987654321							
	地址、电话：	临海市工业路3号，2828888							
	开户银行及账户：	临海市商业银行，14140000001							

货物或应税劳务名称	规格型号	单位	数量	单价	金额	税率	税额
聚丙烯(PP)		千克	10 000	10.00	100 000.00	17%	17 000.00
合计					100 000.00		17 000.00
价税合计（大写）	⊗壹拾壹万柒仟元整				（小写）¥ 117 000.00		

销货单位	名称：	东宁石化公司		备注
	纳税人识别号：	280002737743500		
	地址、电话：	东宁中心路200号，79574600		
	开户银行及账户：	东宁工商银行城东办事处，795746005678342		

第三联 抵扣联

收款人：　　复核：××　　开票人：××　　销货单位：

59-5

产品出库单

字第 12 号

2008 年 12 月 21 日   单位：元

购货单位		京津文化公司						备注：非货币性交易出库
库名	编号	名称	单位	规格	出库			
					数量	单价	金额	
		二合一编织袋	条		50 000		75 000	
		合计			50 000		75 000	

会计：   保管：   提货人：   制单：

第三联　送交财务会计

59-6

山东省运输业普通发票

发 票 联

G: 12567566644
No. 000004567

客户名称及地址：山东德胜塑编有限责任公司   2008 年 11 月 14 日

品名	规格	单位	数量	单价	金额 十万千百十元角分	备注
运杂费					¥ 1 0 0 0 0 0	
					（诚信运输公司 发票专用章）	
合计人民币（大写）	⊗壹仟元整				¥ 1 0 0 0 0 0	

填票人   收款人   单位名称

第二联　发票联

59-7

```
┌─────────────────────────────────┐
│      临海市商业银行              │
│      转账支票存根                │
│                                 │
│  支票号码：No8289614             │
│                                 │
│  账    户_____        │
│                                 │
│  对方账户_____        │
│                                 │
│  出票日期 2008 年 12 月 14 日    │
│                                 │
│  ┌───────────────────────────┐  │
│  │ 收款人：诚信运输公司      │  │
│  ├───────────────────────────┤  │
│  │ 金  额：￥1 000.00        │  │
│  ├───────────────────────────┤  │
│  │ 用  途：支付运杂费        │  │
│  └───────────────────────────┘  │
│                                 │
│  单位主管           会计        │
└─────────────────────────────────┘
```

60-1

370000444

增值税专用发票

No. 55666888

发 票 联　　开票日期：2008 年 12 月 14 日

购货单位	名称：	山东德胜塑编有限责任公司					密码区	加密版本 370000444	
	纳税人识别号：	370305987654321							
	地址、电话：	临海市工业路3号，0533-2828888							
	开户银行及账户：	临海市商业银行，14140000001							
货物或应税劳务名称	规格型号	单位	数量	单价	金　额	税率	税　额
圆织机修理					2 200.00	17%	374.00
合　计					2 200.00		374.00
价税合计（大写）	⊗贰仟伍佰柒拾肆元整				（小写）￥2 574.00		
销货单位	名称：	美誉维修公司					备注	美誉维修公司 税号307205123456789 发票专用章
	纳税人识别号：	307205123456978	现金付讫					
	地址、电话：	临海市经一路56号，0531-2884567						
	开户银行及账户：	临海市工商银行，111111111111222						

收款人：　　复核：××　　开票人：××　　销货单位：

60-2

增值税专用发票

370000444

抵 扣 联

No. 55666888

开票日期：2008 年 12 月 14 日

购货单位	名称：	山东德胜塑编有限责任公司				密码区	加密版本 370000444	第三联 抵扣联
	纳税人识别号：	370305987654321						
	地址、电话：	临海市工业路3号,0533-2828888						
	开户银行及账户：	临海市商业银行,14140000001						

货物或应税劳务名称	规格型号	单位	数量	单价	金　额	税率	税　额
圆织机修理					2 200.00	17%	374.00
合　计					2 200.00		374.00

价税合计(大写)	⊗贰仟伍佰柒拾肆元整	(小写) ￥2 574.00

销货单位	名称：	美誉维修公司	现金付讫	备注	(美誉维修公司 税号307205123456789 发票专用章)
	纳税人识别号：	307205123456978			
	地址、电话：	临海市经一路56号,0531-2884567			
	开户银行及账户：	临海市工商银行,111111111111222			

收款人：　　　复核：××　　　开票人：××　　　销货单位：

61

差旅费报销单

2008 年 12 月 12 日　　　　　　　　　附件 23 张

姓　名	邓　晓	出差地点	临海市	出差事由	市内交通补助	日期	11月1日起
							11月30日止
乘火车费		自　　站至　　站			金额		说明：
乘汽车费		自　　站至　　站			金额	120.00	
乘费		自　　站至　　站			金额		
行李运费		千克	每千克　元		金额		
误餐补助费		天	定额		金额	34.60	
旅馆费		天	定额		金额		
其他							现金付讫
合计金额	小写	￥154.60					单位负责人
	大写	壹佰伍拾肆元陆角整					

会计主管：　　　　　出纳：　　　　　　报销人：邓　晓

62-1

山东省商品销售统一发票

发 票 联

G: 231457689612345
No. 89764123

客户名称及地址：齐茂公司　　2008年12月14日

品　名	规格	单位	数量	单价	金　额 十万千百十元角分	备　注
房租	500	平方米	3	10 000	¥3 0 0 0 0 0 0	
合计人民币（大写）	⊗叁万元整				¥3 0 0 0 0 0 0	

填票人　　　　　　收款人　　　　　　单位名称

第三联　记账联

62-2

营业税计算表

2008年12月14日　　　　　　　　　　单位：元

项　目	行　次	金　额
应税业务收入	1	30 000
营业税税率	2	5%
应交营业税	3	1 500

注：3行＝1行×2行

63

应交房产税计提表

序号	单位名称	厂房原值	原值扣除比例	适用税率	应纳税额	备注
1	拉丝车间	807 150	20%	1.20%		固定资产
2	圆织车间	2 395 400	20%	1.20%		固定资产
3	制袋车间	798 000	20%	1.20%		固定资产
4	辅助生产	1 190 000	20%	1.20%		固定资产
5	管理费用	2 520 000	20%	1.20%		固定资产
6	销售费用	719 000	20%	1.20%		固定资产
7	福利费用	130 000	20%	1.20%		固定资产
8	投资性房地产	3 000 000	租金收入 30 000	12.00%		投资性房地产
	合 计	11 559 550				
	固定资产原值	8 559 550		1.20%		41 085.84
	投资性房地产	3 000 000	租金收入 30 000	12%		1 800.00
						42 885.84

64-1

收 料 单

材料账户：材料
材料类别：原料及主要材料
供应单位：临海石化公司　　2008 年 12 月 15 日

编号：017
收料仓库：3 号仓库
发票号码：007768

材料编号	材料名称	规格	计量单位	数量		实际价格				计划价格	
				应收	实收	单价	发票金额	运费	合计	单价	金额
004	油墨		千克	1 000	900	20.00	20 000		18 200		

备 注

采购员：×× 　　检验员：×× 　　记账员：×× 　　保管员：××

64-2

材料损耗报告单

填报单位：仓库　　　　2008年12月15日　　　　　　　　字第　　号

材料编号	材料名称	单位	数量	单价	金额	原因
004	油墨	千克	90	20	1800	运输途中丢失
			10	20	200	运输途中合理自然损耗

处理意见：运输途中丢失，应由运输部门赔偿

主管：　　　　　　　验收：　　　　　　　制单：

64-3

进项税转出单

单位：　　　　　　2008年12月15日　　　　　　税转字第1号

项目	计税金额	转出税额	备注
油墨	1800	306	运输途中丢失90千克，应负担的增值税
合计	1800	306	

主管　　　　记账　　　　复核　　　　制单

65-1

山东省商品销售统一发票

发票联　　　　G:231457681237896
　　　　　　　No.89761345

客户名称及地址：山东德胜塑编有限责任公司　　2008年12月15日

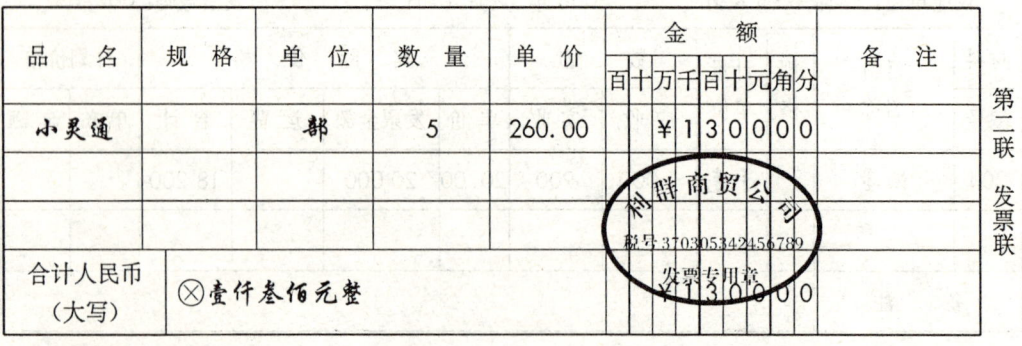

第二联　发票联

65-2

**临海市中国银行
转账支票存根**

支票号码：No4347703

账　　户＿＿＿＿＿＿＿＿＿＿＿＿

对方账户＿＿＿＿＿＿＿＿＿＿＿＿

出票日期 2008 年 12 月 15 日

收款人：利群商贸公司

金　额：￥1 300.00

用　途：购买小灵通

单位主管　　　　　　　　会计

65-3

入 库 单

字第 6654 号

2008 年 12 月 15 日　　　　　　单位：元

发货地点					供应单位	腾达石化		备　注		
库名	编号	名称	单位	规格	入　库			单张据数	实　收	
					数量	单价	金额		数量	金额
		小灵通	部		5	260.00	1 300.00		260.00	1 300.00

会计：×××　　　保管：×××　　　采购员：×××　　　制单：×××

第三联　送交财务会计

66

临海市商业银行进账单（收账通知） 3

No 89767852

2008年12月15日　　　第140号

付款人	全称	临海化工	收款人	全称	山东德胜塑编有限责任公司
	账号	730303859654321		账号	14140000001
	开户银行	建设银行东城支行		开户银行	临海市商业银行

人民币（大写）⊗叁拾壹万玖仟叁佰元整

千	百	十万	千	百	十元	角	分
¥	3	1 9	3	0	0 0	0	0

票据种类	商业汇票
票据张数	1

说明：利息按年利率6%计算。

临海市商业银行
2008.12.15
转讫(1)

收款单位开户行盖章

单位主管　　会计　　复核　　记账

此联是收款单位交给收款人的收账通知

67

领　料　单

用途：办公用　　　2008年12月16日　　　字第3456号

领料部门	品　名	规格型号	单位	数量 请领	数量 实领	单价	金　额
拉丝车间	小灵通		部	1	1		260
圆织车间	小灵通		部	1	1		260
制袋车间	小灵通		部	1	1		260
销售部门	小灵通		部	1	1		260
办公室	小灵通		部	1	1		260
合　计				5	5		1 300
物料号码		备注					

领料部门负责人：××　　领料人：××　　会计：××　　发料人：××

68-1

收 料 单

材料账户：材料　　　　　　　　　　　　　　　　　　　编号：019
材料类别：原料及主要材料　　　　　　　　　　　　　　收料仓库：4号仓库
供应单位：万马利公司　　　2008年12月17日　　　　发票号码：007768

材料编号	材料名称	规格	计量单位	数量		实 际 价 格				计划价格	
				应收	实收	单价	发票金额	运费	合计	单价	金额
005	专用涂覆料		吨	50	50				460 000		
备　注											

采购员：×× 　　　检验员：×× 　　　记账员：×× 　　　保管员：××

68-2

增值税专用发票

No. 02355244

56788784　　　　　　发 票 联　　开票日期：2008年12月17日

购货单位	名称：	山东德胜塑编有限责任公司					密码区	56788784	
	纳税人识别号：	370305987654321							
	地址、电话：	临海市工业路3号，0533-2828888							
	开户银行及账户：	临海市商业银行，14140000001							
货物或应税劳务名称		规格型号	单位	数量	单价	金额	税率	税额	
涂覆料			吨	50	9 200	460 000.00	17%	78 200.00	
合　计						460 000.00		78 200.00	
价税合计(大写)		⊗伍拾叁万捌仟贰佰元整				(小写) ￥538 200.00			
销货单位	名称：	万马利公司					备注	万马利公司 税号1454678889999 发票专用章	
	纳税人识别号：	370305987612378							
	地址、电话：	临海市工业路9号，2828824							
	开户银行及账户：	临海市商业银行，14140000003							

收款人：　　　复核：　　　开票人：　　　销货单位：

68-3

增值税专用发票
抵 扣 联

No. 02355244

56788784

开票日期：2008 年 12 月 17 日

购货单位	名称：	山东德胜塑编有限责任公司	密码区	56788784
	纳税人识别号：	370305987654321		
	地址、电话：	临海市工业路3号，0533-2828888		
	开户银行及账户：	临海市商业银行，14140000001		

货物或应税劳务名称	规格型号	单位	数量	单价	金　额	税率	税　额
涂覆料		吨	50	9 200	460 000.00	17%	78 200.00
合　计					460 000.00		78 200.00
价税合计（大写）	⊗伍拾叁万捌仟贰佰元整				（小写）￥538 200.00		

销货单位	名称：	万马利公司	备注	（万马利公司发票专用章 税号1454678889999）
	纳税人识别号：	370305987612378		
	地址、电话：	临海市工业路9号，2828824		
	开户银行及账户：	临海市商业银行，14140000003		

第三联 抵扣联

收款人：　　　　　复核：　　　　　开票人：　　　　　销货单位：

68-4

债务重组损失计算单

客户名称	应收账款金额	已提坏账准备	收回金额	账务重组损失
合　计				

69-1

差旅费报销单

2008 年 12 月 17 日　　　　　　　　　　　　附件 32 张

姓名	张 明	出差地点	上海		出差事由	市内交通补助	日期	11月1日起
								11月30日止
乘火车费		自　　站至　　站			金额		说明：	
乘汽车费		自 临海 站至 上海 站			金额	370.00	原12月7日借款5 000元，抵扣后收回现金150元	
乘汽车费		自 上海 站至 临海 站			金额	390.00		
乘费		自　　站至　　站			金额		现金付讫	
行李运费		千克	每千克　元		金额			
误餐补助费		天	定额		金额	890.00		
旅馆费		天	定额		金额	3 200.00		
其他								
合计金额	小写	￥4 850.00					单位负责人	
	大写	肆仟捌佰伍拾元整						

会计主管：　　　　　　出纳：　　　　　　报销人：张 明

69-2

现金收款收据

2008 年 12 月 17 日　　　　　　　　　　　　No. 0000321

收款单位	山东德胜塑编有限责任公司	交款单位	张 明	金　额									第三联 记账联
				百	十万	千	百	十	元	角	分		
金额（大写）	人民币壹佰伍拾元整						￥	1	5	0	0		
事由	退回现金		现金收讫	备注									

会计主管：　　　　　　收款人：　　　　　　制单：

70-1

领 款 单

领款部门：办公室　　2008年12月17日　　字第　号

领到 午餐补助

人民币(大写)金额：贰万零肆佰元整

金额：￥20400.00

领款用途：

总经理批示：同意　　部门经理：同意

会计主管：孙晓红　　出纳：刘洋

70-2

**临海市商业银行
现金支票存根**

支票号码：No7673504

账　户　_____

对方账户　_____

出票日期 2008年12月17日

收款人：山东德胜塑编有限责任公司

金　额：￥20 400.00

用　途：发放午餐补助

单位主管 孙晓红　　会计 李丹

71-1

收 料 单

材料账户：材料　　　　　　　　　　编号：018
材料类别：原料及主要材料　　　　　收料仓库：3号仓库
供应单位：物美化工公司　2008年12月17日　发票号码：009988

材料编号	材料名称	规格	计量单位	数量		实际价格				计划价格	
				应收	实收	单价	发票金额	运费	合计	单价	金额
005	彩印膜		千克	90 000	89 900		2 150 000		2 150 000		

备　注：

采购员：××　　检验员：××　　记账员：××　　保管员：××

71-2

材料损耗报告单

填报单位：仓库　　　　2008年12月17日　　　　字第　号

材料编号	材料名称	单位	数量	单价	金额	原因
005	彩印膜	千克	50	23.9	1 195	待查
处理意见：						

主管：　　　　　　　验收：　　　　　　　制单：

71-3

进项税转出单

单位：　　　　　　2008年12月17日　　　　税转字第1号

项目	计税金额	转出税额	备注
彩印膜	1 195	203.15	运输途中丢失50千克,应负担的增值税。
合计	1 195	203.15	

主管　　　　　记账　　　　　复核　　　　　制单

72

山东省商品销售统一发票

发 票 联

G：12334566644
No.000000123

客户名称及地址：山东德胜塑编有限责任公司　　2008年11月18日

品名	规格	单位	数量	单价	金额 十万千百十元角分	备注
汽油	93#	升	10	6.00	￥ 3 2 5 0 5 0	
合计人民币（大写）	⊗叁仟贰佰伍拾元伍角整			现金收讫	￥ 3 2 5 0 5 0	

填票人　　　　　　收款人　　　　　　　　单位名称

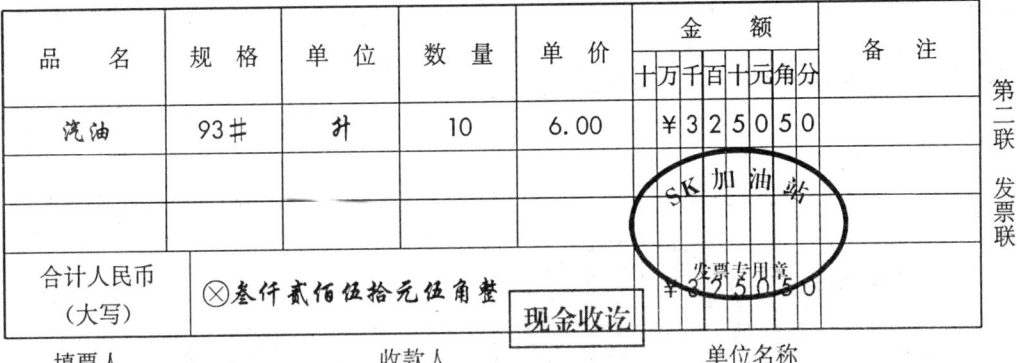

第二联　发票联

73-1

**临海市商业银行
转账支票存根**

支票号码：No8289615

账　　户＿＿＿＿＿＿＿＿＿＿＿＿

对方账户＿＿＿＿＿＿＿＿＿＿＿＿

出票日期 2008 年 12 月 18 日

| 收款人：临海市计量局 |
| 金　额：¥784.00 |
| 用　途：计量器具检测费 |

单位主管　　　　　　　　会计

73-2

临海市行政事业性收费统一收款收据

2008 年 12 月 18 日　　　　　　　　No. 1200231

收款单位	临海计量局	交款单位	山东德胜塑编有限责任公司	金额 百 十 万 千 百 十 元 角 分									第二联 收据联
金额（大写）	人民币柒佰捌拾肆元整						¥	7	8	4	0	0	
事由	检测费	（临海市计量局 章）		备注：									

收款单位：　　　　财务单位负责人：李　　　　经手人：吴

74

领 料 单

字第 3788 号

领料部门：质检科　　　用途：生产用　　　2008 年 12 月 18 日

品　名	规格型号	单　位	数　量		单　价	金　额
			请领	实领		
低值易耗品						784.00

物料号码	备注：检测工具及材料等低值易耗品

领料部门负责人：××　　　领料人：××　　　会计：　　　发料人：××

75-1

临海市商业银行
转账支票存根

支票号码：No8294301

账　户＿＿＿＿＿＿＿＿＿＿

对方账户＿＿＿＿＿＿＿＿＿＿

出票日期 2008 年 12 月 18 日

收款人：	宏维土产杂品公司
金　额：	￥8 482.50
用　途：	购入缝纫机线

单位主管　　　　　会计

75-2

增值税专用发票

No. 02355247

56788765　　发 票 联　　开票日期：2008 年 12 月 18 日

购货单位	名称：	山东德胜塑编有限责任公司	密码区	56788765
	纳税人识别号：	370305987654321		
	地址、电话：	临海市工业路 3 号，0533-2828888		
	开户银行及账户：	临海市商业银行，14140000001		

货物或应税劳务名称	规格型号	单位	数量	单价	金　额	税率	税　额
缝纫机线		千克	500	14.50	7 250.00	17%	1 232.50
合　计					7 250.00		1 232.50
价税合计（大写）	⊗捌仟肆佰捌拾贰元伍角整				（小写）￥8 482.50		

销货单位	名称：	宏维土产杂品公司	备注	（宏维土产品杂品公司 税号 3506030009809877 发票专用章）
	纳税人识别号：	3506030009809877		
	地址、电话：	临海市华光路，0533-3446745		
	开户银行及账户：	临海市建设银行，37012058363865789		

第二联 发票联

收款人：　　复核：××　　开票人：××　　销货单位：

75-3

增值税专用发票

No. 02355247

56788765　　抵 扣 联　　开票日期：2008 年 12 月 18 日

购货单位	名称：	山东德胜塑编有限责任公司	密码区	56788765
	纳税人识别号：	370305987654321		
	地址、电话：	临海市工业路 3 号，0533-2828888		
	开户银行及账户：	临海市商业银行，14140000001		

货物或应税劳务名称	规格型号	单位	数量	单价	金　额	税率	税　额
缝纫机线		千克	500	14.50	7 250.00	17%	1 232.50
合　计					7 250.00		1 232.50
价税合计（大写）	⊗捌仟肆佰捌拾贰元伍角整				（小写）￥8 482.50		

销货单位	名称：	宏维土产杂品公司	备注	（宏维土产品杂品公司 税号 3506030009809877 发票专用章）
	纳税人识别号：	3506030009809877		
	地址、电话：	临海市华光路，0533-3446745		
	开户银行及账户：	临海市建设银行，37012058363865789		

第三联 抵扣联

收款人：　　复核：××　　开票人：××　　销货单位：

75-4

入 库 单

字第6654号

2008年12月18日　　　　　　　　　　　单位：元

发货地点					供应单位	宏维土产杂品公司		备 注		
库名	编号	名 称	单位	规 格	入　　库			单张据数	实　　收	
					数量	单价	金　额		数量	金　额
		缝纫机线	千克		500	14.50	7 250.00		500	7 250.00

会计：×××　　　　保管：×××　　　　采购员：×××　　　　制单：×××

第三联　送交财务会计

76-1

临海市商业银行进账单（回单）　3

No 97867654

2008年12月19日　　　　　　　　　　　第　号

付款人	全 称	宏达塑编有限责任公司	收款人	全 称	山东德胜塑编有限责任公司
	账 号	3456789123987		账 号	14140000001
	开户银行	临海市工商银行		开户银行	临海市商业银行

人民币（大写）	⊗伍仟元整	千	百	十	万	千	百	十	元	角	分
					¥	5	0	0	0	0	0
票据种类	转账支票										
票据张数	1										

临海市商业银行
2008.12.19
转讫
(1)

单位主管　　会计　　复核　　记账　　　　　收款单位开户行盖章

此联是出票人开户银行交给出票人的回单

76-2

营业税计算表

2008 年 12 月 19 日　　　　　　　　　　　单位：元

项目	行次	金额
应税业务收入	1	5 000
营业税税率	2	5%
应交营业税	3	250

注：3 行 = 1 行 × 2 行

77

临海市商业银行进账单（回单） 3

No 97867655

2008 年 12 月 19 日　　　　　　　　　第　号

付款人	全称	光明运输公司	收款人	全称	山东德胜塑编有限责任公司
	账号	3456789123214		账号	14140000001
	开户银行	临海市工商银行		开户银行	临海市商业银行

人民币（大写）⊗贰仟壹佰零陆元整　　　　　¥ 2 1 0 6 0 0

票据种类	转账支票
票据张数	1

临海市商业银行
2008.12.19
转讫
(1)

单位主管　　会计　　复核　　记账　　　　收款单位开户行盖章

此联是出票人开户银行交给出票人的回单

78-1

闲置废旧设备有偿转让评估划价表

2008 年 12 月 19 日

设备名称	圆织机	数量	1 台
原值	130 000	净值	108 000	处理价格	100 000
部门主管	专业技术管理科	固定资产管理科	经办人
冯云	李靖	王长明	贾凡

78-2

山东省工业销售统一发票
记 账 联

发票代码：137030720567
No.82102432

客户名称：达昌塑编厂　　2008年12月19日

项目	单位	数量	单价	金额(千百十万千百十元角分)
出售固定资产				¥ 1 0 0 0 0 0 0 0
人民币合计(大写)壹拾万元整				¥ 1 0 0 0 0 0 0 0

备注：

填票人　　　　收款人　　　　单位名称(盖章)

第三联　记账联

78-3

临海市商业银行进账单(回单)　3

No 97867686

2008年12月19日　　第　号

付款人	全称	达昌塑编厂	收款人	全称	山东德胜塑编有限责任公司
	账号	3456789567432		账号	14140000001
	开户银行	临海市工商银行		开户银行	临海市商业银行

人民币(大写)	⊗壹拾万元整		千百十万千百十元角分
			¥ 1 0 0 0 0 0 0 0

票据种类　转账支票
票据张数　1

(临海市商业银行 2008.12.19 转讫(1))

单位主管　会计　复核　记账　　　收款单位开户行盖章

此联是出票人开户银行交给出票人的回单

78-4

固定资产清理损益计算表

2008年12月19日

清理项目	圆织机	清理原因	不需用
固定资产清理借方发生额		固定资产清理贷方发生额	
清理支出内容	金额	清理收入内容	金额
固定资产净值	108 000.00	出售固定资产价款	100 000.00
借方合计	108 000.00	贷方合计	100 000.00

固定资产清理 净收益／净损失　金额：捌仟元整

复核　　　　　　　　　　　　　　制单

78-5

营业税计算表

2008年12月19日　　　　　　　　　　　单位：元

项　目	行　次	金　额
应税业务收入	1	100 000
营业税税率	2	5%
应交营业税	3	5 000

注：3行=1行×2行

79

领　料　单

字第3766号

领料部门：临海塑编公司　　用途：委托加工　　2008年12月20日

品　名	规格型号	单位	数量		单价	金　额
			请领	实领		
聚丙烯(PP)			20 000			192 996.40
物料号码	备注：发出聚丙烯(PP)委托加工					

领料部门负责人：××　　领料人：××　　会计：　　发料人：××

80-1

增值税专用发票
记 账 联

No. 0235531
开票日期：2008年12月20日

5264789

购货单位	名称：	辉煌石化公司					密码区	5264789
	纳税人识别号：	350603007777777						
	地址、电话：	临海市中心路80号，7656549						
	开户银行及账户：	临海市工商银行，23456789654786						

货物或应税劳务名称	规格型号	单位	数量	单价	金额	税率	税额
二合一编织袋		条	2 000.00	280	560 000.00	17%	95 200.00
合计					560 000.00		95 200.00
价税合计（大写）	⊗陆拾伍万伍仟贰佰元整				（小写）¥655 200.00		

销货单位	名称：	山东德胜塑编有限责任公司	备注
	纳税人识别号：	370305987654321	
	地址、电话：	临海市工业路3号，0533-2828888	
	开户银行及账户：	临海市商业银行，141400000000001	

收款人：　　复核：×× 　　开票人：×× 　　销货单位：

第四联 记账联

80-2

临海市中国银行
转账支票存根

支票号码：No4347704

账　　户_____

对方账户_____

出票日期 2008年12月20日

收款人：
金　额：¥580.00
用　途：代垫运费

单位主管 孙晓红　　会计 李丹

80-3

委托收款凭证（回单）

委收号码：0004657

委邮

委托日期：2008 年 12 月 20 日 1

收款单位	全 称	山东德胜塑编有限责任公司	付款单位	全 称	辉煌石化公司
	账号或地址	14140000001		账号或地址	23456789654786
	开户银行	临海市商业银行 行号 45678		开户银行	临海市工商银行

委收金额	人民币(大写) 陆拾伍万伍仟柒佰捌拾元整	千 百 十 万 千 百 十 元 角 分
		￥ 6 5 5 7 8 0 0 0

款项内容	货款及运费	委托收款凭据名称		附张数	3
备注： 公路运输			款项收托日期 年 月 日	转讫 (1)收款单位开户银行盖章	

临海市商业银行 2008.12.20

此联收款单位开户行给收款单位的回单

80-4

山东德胜塑编有限公司二合一编织袋出库单

2008 年 12 月 20 日

产品名称	计量单位	数 量	单位成本	金 额
二合一编织袋	条	200 000		

保管员　　　　　　　　提货员　　　　　　　　会计主管

81-1

临海市商业银行
转账支票存根

支票号码：No8294302

账　　户＿＿＿＿＿＿＿＿＿＿＿＿

对方账户＿＿＿＿＿＿＿＿＿＿＿＿

出票日期 2008 年 12 月 20 日

收款人：海拓广告公司

金　额：￥12 150.00

用　途：付广告费

单位主管 孙晓红　　会计 李 丹

81-2

山东省商品销售统一发票

发 票 联　　　　G: 3706038578907
　　　　　　　　　No. 36475543

客户名称及地址：山东德胜塑编有限责任公司　　2008 年 12 月 20 日

品　名	规格	单位	数量	单价	金　额 十万千百十元角分	备注
广告费					￥1 2 1 5 0 0 0	
合计人民币（大写）	⊗壹万贰仟壹佰伍拾元整				￥1 2 1 5 0 0 0	

税号 6547382917564 32

第二联　发票联

填票人：郭 名　　　　收款人　　　　　单位名称

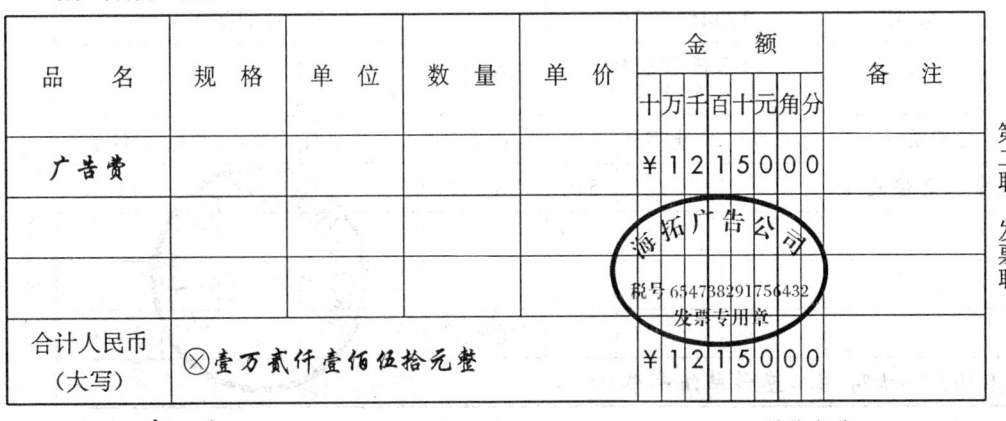

82-1

山东省社会保险费专用收款票据

流水号 1234567890　　　　　　　　　　　　　　　No. 241234567890

缴款单位 山东德胜塑编有限责任公司　　经济类别 集体　　　　　　单位：元

收费项目	起始年月	终止年月	人数	单位缴纳额	个人缴纳额	滞纳金	利息	合计金额
基本养老保险费	200811	200811	510	35 904.46				35 904.46
基本医疗保险费	200811	200811	510	15 840.21				15 840.21
失业保险费	200811	200811	510	633.21				633.21
工伤保险费	200811	200811	510	316.61				316.61
生育保险费	200811	200811	510	105.51				105.51
				单据确认合计				52 800.00
财政代扣合计	￥52 800.00							

人民币合计（大写）伍万贰仟捌佰元整

收款单位章　　财务复核人　　业务复核人　　操作员　　开具时间 2008.12.21

82-2

临海市住房公积金收款凭证

2008 年 12 月 21 日　　　　　　　　　　　　　No.00000736

流水号	1234567896			No. 241234567890				
缴款单位	山东德胜塑编有限责任公司		经济类别	集体				
收费项目	起始年月	终止年月	人数	单位缴纳额	个人缴纳额	滞纳金	利息	合计金额
基本养老保险费			510	33 600				33 600
				单据确认合计				33 600

第一联　记账凭证

人民币合计（大写）叁万叁仟陆佰元整

收款单位章　　财务复核人　　业务复核人　　操作员　　开具时间 2008.12.21

3　模拟实习资料

82-3

临海市商业银行
转账支票存根

支票号码：No8294303-1

账　户＿＿＿＿＿＿＿＿＿＿＿

对方账户＿＿＿＿＿＿＿＿＿＿

出票日期 2008 年 12 月 21 日

| 收款人：保险 |
| 金　额：￥52 800.00 |
| 用　途：支付五险 |

单位主管　孙晓红　　会计　李丹

82-4

临海市商业银行
转账支票存根

支票号码：No8294303-2

账　户＿＿＿＿＿＿＿＿＿＿＿

对方账户＿＿＿＿＿＿＿＿＿＿

出票日期 2008 年 12 月 21 日

| 收款人：保险 |
| 金　额：￥33 600.00 |
| 用　途：支付一金 |

单位主管　孙晓红　　会计　李丹

83-1

临海市商业银行
转账支票存根

支票号码：No8294304

账　户＿＿＿＿＿＿＿＿＿＿＿

对方账户＿＿＿＿＿＿＿＿＿＿

出票日期 2008 年 12 月 21 日

| 收款人：临海市工会 |
| 金　额：￥12 500.00 |
| 用　途：支付工会费 |

单位主管　孙晓红　　会计　李丹

83-2

临海市行政事业性收费统一收款收据

2008 年 12 月 21 日　　　　　　　　　　　No. 1200231

收款单位	临海市工会	交款单位	山东德胜塑编有限责任公司	金　额									
				百	十	万	千	百	十	元	角	分
金额（大写）	人民币壹万贰仟伍佰元整			¥		1	2	5	0	0	0	0
事由	付工会费			备注：								

收款单位：　　财务负责人：李奇　　　经手人：吴荣

84

山东省商品销售统一发票

发　票　联

G: 231457681237899
No. 89761349

客户名称及地址：山东德胜塑编有限责任公司　　2008 年 12 月 21 日

品　名	规格	单位	数量	单价	金　额									备注
					百	十	万	千	百	十	元	角	分
烟、茶叶		个					¥	2	6	0	0	0	0
合计人民币（大写）	⊗贰仟陆佰元整		现金付讫				¥	2	6	0	0	0	0

填票人　王雁　　　收款人　巩志立　　　单位名称　利群商贸公司

85-1

非货币性交易换入固定资产交接表

2008年12月21日　　　　　　　　　　　字第2号

换出单位(人)：京津文化公司				日期：2008年12月21日			备注	
换入单位：山东德胜塑编有限责任公司				日期：2008年12月21日				
换出资产名称	数量	成本单价	市场单价	账面价值		评估价值(公允价值)		税率
二合一编织袋	130 000	1.5		195 000		234 000		17%
换入固定资产	名称		数量	原值(或评估价)	预计使用年限	已提折旧		净值
	高级投影设备(套)		1		10			
备注 全新				人民币合计(大写)：壹拾玖万伍仟元整				

接受单位：京津文化公司　　主管：冯云　　会计：李丹　　制表：李丹

85-2

增值税专用发票

No. 0235531

5263782　　　　　　　　　　记　账　联　　开票日期：2008年12月20日

购货单位	名称：	京津文化公司					密码区	5263782	
	纳税人识别号：	35060300888888							
	地址、电话：	临海市大山路80号,7345649							
	开户银行及账户：	临海市工商银行,123456896512334							
货物或应税劳务名称	规格型号	单位	数量	单价	金额		税率	税额	
二合一编织袋		条	130 000	1.80	234 000.00		17%	39 780.00	
合计					234 000.00			39 780.00	
价税合计(大写)	⊗贰拾柒万叁仟柒佰捌拾元整					(小写)￥273 780.00			
销货单位	名称：	山东德胜塑编有限责任公司				备注			
	纳税人识别号：	370305987654321							
	地址、电话：	临海市工业路3号,0533-2828888							
	开户银行及账户：	临海市商业银行,14140000001							

收款人：　　复核：××　　开票人：××　　销货单位：

85-3

产品出库单

字第 12 号
2008 年 12 月 21 日　　　　　　　　　　　　单位：元

购货单位			京津文化公司					备注：
库名	编号	名称	单位	规格	出　库			非货币性交易出库
					数量	单价	金额	
		二合一编织袋	条		130 000	1.50	195 000.00	
		合　计			130 000		195 000.00	

第三联　送交财务会计

会计：　　　　　保管：　　　　　提货人：　　　　　制单：

86-1

闲置废旧设备有偿转让评估划价表

2008 年 12 月 22 日

设备名称		E11-60 型吊带机	数量	1 台
原值	85 000	净值	77 250	处理价格	85 000
部门主管	专业技术管理科	固定资产管理科	经办人
冯　云	李　靖	王长明	贾　凡

86-2

山东省工业销售统一发票

记　账　联

发票代码：137030720567
No. 82102432

客户名称：兴达塑编厂　　　2008 年 12 月 22 日

项目	单位	数量	单价	金　　额								
				千	百	十	万	千	百	十	元	角	分
出售固定资产				￥		8	5	0	0	0	0	0	0
合计人民币(大写) 捌万伍仟元整				￥		8	5	0	0	0	0	0	0
备注：													

第三联　记账联

填票人：　　　　　收款人：　　　　　单位名称(盖章)

86-3

临海市商业银行进账单(回单) 3

No 97867686

2008 年 12 月 22 日　　　第　号

付款人	全　称	兴达塑编厂	收款人	全　称	山东德胜塑编有限责任公司	此联是出票人开户银行交给出票人的回单
	账　号	3456789567687		账　号	15150000001	
	开户银行	临海市工商银行		开户银行	临海市中国银行	

人民币(大写) ⊗捌万伍仟元整

临海市商业银行 2008.12.22 转讫(1)

￥85000 00

票据种类	汇入
票据张数	1

单位主管　　会计　　复核　　记账　　　　收款单位开户行盖章

86-4

固定资产清理损益计算表

2008 年 12 月 19 日

清理项目	圆织机	清理原因	不需用

固定资产清理借方发生额		固定资产清理贷方发生额	
清理支出内容	金　额	清理收入内容	金　额
固定资产净值	77 250	出售固定资产价款	85 000
借方合计	77 250	贷方合计	85 000

固定资产清理 净收益 金额：柒仟柒佰伍拾元整
　　　　　　　净损失

复核：孙晓红　　　　　　　制单：李丹

86-5

营业税计算表

2008 年 12 月 19 日　　　　　　　　　　　　　　　　单位：元

项　目	行　次	金　额
应税业务收入	1	85 000
营业税税率	2	5%
应交营业税	3	4 250

注：3 行＝1 行×2 行

87-1

在用低值易耗品报废报告单

使用单位：维修车间　　　　2008 年 12 月 22 日

名称及规格	单 位	数 量	原 值	残 值	使用时间	处理意见
工具	套	95	3 500	150	1 年	按正常报废处理

主管：　　　　　　　　　　　　　　　制单：

87-2

现金收款收据

2008 年 12 月 22 日　　　　　　　　　　　　No. 2341567

收款单位	山东德胜塑编有限责任公司	交款单位	金　额								第三联 记账联
			百	十	万	千	百	十	元	角	分
金额（大写）	人民币壹佰伍拾元整					¥	1	5	0	0	0
事由	残值收入	现金收讫	备注：								

会计主管：　　　　　　　　收款人：　　　　　　　　制单：

88-1

增值税专用发票

No. 44669900

36000712　　　　　　发票联　　开票日期：2008 年 12 月 22 日

购货单位	名称：	山东德胜塑编有限责任公司					密码区	加密版本 36000712	
	纳税人识别号：	370305987654321							
	地址、电话：	临海市工业路3号,0533-2828888							
	开户银行及账户：	临海市商业银行,14140000001							
货物或应税劳务名称	规格型号	单位	数量	单价	金额	税率	税额		
IC7A		吨	5	12 700	63 500.00	17%	10 795.00		
合计					63 500.00		10 795.00		
价税合计（大写）		⊗柒万肆仟贰佰玖拾伍元整			（小写）￥74 295.00				
销货单位	名称：	武林贸易公司					备注	武林贸易公司 税号370305678789345 发票专用章	
	纳税人识别号：	370305678789345							
	地址、电话：	通州市东一路213号,0826-7652362							
	开户银行及账户：	通州市中国银行,123456789123765							

收款人：　　　复核：张 丽　　　开票人：王 成　　　销货单位：

88-2

增值税专用发票

No. 44669900

36000712　　　　　　抵扣联　　开票日期：2008 年 12 月 22 日

购货单位	名称：	山东德胜塑编有限责任公司					密码区	加密版本 36000712	
	纳税人识别号：	370305987654321							
	地址、电话：	临海市工业路3号,0533-2828888							
	开户银行及账户：	临海市商业银行,14140000001							
货物或应税劳务名称	规格型号	单位	数量	单价	金额	税率	税额		
IC7A		吨	5	12 700	63 500.00	17%	10 795.00		
合计					63 500.00		10 795.00		
价税合计（大写）		⊗柒万肆仟贰佰玖拾伍元整			（小写）￥74 295.00				
销货单位	名称：	武林贸易公司					备注	武林贸易公司 税号370305678789345 发票专用章	
	纳税人识别号：	370305678789345							
	地址、电话：	通州市东一路213号,0826-7652362							
	开户银行及账户：	通州市中国银行,123456789123765							

收款人：　　　复核：××　　　开票人：××　　　销货单位：

88-3

银行汇票申请书（存根） ①

申请日期 2008 年 12 月 22 日　　　　　　　　No：000375

申 请 人	山东德胜塑编有限责任公司	收 款 人	武林贸易公司
账号或住址	14140000001	账号或住址	123456789123765
用　　途	支付货款	代理付款行	临海市商业银行
汇款金额	人民币（大写）柒万肆仟贰佰玖拾伍元整	万千百十万千百十元角分	￥7 4 2 9 5 0 0

备注：

账户＿＿＿＿＿＿＿＿＿＿

对方账户＿＿＿＿＿＿＿＿＿＿

财务主管　　复核　　经办

此联申请人留存

88-4

入 库 单

字第 6679 号

2008 年 12 月 22 日　　　　　　　　单位：元

发货地点					供应单位	武林贸易公司		备 注		
库名	编号	名称	单位	规格	入库 数量	单价	金额	单张据数	实收 数量	金额
		IC7A	吨		5		63 500.00			63 500.00

会计：×××　　　　保管：×××　　　　采购员：×××　　　　制单：×××

第三联　送交财务会计

89-1

临海市商业银行进账单（回单） 3

No 9726564

2008 年 12 月 22 日　　　　第　号

付款人	全称	江南红日集团	收款人	全称	山东德胜塑编有限责任公司
	账号	453216423879654		账号	14140000001
	开户银行	江南市建设银行		开户银行	临海市商业银行

人民币（大写）	⊗贰佰柒拾柒万零陆佰元整	千 百 十 万 千 百 十 元 角 分
		¥　　2 7 7 0 6 0 0 0 0

票据种类	电汇
票据张数	1

临海市商业银行
2008.12.22
收讫
(1)

收款单位开户行盖章

单位主管　　会计　　复核　　记账

此联是出票人开户银行交给出票人的回单

89-2

增值税专用发票

No. 0235531

5264541

记 账 联

开票日期：2008 年 12 月 22 日

购货单位	名称：	江南红日集团	密码区	5264541
	纳税人识别号：	350603006666777		
	地址、电话：	江南市中心路34号,7651249		
	开户银行及账户：	江南市建设银行,453216423879654		

货物或应税劳务名称	规格型号	单位	数量	单价	金额	税率	税额
二合一编织袋		条	1 200 000	2.4	2 880 000.00	17%	489 600.00
合　计					2 880 000.00		489 600.00
价税合计（大写）	⊗叁佰叁拾陆万玖仟陆佰元整				（小写）¥ 3 369 600.00		

销货单位	名称：	山东德胜塑编有限责任公司	备注	
	纳税人识别号：	370305987654321		山东德胜塑编有限责任公司
	地址、电话：	临海市工业路3号,0533-2828888		税号 370305987654321
	开户银行及账户：	临海市商业银行,14140000001		发票专用章

收款人：　　复核：　　开票人：　　销货单位：

第四联 记账联

89-3

公路、内河货物运输业统一发票
发票联

备查号　　　　　　　　　　　　　　　　发票代码：237030414433
开票日期 2008-12-22　　　　　　　　　　发票号码：00007454

机打代码	237030411256	税控码			
机打号码	00002321				
机器编号					
收货人及纳税人识别号	江南红日集团 350603006666777	承运人及纳税人识别号	鲁西市联运总公司 370102800965337		
发货人及纳税人识别号	山东德胜塑编有限责任公司 370305987654321	主管税务机关及代码	237030523		
运输项目及金额	货物名称　数量　运费金额 二合一编织袋　1 200 000条　39 000	其他项目及金额		备注（手写无效） 鲁西市联运总公司 税号370102800965337 发票专用章	
运费小计	¥39 000.00	其他费用小计			
合计（大写）	叁万玖仟元整		（小写）¥39 000.00		
代开单位及代码	地税局 237030789	扣缴税额、税率完税凭证号码			

开票人：丁大力

90-1

山东省服务业统一发票
发票联

G：12334566988
No.0000001431

客户名称及地址：山东德胜塑编有限责任公司　　　2008年12月22日

品名	规格	单位	数量	单价	金额 十万千百十元角分	备注
租用大客车					¥ 7 6 5 0 0 0	
					诚信客运公司 发票专用章	
合计人民币（大写）	⊗柒仟陆佰伍拾元整				¥ 7 6 5 0 0 0	

填票人：　　　　　　　　收款人：　　　　　　　　单位名称：

90-2

临海市商业银行
转账支票存根

支票号码：No8294305

账　　户＿＿＿＿＿＿＿＿＿＿＿＿

对方账户＿＿＿＿＿＿＿＿＿＿＿＿

出票日期 2008 年 12 月 22 日

收款人：	租用大客车费用
金　额：	￥7 650.00
用　途：	支付大客车费用

单位主管 孙晓红　　会计 李 丹

91-1

闲置废旧设备有偿转让评估划价表

2008 年 12 月 24 日

设备名称	日野卡车	数量	1 辆
原值	139 500　净值　95 280	处理价格	120 000
部门主管	专业技术管理科	固定资产管理科	经办人
	冯 云	李 靖　　王长明	贾 凡

91-2

山东省工业销售统一发票
记　账　联

发票代码：137030720568
No. 82102433

客户名称：个人——王雨　　2008 年 12 月 24 日

项 目	单 位	数 量	单 价	金　额 千 百 十 万 千 百 十 元 角 分
出售固定资产				￥　　　1 2 0 0 0 0 0 0

第三联　记账联

人民币合计（大写）壹拾贰万元整

备注：

填票人　　　收款人　　　单位名称（盖章）

91-3

临海市商业银行进账单(回单) 3

No 97867868
第 号

2008年12月24日

付款人	全称	个人——王雨	收款人	全称	山东德胜塑编有限责任公司
	账号	3456789567423		账号	15150000001
	开户银行	临海市工商银行		开户银行	临海市中国银行

人民币（大写）	⊗壹拾贰万元整	千	百	十	万	千	百	十	元	角	分
		¥	1	2	0	0	0	0	0	0	0

票据种类	支票
票据张数	1

临海市商业银行
2008.12.24
转讫
(1)

单位主管　　会计　　复核　　记账　　　　　收款单位开户行盖章

此联是出票人开户银行交给出票人的回单

91-4

固定资产清理损益计算表

2008年12月24日

清理项目	日野卡车	清理原因	不需用
固定资产清理借方发生额		固定资产清理贷方发生额	
清理支出内容	金额	清理收入内容	金额
固定资产净值	95 280	出售固定资产价款	120 000
借方合计	95 280	贷方合计	120 000

固定资产清理　净收益／净损失　　金额：贰万肆仟柒佰贰拾元整

复核：　　　　　　　　　　　　　　　制单：

91-5

营业税计算表

2008 年 12 月 24 日　　　　　　　　　　　　　　单位：元

项　　目	行　次	金　　额
应税业务收入	1	120 000
营业税税率	2	5%
应交营业税	3	6 000

注：3 行＝1 行×2 行

92-1

固定资产盘点盈亏报告表

2008 年 12 月 24 日

固定资产名称	固定资产型号规格	盘　盈		盘　亏			原　因	
		数量	公允价值	数量	原始价值	已提折旧		第一联 报批前记账
电机		1	15 000				账外资产	
处理意见	清查小组	设备部门		领导审批				
	调整账面价值并报批 签章：刘累	设备内部转移手续不完备所致 签章：张清		签章：　　　　年　月　日				

复核：孙晓红　　　　　　　　　　　　　　　　　制表：李丹

92-2

固定资产盘点盈亏报告表

2008 年 12 月 24 日

固定资产名称	固定资产型号规格	盘　盈			盘　亏			原　因	
		数量	公允价值	估计折旧	数量	原始价值	已提折旧		第二联 报批后记账
电机		1						账外资产	
处理意见	清查小组	设备部门			领导审批				
	调整账面价值并报批 签章：刘累	设备内部转移手续不完备所致 签章：张清			做企业收益处理 签章：　　　年　月　日				

复核：孙晓红　　　　　　　　　　　　　　　　　制表：李丹

93-1

**临海市商业银行
转账支票存根**

支票号码：No8294306

账　　户＿＿＿＿＿＿＿＿＿＿

对方账户＿＿＿＿＿＿＿＿＿＿

出票日期 2008 年 12 月 24 日

收款人：	临江市联运总公司
金　额：	￥32 000.00
用　途：	支付运费

单位主管　孙晓红　　　会计　李丹

93-2

公路、内河货物运输业统一发票

发票联

备查号　　　　　　　　　　　　　发票代码：237030415678

开票日期 2008-12-24　　　　　　　发票号码：00007441

机打代码	237030415678	税控码	
机打号码	00007441		
机器编号			
收货人及纳税人识别号	山东德胜塑编有限责任公司 370305987654321	承运人及纳税人识别号	临江市联运总公司 370102800965337
发货人及纳税人识别号		主管税务机关及代码	23705219
运输项目及金额	货物名称　数量　运费金额 牛皮纸　10吨　32 000	其他项目及金额	备注（手写无效） 临海市联运总公司 发票专用章 税号370102800965337
运费小计	￥32 000.00	其他费用小计	
合计（大写）	叁万贰仟元整	（小写）￥32 000.00	
代开单位及代码	地税局 237035219	扣缴税额、税率 完税凭证号码	

开票人：丁大力

第二联发票联　付款方记账凭证

94-1

拉丝车间物资盘点表

2008 年 12 月 24 日

名称	规格型号	单位	单价	账面数	实有数	盘盈数		盘亏数		盈亏原因	备注
						数量	金额	数量	金额		
聚丙烯(PP)		吨						1.5	14 295	非正常停电造成损失	
处理意见	做企业损失处理										
		经理签字:									

部门主管:××× 保管员:××× 复查人:×××

94-2

进项税转出单

单位: 2008 年 12 月 24 日 税转字第 1 号

项目	计税金额	转出税额	备注
PP	14 295	2 430.15	非正常停电造成损失应负担的增值税。
合计	14 295	2 430.15	

主管　　　　　　记账　　　　　　复核　　　　　　制单

95

临海市商业银行进账单(回单)　3

No 9725566

2008 年 12 月 18 日　　　　　　　第　号

付款人	全称	临海市商业银行	收款人	全称	山东德胜塑编有限责任公司
	账号			账号	14140000001
	开户银行			开户银行	临海市商业银行

人民币(大写) ⊗贰佰陆拾万元整　　　　¥ 2 600 000.00

票据种类	临海市商业银行	账户	
归还银行借款	2008.12.08	对方账户	
	转讫 银行(盖章)(1)		复核员　记账员

此联是出票人开户银行交给出票人的回单

96-1

差旅费报销单

2008 年 12 月 24 日填　　　　　　　　　　附件 25 张

姓　名	刘剑	出差地点	临通市	出差事由	经营活动	日期	12月1日起
							12月3日止
乘火车费		自	站至 站	金额	320.00	说明：	
乘汽车费		自	站至 站	金额	180.00		
乘　费		自	站至 站	金额			
行李运费		千克	每千克 元	金额			
误餐补助费		天	定额	金额	395.00		
旅馆费		天	定额	金额			
其他							
合计金额	小写	￥895.00				单位负责人	现金付讫
	大写	捌佰玖拾伍元整					

会计主管：　　　　　出纳：　　　　　报销人：刘　剑

96-2

临海市行政事业性收费统一收款收据

2008 年 12 月 24 日　　　　　　　　　No. 1204731

收款单位	临通市产品展销中心	交款单位	山东德胜塑编有限责任公司	金　额 百 十 万 千 百 十 元 角 分	第二联 收据联
金额（大写）	人民币壹仟元整			￥ 1 0 0 0 0 0	
事由	会议费		（临通市产品展销中心印章）	备注	

收款单位：　　　　单位负责人：李怡　　　经手人：吴立

97-1

临海市商业银行
转账支票存根

支票号码：No8294307-1

账　户＿＿＿＿＿＿＿＿＿＿

对方账户＿＿＿＿＿＿＿＿＿

出票日期 2008 年 12 月 25 日

收款人：	临海市专利局
金　额：	￥10 800.00
用　途：	支付注册费

单位主管 孙晓红　　会计 李丹

97-2

临海市商业银行
转账支票存根

支票号码：No8294307-2

账　户＿＿＿＿＿＿＿＿＿＿

对方账户＿＿＿＿＿＿＿＿＿

出票日期 2008 年 12 月 25 日

收款人：	临海市律师事务所
金　额：	￥21 200.00
用　途：	支付律师费

单位主管 孙晓红　　会计 李丹

97-3

临海市行政事业性收费统一收款收据

2008 年 12 月 25 日　　　　　　　　　　No. 1200231

收款单位	临海市律师事务所	交款单位	山东德胜塑编有限责任公司	金　额										第二联 收据联
				百	十	万	千	百	十	元	角	分	
金额（大写）	人民币贰万壹仟贰佰元整				￥	2	1	2	0	0	0	0	
事由	付律师费			备注：									

收款单位：　　　　　　单位负责人：李农　　　经手人：吴强

（盖章：临海市律师事务所 税号123451234554321 财务专用章）

97-4

临海市行政事业性收费统一收款收据

2008 年 12 月 25 日　　　　　　　　　　　No. 1200231

收款单位	临海市专利局	交款单位	山东德胜塑编有限责任公司	金额 百十万千百十元角分
金额（大写）	人民币壹万零捌佰元整			￥ 1 0 8 0 0 0 0 0
事由				备注：
收款单位：		单位负责人：		经手人：吴 盘

第二联 收据联

97-5

研发费用归集表

项　目	研发总支出金额	资本化支出金额	费用化支出金额

98-1

收 款 收 据

2008 年 12 月 25 日　　　　　　　　　　　No. 1202222

收款单位	顺昌建筑公司	交款单位	山东德胜塑编有限责任公司	金额 百十万千百十元角分
金额（大写）	人民币肆拾捌万捌仟元整			￥ 4 8 8 0 0 0 0 0
事由				备注：
会计主管：孙晓红				制单：李 丹

第二联 收据联

98-2

临海市商业银行
转账支票存根

支票号码：No8294308

账　户＿＿＿＿＿＿＿＿＿＿＿＿＿＿＿＿

对方账户＿＿＿＿＿＿＿＿＿＿＿＿＿＿＿

出票日期 2008 年 12 月 25 日

收款人：	顺昌建筑公司
金　额：	￥488 000.00
用　途：	支付工程款、设备费

单位主管 孙晓红　　会计 李 丹

98-3

建筑安装行业专用发票

客户名称：山东德胜塑编有限责任公司　　2008 年 12 月 25 日　　No.827890

项目	单位	数量	单价	金　额								
				千	百	十	万	千	百	十	元	角	分
支付设备安装费				￥		4	5	0	0	0	0	0	0
人民币合计(大写) 肆拾伍万元整				￥		4	5	0	0	0	0	0	0
备注：建造合同号码 062657												

第一联 发票

顺昌建筑公司 发票专用章

收款单位(盖章)　　会计 黄 平　　复核 胡 良　　制单 余 华

98-4

工程物资入库单

2005年12月25日

字第6801号
单位：元

发货地点				供应单位				备注			
库名	编号	名称	单位	规格	入库			单据张数	实收		
					数量	单价	金额		数量	金额	
		A设备	套				38 000				
		合 计									

会计：×××　　　保管：×××　　　采购员：×××　　　制单：×××

第三联 送交财务会计

98-5

山东省工业销售统一发票

记　账　联

发票代码：137030709876
No. 82102433

客户名称：山东德胜塑编有限责任公司　　2008年12月25日

项目	单位	数量	单价	金额								
				千	百	十	万	千	百	十	元	角	分
设备							¥	3	8	0	0	0	0
人民币合计(大写) 壹拾贰万元整							¥	3	8	0	0	0	0
备注：													

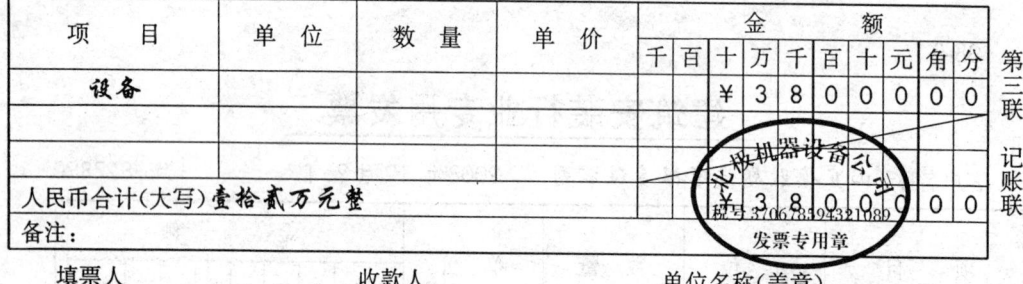

填票人　　　　　收款人　　　　　单位名称(盖章)

第三联 记账联

99-1

现金收款收据

2008年12月25日

No. 9876543

收款单位	山东德胜塑编有限责任公司	交款单位	新华化工公司	金额							
				百	十	万	千	百	十	元	角	分
金额(大写)	人民币壹仟壹佰玖拾伍元整						¥	1	1	9	5	0	0
事由	赔偿彩印膜损失	现金收讫		备注：								

会计主管：　　　　收款人：　　　　制单：

第三联 记账联

99-2

山东省国家税务局关于山东德胜塑编有限责任公司购进货物造成非正常损失其税额准予抵扣的批示

临海市国家税务局：

　　你局转来的山东德胜塑编有限责任公司购进货物造成非正常损失其进项税额准予抵扣的申请，我局已派山东省国家税务局稽查分局进行了稽查。经查，山东德胜塑编有限责任公司2008年12月17日从新华化工公司购进彩印膜90 000千克，短少100千克，损失率为0.11%，属于该种物品正常损失。

　　鉴于上述情况，同意山东德胜塑编有限责任公司购进货物造成非正常损失其进项税额203.15元准予抵扣。

　　　　　　　　　　　　　　　　　　　　致

礼

（山东省国家税务局 2008年12月26日）

100-1

临海市商业银行进账单（回单） 3

No 9123453

2008年12月25日　　　第2号

付款人	全称	临海华星水泥公司	收款人	全称	山东德胜塑编有限责任公司
	账号	64009003675575675		账号	14140000001
	开户银行	临海市建设银行		开户银行	临海市商业银行

人民币（大写）	⊗陆拾陆万伍仟贰佰元整	千	百	十	万	千	百	十	元	角	分
		¥	6	6	5	2	0	0	0	0	

票据种类	银行汇票
票据张数	1

临海市商业银行 2008.12.25 转讫(1)

收款单位开户行盖章

单位主管　　会计　　复核　　记账

此联是出票人开户银行交给出票人的回单

100-2

增值税专用发票
记 账 联

No. 0355531
开票日期：2008年12月20日

5263798

购货单位	名称：	临海华星水泥公司					密码区	5263798		
	纳税人识别号：	35060300888800								
	地址、电话：	临海市大山路34号，7312345								
	开户银行及账户：	临海市工商银行，64009003675575675								

货物或应税劳务名称	规格型号	单位	数量	单价	金 额	税率	税 额
三合一编织袋		条	200 000	2.80	560 000.00	17%	95 200.00
合 计					560 000.00		95 200.00

价税合计（大写）　⊗陆拾伍万伍仟贰佰元整　　　（小写）￥655 200.00

销货单位	名称：	山东德胜塑编有限责任公司	备注	（山东德胜塑编有限责任公司 税号370305987654321 发票专用章）
	纳税人识别号：	370305987654321		
	地址、电话：	临海市工业路3号，0533-2828888		
	开户银行及账户：	临海市商业银行，14140000001		

收款人：　　　复核：××　　　开票人：××　　　销货单位：

第四联 记账联

100-3

商品出库单

购货单位：临海华星水泥公司　　2008年12月8日　　销出字第019号

商品名称及规格	单　位	数　量
三合一编织袋	条	200 000
合　计		

主管人：刘 红　　会计：张 晓　　记账：郑 菁　　制单：黄 娟

第二联 会计记账

100-4

现金收款收据

2008 年 12 月 25 日　　　　　　　　　　　　　　　　No. 6789543

收款单位	诚信运输公司	交款单位	山东德胜塑编有限责任公司	金额 百十万千百十元角分
金额（大写）	人民币壹万元整			1 0 0 0 0 0 0 0
事由	支付代垫运费　现金收讫		备注：	

会计主管：孙晓红　　　　收款人：　　　　　制单：李 丹

（第三联 记账联）

（财务专用章：诚信运输公司）

101-1

增值税专用发票

3700000333　　　发　票　联　　开票日期：2008 年 12 月 25 日　　No. 55666666

购货单位	名称：	山东德胜塑编有限责任公司	密码区	加密版本 370000333
	纳税人识别号：	370305987654321		
	地址、电话：	临海市工业路3号,0533-2828888		
	开户银行及账户：	临海市商业银行,14140000001		

货物或应税劳务名称	规格型号	单位	数量	单价	金 额	税率	税 额
汽车修理					17 700.00	17%	3 009.00
合 计					17 700.00		3 009.00

价税合计（大写）　⊗貳万零柒佰零玖元整　　　　　（小写）￥20 709.00

销货单位	名称：	顺达维修有限责任公司　现金付讫	备注	
	纳税人识别号：	370305123456789		
	地址、电话：	临海市中心路129号,0531-2888429		
	开户银行及账户：	临海市工商银行,111111111111111		

收款人：　　复核：张 丽　　　开票人：王 成　　　销货单位：

（第二联 发票联）

（发票专用章：顺达维修有限责任公司 税号370305123456789）

101-2

增值税专用发票
抵 扣 联

370000333

No. 55666666

开票日期：2008 年 12 月 25 日

购货单位	名称：	山东德胜塑编有限责任公司				密码区	加密版本 013700000000
	纳税人识别号：	370305987654321					
	地址、电话：	临海市工业路3号，0533-2828888					
	开户银行及账户：	临海市商业银行，14140000001					

货物或应税劳务名称	规格型号	单位	数量	单价	金 额	税率	税 额
汽车修理			现金付讫		17 700.00	17%	3 009.00
合计					17 700.00		3 009.00
价税合计（大写）	⊗贰万零柒佰零玖元整				（小写）¥20 709.00		

销货单位	名称：	顺达维修有限责任公司	备注	顺达维修有限责任公司 税号 370305123456789 发票专用章
	纳税人识别号：	370305123456789		
	地址、电话：	临海市中心路129号，0531-2888429		
	开户银行及账户：	临海市工商银行，1111111111111111		

收款人：　　　复核：张 丽　　　开票人：王 成　　　销货单位：

102-1

临海市商业银行进账单（收账通知） 3

No 89723452

2008 年 12 月 25 日　　　　　第 138 号

付款人	全 称	齐银水泥厂	收款人	全 称	山东德胜塑编有限责任公司	千	百	十	万	千	百	十	元	角	分
	账 号	730303859682759		账 号	370305987654321										
	开户银行	建设银行东城支行		开户银行	临海市商业银行										
人民币（大写）	⊗捌拾叁万陆仟柒佰捌拾肆元整					¥		8	3	6	7	8	4	0	0

票据种类	转账支票
票据张数	1

临海市商业银行
2008.12.25
转讫
(1)
收款单位开户行盖章

单位主管　　会计　　复核　　记账

102-2

贴现凭证（收账通知） 4

申请日期 2008 年 12 月 26 日   第 5 号

贴现汇票	种 类	商业承兑汇票		持票人	全 称	山东德胜塑编有限责任公司
	出票日	2007 年 11 月 15 日			账 号	14140000001
	到期日	2008 年 1 月 14 日			开户银行	临海市商业银行

| 汇票承兑人 | 名称 | 齐银水泥厂 | 账号 | 730303859682759 | 开户银行 | 建设银行东城支行 |

汇票金额	人民币(大写) ⊗捌拾肆万贰仟肆佰元整	千 百 十 万 千 百 十 元 角 分
		¥ 8 4 2 4 0 0 0 0

贴现率	%	贴现息	千 百 十 万 千 百 十 元 角 分	实付额	千 百 十 万 千 百 十 元 角 分
			5 6 1 6 0 0		8 3 6 7 8 4 0 0

贴现款项已入你单位账户。   备注

临海市商业银行
银行盖章 2.25
2008 年 12 月 25 日
转讫
(1)

此联是出票人开户银行交给出票人的回单

103-1

中国银行
转账支票存根

支票号码：No4347705

账　　户 _____

对方账户 _____

出票日期 2008 年 12 月 26 日

收款人： 临海市仓储有限公司
金　额： ￥29 000.00
用　途： 下半年年度仓库租金

单位主管 孙晓红   会计 李 丹

103-2

山东省工业销售统一发票
发 票 联

发票代码：137030720153
No. 82102306

客户名称：山东德胜塑编有限责任公司　　2008年12月28日

项目	单位	数量	单价	金　　额								
				千	百	十	万	千	百	十	元	角	分
支付租赁费						¥	2	9	0	0	0	0	0
人民币合计（大写）贰万玖仟元整						¥	2	9	0	0	0	0	0
备注：建造合同号码													

（临海市仓储有限公司 发票专用章 税号：370305123789789）

填票人　　　　　　收款人　　　　　　单位名称（盖章）

104-1

固定资产拆除报废单

单位：生产车间　　2008年12月26日　　第012号

固定资产名称	规格型号	单位	数量	预计使用年限	已使用年限	原值	已提折旧	预计净残值率	净值	备注
工业缝纫机	A-103	台	1	10	10	32 000	13 500	2％	18 500	

固定资产状况及报废原因	已达到使用年限，不能继续使用			经办人：刘清
处理意见	使用部门	技术鉴定小组意见	固定资产管理部门	主管领导
	同意 负责人：王强	同意 负责人：刘强	同意 负责人：王海	同意 签章：黄达

3 模拟实习资料

104-2

**临海市商业银行
转账支票存根**

支票号码：No8294309

账　户＿＿＿＿＿＿＿＿＿＿＿＿＿＿

对方账户＿＿＿＿＿＿＿＿＿＿＿＿

出票日期 2008 年 12 月 26 日

收款人：临海市仓储有限公司

金　额：￥300.00

用　途：缝纫机拆机费

单位主管 孙晓红　　会计 李丹

104-3

临海市商业银行进账单（回单） 3

No 6777813

2008 年 12 月 26 日　　第　号

付款人	全称	胜利贸易公司	收款人	全称	山东德胜塑编有限责任公司
	账号	370300045680678		账号	14140000001
	开户银行	工商银行牛山路		开户银行	临海市商业银行

人民币（大写）⊗陆仟元整

千	百	十	万	千	百	十	元	角	分
			￥	6	0	0	0	0	0

票据种类	转账支票
票据张数	1

临海市商业银行
2008.12.26
转讫(1)

收款单位开户行盖章

单位主管　会计　复核　记账

此联是出票人开户银行交给出票人的回单

104-4

固定资产清理损益计算表

2008 年 12 月 26 日

清理项目	A-103 工业缝纫机	清理原因	报废
固定资产清理借方发生额		固定资产清理贷方发生额	
清理支出内容	金额	清理收入内容	金额
固定资产净值	18 500.00	出售固定资产价款	6 000.00
借方合计	18 500.00	贷方合计	6 000.00
固定资产清理 净收益/净损失	金额：壹万贰仟伍佰元整	经理批示：	同意

复核　　　　　　　　　　　　　制单

105-1

增值税专用发票

No. 00765670

发 票 联　开票日期：2008 年 12 月 26 日

3700000000

购货单位	名称：	山东德胜塑编有限责任公司	密码区	加密版本
	纳税人识别号：	370305987654321		13700000000
	地址、电话：	临海市工业路 3 号,0533-2828888		
	开户银行及账户：	临海市商业银行,14140000001		

货物或应税劳务名称	规格型号	单位	数量	单价	金额	税率	税额
聚丙烯		吨	190	9 020.00	1 713 800.00	17%	291 346.00
合计					1 713 800.00		291 346.00

价税合计（大写）	⊗貳佰万零伍仟壹佰肆拾陆元整	（小写）¥2 005 146.00

销货单位	名称：	晋北石化公司	备注	晋北石化公司 税号 370305678789789 发票专用章
	纳税人识别号：	370305678789789		
	地址、电话：	晋北市石化路 146 号,0534-5678911		
	开户银行及账户：	东海市工商银行,154321583638033		

收款人：　　　复核：××　　　开票人：××　　　销货单位：

105-2

增值税专用发票
抵 扣 联

3700000000

No. 00765670

开票日期：2008 年 12 月 26 日

购货单位	名称：	山东德胜塑编有限责任公司	密码区	加密版本 13700000000
	纳税人识别号：	370305987654321		
	地址、电话：	临海市工业路3号,0533-2828888		
	开户银行及账户：	临海市商业银行,14140000001		

货物或应税劳务名称	规格型号	单位	数量	单价	金 额	税率	税 额
聚丙烯		吨	190	9 020.00	1 713 800.00	17%	291 346.00
合 计					1 713 800.00		291 346.00
价税合计(大写)	⊗贰佰万零伍仟壹佰肆拾陆元整				(小写) ￥2 005 146.00		

销货单位	名称：	晋北石化公司	备注	(晋北石化公司 税号370305678789789 发票专用章)
	纳税人识别号：	370305678789789		
	地址、电话：	晋北市石化路146号,0534-5678911		
	开户银行及账户：	东海市工商银行,154321583638033		

收款人： 复核：×× 开票人：×× 销货单位：

105-3

临海市商业银行托收承付结算凭证(回单)

第 3 号

签发日期：2008 年 12 月 26 日　　　托收号码：5325

收款单位	全 称	晋北石化公司	付款单位	全 称	山东德胜塑编有限责任公司
	账 号	350603001112233		账号或地址	14140000001
	开户银行	商业银行　行号　3703		开户银行	商业银行

托收金额	人民币(大写)	贰佰零贰万零壹佰肆拾陆元整	千	百	十	万	千	百	十	元	角	分
		￥		2	0	2	0	1	4	6	0	0

附件		商品发运情况	合同名称号码
附突单证张数或册数	3	商品通过公路运输	54312

备注：信汇

银行意见：2008.12.26　账户(付)：_____　对方账户(收)：_____
(收款单位开户行盖章转讫)　转账　年　月　日
　　　　月　日　　　　　　　　复核员　记账员

(临海市商业银行 2008.12.26 转讫)
(1)

单位主管：　　会计：　　复核：　　记账：

105-4

公路、内河货物运输业统一发票

发 票 联

发票代码：237030411102
发票号码：00007457

备查号
开票日期 2008-12-26

机打代码	237030411102	税控码			
机打号码	00007457				
机器编号					
收货人及纳税人识别号	山东德胜塑编有限责任公司 370305987654321	承运人及纳税人识别号	鲁中大众汽运公司 370303001112598		
发货人及纳税人识别号	晋北石化公司 350603001112233	主管税务机关及代码	237030503		
运输项目及金额	货物名称　数量　运费金额 聚丙烯(pp)　190吨　15 000.00	其他项目及金额		备注（手写无效） 代开单位盖章	
运费小计	￥15 000.00	其他费用小计			
合计（大写）	壹万伍仟元整		（小写）￥15 000.00		
代开单位及代码		扣缴税额、税率 完税凭证号码	1 050 元，7% 税号 370303001112598 （鲁中大众汽运公司章）		

收款人：×××　　　　　　　　　　　　开票单位：

106-1

增值税专用发票

3700007766

发 票 联

No. 00706299
开票日期：2008 年 12 月 26 日

购货单位	名称：	山东德胜塑编有限责任公司	密码区					
	纳税人识别号：	370305987654321						
	地址、电话：	临海市工业路3号,0533-2828888						
	开户银行及账户：	临海市商业银行,14140000001						
货物或应税劳务名称	规格型号	单位	数量	单价	金额	税率	税额	
捆扎绳、打包带					37 000.00	17%	6 290.00	
合　计					37 000.00		6 290.00	
价税合计（大写）	⊗肆万叁仟贰佰玖拾元整				（小写）￥43 290.00			
销货单位	名称：	前进贸易商行	备注					
	纳税人识别号：	370305678789987						
	地址、电话：	达明市南山路456号,0789-5436789	（前进贸易商行 税号 370305678789789 发票专用章）					
	开户银行及账户：	达明市工商银行,14567858363803366						

收款人：　　　复核：李 三　　开票人：王 其　　销货单位：

106-2

增值税专用发票

抵扣联

No. 00706299

3700007766·

开票日期：2008年12月26日

购货单位	名称：	山东德胜塑编有限责任公司	密码区	
	纳税人识别号：	370305987654321		
	地址、电话：	临海市工业路3号,0533-2828888		
	开户银行及账户：	临海市商业银行,14140000001		

货物或应税劳务名称	规格型号	单位	数量	单价	金额	税率	税额
捆扎绳、打包带					37 000.00	17%	6 290.00
合　计					37 000.00		6 290.00

价税合计(大写)	⊗肆万叁仟贰佰玖拾元整	(小写) ￥43 290.00

销货单位	名称：	前进贸易商行	备注
	纳税人识别号：	370305678789987	
	地址、电话：	达明市南山路456号,0423-28905429	前进贸易商行 税号370305678789789 发票专用章
	开户银行及账户：	达明市工商银行,34567891234567	

收款人：　　　复核：李三　　　开票人：王其　　　销货单位：

106-3

材料入库单

字第34号

2008年12月26日　　　　单位：元

库名	编号	名称	单位	规格	入库 数量	入库 单价	入库 金额	单张据数	实收 数量	实收 金额
		捆扎绳、打包带								37 000.00
		合　计								37 000.00

会计：　　　保管：　　　采购员：　　　制单：

107-1

36000333

增值税专用发票

发 票 联

No. 44667788

开票日期：2008年12月26日

购货单位	名称：	山东德胜塑编有限责任公司	密码区	加密版本 36000333	
	纳税人识别号：	370305987654321			
	地址、电话：	临海市工业路3号,0533-2828888			
	开户银行及账户：	临海市商业银行,14140000001			
货物或应税劳务名称	规格型号	单位	数量	单价	金　额	税率	税　额
牛皮纸		吨	160	4 950	792 000.00	17%	134 640.00
合　计					792 000.00		134 640.00
价税合计(大写)	⊗玖拾贰万陆仟陆佰肆拾元整				(小写) ￥926 640.00		
销货单位	名称：	兰州物美纸业公司	备注	兰州物美纸业公司 税号370305678789987 发票专用章	
	纳税人识别号：	370305678789987			
	地址、电话：	兰州市东一路213号,0726-7652345			
	开户银行及账户：	兰州市中国银行,123456789123456			

收款人：　　　　复核：张　丽　　开票人：王　成　　销货单位：

107-2

36000333

增值税专用发票

抵 扣 联

No. 44667788

开票日期：2008年12月26日

购货单位	名称：	山东德胜塑编有限责任公司	密码区	加密版本 36000333	
	纳税人识别号：	370305987654321			
	地址、电话：	临海市工业路3号,0533-2828888			
	开户银行及账户：	临海市商业银行,14140000001			
货物或应税劳务名称	规格型号	单位	数量	单价	金　额	税率	税　额
牛皮纸		吨	160	4 950	792 000.00	17%	134 640.00
合　计					792 000.00		134 640.00
价税合计(大写)	⊗玖拾贰万陆仟陆佰肆拾元整				(小写) ￥926 640.00		
销货单位	名称：	兰州物美纸业公司	备注	兰州物美纸业公司 税号370305678789987 发票专用章	
	纳税人识别号：	370305678789987			
	地址、电话：	兰州市东一路213号,0726-7652345			
	开户银行及账户：	兰州市中国银行,123456789123456			

收款人：　　　　复核：张　丽　　开票人：王　成　　销货单位：

107-3

临海市商业银行电汇凭证（回单）

第 2254 号

委托日期 2008 年 12 月 26 日　　　　　　　应解汇款编号

汇款人	全称	山东德胜塑编有限责任公司	收款人	全称	兰州物美纸业公司
	账号或住址	14140000001		账号或住址	123456789123456
	汇出地点	山东	汇出行名称	商业银行	
	汇入地点	兰州	汇入行名称	工商银行	

金额	人民币（大写）	玖拾贰万陆仟陆佰肆拾元整	千	百	十	万	千	百	十	元	角	分
			¥	9	2	6	6	4	0	0	0	0

汇款用途：支付购牛皮纸货款

留行待取预留收款人印鉴

款项已收入收款人账户	款项已收妥	账户（借）_____ 对方账户（贷）_____
汇入行盖章	收款人盖章	汇入行解汇日期 2008 年 12 月 26 日
		复核××× 出纳××
2008 年 12 月 26 日	2008 年 12 月 26 日	记账×××

此联给付款人的回单

107-4

材料入库单

字第 35 号

2008 年 12 月 26 日　　　　　　　　　　单位：元

发货地点				供应单位				备注		
库名	编号	名称	单位	规格	入库			单张据数	实收	
					数量	单价	金额		数量	金额
		牛皮纸	吨		160		792 000			
		合计					792 000			

第三联　送交财务会计

会计：　　　　保管：　　　　采购员：　　　　制单：

108-1

增值税专用发票

No. 55667733

37665544　　　　　发　票　联　　开票日期：2008年12月26日

购货单位	名称：	山东德胜塑编有限责任公司	密码区	加密版本 37665544	第二联 发票联
	纳税人识别号：	370305987654321			
	地址、电话：	临海市工业路3号，0533-2828888			
	开户银行及账户：	临海市商业银行，14140000001			

货物或应税劳务名称	规格型号	单位	数量	单价	金额	税率	税额
备件					120 000.00	17%	20 400.00
合计					120 000.00		20 400.00

价税合计（大写）	⊗壹拾肆万零肆佰元整　　　　（小写）￥140 400.00

销货单位	名称：	青岛美英公司	备注	青岛美英公司 税号 370304456789123 发票专用章
	纳税人识别号：	370304456789123		
	地址、电话：	青岛市香港路56号，0532-4567899		
	开户银行及账户：	青岛市工商银行，23456789123456		

收款人：　　　　复核：××　　　　开票人：××　　　　销货单位：

108-2

增值税专用发票

No. 55667733

37665544　　　　　抵　扣　联　　开票日期：2008年12月26日

购货单位	名称：	山东德胜塑编有限责任公司	密码区	加密版本 37665544	第四联 抵扣联
	纳税人识别号：	370305987654321			
	地址、电话：	临海市工业路3号，0533-2828888			
	开户银行及账户：	临海市商业银行，14140000001			

货物或应税劳务名称	规格型号	单位	数量	单价	金额	税率	税额
备件					120 000.00	17%	20 400.00
合计					120 000.00		20 400.00

价税合计（大写）	⊗壹拾肆万零肆佰元整　　　　（小写）￥140 400.00

销货单位	名称：	青岛美英公司	备注	青岛美英公司 税号 370304456789123 发票专用章
	纳税人识别号：	370304456789123		
	地址、电话：	青岛市香港路56号，0532-4567899		
	开户银行及账户：	青岛市工商银行，23456789123456		

收款人：　　　　复核：张　　　　开票人：王　　　　销货单位：

108-3

临海市商业银行业务委托书(回单)

鲁 03176185

委托日期 2008 年 12 月 26 日　　　　应解汇款编号

业务类型	电汇 T/T　　信汇 M/T　　汇票申请单 D/D　　本票申请书　　其他				
汇款人	全称	山东德胜塑编有限责任公司	收款人	全称	青岛美英公司
	账号或住址	14140000001		账号或住址	23456789123456
	开户银行	临海工业路分理处		开户银行	青岛香港路分理处
金额	人民币(大写)	壹拾万元整	千百十万千百十元角分 ¥ 1 0 0 0 0 0 0 0		
密码	0147024441414	加急密码	留行待取预留 2008.12.26 收款人印鉴		
汇款用途	采购备件				
会计　　复核　　出纳×× 　　记账×××					

第三联 回单

108-4

临海市商业银行电汇凭证(回单)

第 2254 号

委托日期 2008 年 12 月 26 日　　　　应解汇款编号

汇款人	全称	山东德胜塑编有限责任公司		收款人	全称	青岛美英公司	
	账号或住址	14140000001			账号或住址	23456789123456	
	汇出地点	山东	汇出行名称	商业银行	汇入地点	青岛	汇入行名称	工商银行
金额	人民币(大写)	肆万贰仟陆佰元整			千百十万千百十元角分 ¥ 4 2 6 0 0 0 0		
汇款用途	支付购备件货款			留行待取预留 临海市商业银行 收款人印鉴 2008.12.26			
款项已收入收款人账户 汇入行盖章 2008 年 12 月 26 日		款项已收妥 收款人盖章 2008 年 12 月 26 日		账(借)_____ 对方账户(贷)_____ 汇兑解汇日期 2008 年 12 月 26 日 复核×× 出纳×× 记账×××			

此联给付款人的回单

109

临海市商业银行(工业路支行)存款利息通知单

No. 5566

存款户户名：山东德胜塑编有限责任公司	账号：14140000001	利息已收入该单位账户
利息计算时间：2008年11月21日起 2008年12月20日至		临海市商业银行14000000001 2008.12.26 转讫(1)
积数共计： 利率：月 0.6‰		开户银行账盖章
利息金额：(大写)伍仟玖佰贰拾肆元叁角伍分		2008年12月20日
人民币(小写)￥5 924.35		

会计：　　　　　　复核：　　　　　　制单

110

临海市商业银行进账单(回单)　3

No 9726653

2008年12月26日　　第　号

付款人	全称	辉煌石化公司	收款人	全称	山东德胜塑编有限责任公司	此联是出票人开户银行交给出票人的回单
	账号	45800007678043732		账号	370305987654321	
	开户银行	工商银行中心路分理处		开户银行	临海市商业银行	

人民币(大写)	⊗陆拾伍万伍仟柒佰捌拾元整	千	百	十	万	千	百	十	元	角	分
			￥	6	5	5	7	8	0	0	0

票据种类	转账支票
票据张数	1

临海市商业银行
2008.12.26
转讫(1)

单位主管　　会计　　复核　　记账

收款单位开户行盖章

111-1

增值税专用发票

发票联

No. 02355624

67891234

开票日期：2008 年 12 月 26 日

购货单位	名称：	山东德胜塑编有限责任公司						密码区	67891234		第二联发票联
	纳税人识别号：	370305987654321									
	地址、电话：	临海市工业路3号，0533-2828888									
	开户银行及账户：	临海市商业银行，14140000001									
货物或应税劳务名称	规格型号	单位	数量	单价	金 额	税率	税 额				
缠绕机					15 811.97	17%	2 688.03				
合 计					15 811.97		2 688.03				
价税合计（大写）	⊗壹万捌仟伍佰元整					（小写）¥18 500.00					
销货单位	名称：	宏达塑编机械厂						备注	宏达塑编机械厂 税号 135792468123455 发票专用章		
	纳税人识别号：	135792468123455									
	地址、电话：	临海市学公路，0530-56789012									
	开户银行及账户：	临海市建设银行，123456789123456									

收款人： 复核：张 丽 开票人：王 成 销货单位

111-2

临海市商业银行
转账支票存根

支票号码：No8294310

账　户_____

对方账户_____

出票日期 2008 年 12 月 26 日

收款人：宏达塑编机械厂

金　额：¥18 500.00

用　途　购缠绕机货款

单位主管 孙晓红　　会计 李 丹

112-1

固定资产交接(调拨)通知单

固定资产类别	运输工具		编号	B206	保管使用单位：车队		2008 年 12 月 27 日	
固定资产	类型	单位	数量	预计使用年限	原 值	已提折旧	已提减值准备	净 值	备注
叉车	E3456	台	1	10	28 000.00	0	0	28 000.00	
购置时间	2008.11	附属设备情况			拟调入单位		制袋车间		
处理意见	原使用部门		调入单位意见		固定资产管理部门		主管领导		
	同意 负责人：李强		同意 负责人：张大		同意 负责人：王海		同意 签章：黄达		

113

材 料 入 库 单

字第 5 号

2008 年 12 月 27 日

单位：元

发货地点					供应单位	晋北石化公司			备 注			
库名	编号	名 称	单位	规格	入 库			单张据数	实 收			
					数量	单价	金额		数量	金额		
		聚丙烯	吨						190	1 727 750.00		
		合 计							190	1 727 750.00		

会计： 保管： 采购员： 制单：

第三联 送交财务会计

114-1

收 款 收 据

2008 年 12 月 27 日

No. 1200234

收款单位	市人民医院	交款单位	山东德胜塑编有限责任公司	金 额								
				百	十万	千	百	十	元	角	分	
金额（大写）	人民币伍仟贰佰捌拾元整					￥	5	2	8	0	0	0
事由	职工王艳住院医药费	转账收讫		备注：								

会计主管：赵   收款人：周   制单：张

第三联 记账联

114-2

临海市商业银行
转账支票存根

支票号码：No8294311

账　　户＿＿＿＿＿＿＿＿＿＿

对方账户＿＿＿＿＿＿＿＿＿＿

出票日期 2008 年 12 月 27 日

收款人：	市人民医院
金　额：	￥5 280.00
用　途：	王艳住院医药费

单位主管 孙晓红　　会计 李丹

115-1

临海市商业银行(工业路支行)国债销售通知单

No. 5896

客户名称： 山东德胜塑编有限责任公司　　账号：14140000001	款项已从该账户转出 14140000001
国债种类：2007 年 12 月 27 日　　国债代码：010112	临海市商业银行 2008.12.27 转讫 (1)
利息计算时间：2007 年 12 月 27 日起 　　　　　　2012 年 12 月 26 日至	
每年 12 月 26 日付息	开户银行账盖章 2008 年 12 月 27 日
票面金额：100 000 元　　票面利息：5.6%	
付款金额：100 000 元	
金额：（大写）人民币壹拾万元整	

会计：微机　　复核：微机　　制单：0089　　微机　　微机

115-2

**临海市商业银行
转账支票存根**

支票号码：No8294312

账　　户＿＿＿＿＿＿＿＿＿＿

对方账户＿＿＿＿＿＿＿＿＿＿

出票日期 2008 年 12 月 26 日

| 收款人：临海市商业银行 |
| 金　额：￥100 000.00 |
| 用　途：购买国库券 |

单位主管 孙晓红　　会计 李 丹

116-1

2008 年 12 月电费分配表

单　位	电量(度)	单价(无税)	金　额	税　额
拉丝车间	208 349	0.62		
圆织车间	70 196	0.62		
制袋车间	105 504	0.62		
维修车间	25 164	0.62		
质检科	1 256	0.62		
生产技术科	1 875	0.62		
供应科	576	0.62		
办公室	885	0.62		
财务科	1 241	0.62		
销售科	524	0.62		
车队	267	0.62		
合　计	415 837			

116-2

委托收款凭证（支款通知）

委托号码: 5

委托日期: 2008 年 12 月 26 日

委 邮

收款单位	全称	临海市供电局		付款单位	全称	山东德胜塑编有限责任公司
	账号或地址	370001234567899			账号或地址	14140000001
	开户银行	中行东城支行	行号 7893		开户银行	临海市商业银行

委收金额	人民币（大写）	叁拾万壹仟陆佰肆拾捌元壹角陆分	千 百 十 万 千 百 十 元 角 分 ¥ 3 0 1 6 4 8 1 6
款项内容	电费	委托收款凭据名称	附寄单证张数 3

（临海市商业银行 2008.12.31 转讫 章）

备注：
付款人注意：
1. 根据结算办法，上列委托收款，如在付款期限内未据付，即视同全部同意付款，以此联代付款通知。
2. 如需提前付或多付款时，应另写书面通知送银行办理。
3. 系全部或部分据付，应在付款期限内另填拒绝付款理由书送银行办理。

此联付款人开户银行给付款人按期付款的通知

116-3

增值税专用发票

No. 78901234

58765432

发 票 联   开票日期: 2008 年 12 月 28 日

购货单位	名称：	山东德胜塑编有限责任公司	密码区	58765432
	纳税人识别号：	370305987654321		
	地址、电话：	临海市工业路3号,0533-2828888		
	开户银行及账户：	临海市商业银行,14140000001		

货物或应税劳务名称	规格型号	单位	数量	单价	金额	税率	税额
电费					257 818.94	17%	43 829.22
合计					257 818.94		43 829.22

价税合计（大写）	⊗叁拾万壹仟陆佰肆拾捌元壹角陆分	（小写）¥301 648.16

销货单位	名称：	临海市供电局	备注	（临海市供电局 税号370001234567899 发票专用章）
	纳税人识别号：	370001234567899		
	地址、电话：	临海市中山路,0533-6781234		税号 350603001112233
	开户银行及账户：	临海市建设银行,191900000000009		

收款人：　　复核：张丽　　开票人：王成　　销货单位：

第二联 发票联

116-4

增值税专用发票
抵 扣 联　　No. 78901234
开票日期：2008 年 12 月 28 日

58765432

购货单位	名称：	山东德胜塑编有限责任公司	密码区	58765432
	纳税人识别号：	370305987654321		
	地址、电话：	临海市工业路3号,0533-2828888		
	开户银行及账户：	临海市商业银行,14140000001		

货物或应税劳务名称	规格型号	单位	数量	单价	金　额	税率	税　额
电费					257 818.94	17%	43 829.22
合　计					257 818.94		43 829.22

价税合计（大写）　⊗叁拾万壹仟陆佰肆拾捌元壹角陆分　　（小写）¥ 301 648.16

销货单位	名称：	临海市供电局	备注	（临海市供电局 发票专用章 税号370001234567899）
	纳税人识别号：	370001234567899		
	地址、电话：	临海市中山路,0533-6781234		税号 350603001112233
	开户银行及账户：	临海市建设银行,191900000000009		

收款人：　　复核：张丽　　开票人：王成　　销货单位：

117-1

增值税专用发票
发 票 联　　No. 67890123
开票日期：2008 年 12 月 28 日

58765445

购货单位	名称：	山东德胜塑编有限责任公司	密码区	58765445
	纳税人识别号：	370305987654321		
	地址、电话：	临海市工业路3号,0533-2828888		
	开户银行及账户：	临海市商业银行,14140000001		

货物或应税劳务名称	规格型号	单位	数量	单价	金　额	税率	税　额
水费					5 000.00	17%	850.00
合　计					5 000.00		850.00

价税合计（大写）　⊗伍仟捌佰伍拾元整　　（小写）¥ 5 850.00

销货单位	名称：	临海市供水公司	备注	（临海市供水公司 发票专用章 税号370005432167899）
	纳税人识别号：	370005432167899		
	地址、电话：	临海市中山路,0533-7314534		
	开户银行及账户：	临海市建设银行,171700000000009		

收款人：　　复核：张丽　　开票人：王成　　销货单位：

117-2

增值税专用发票

抵 扣 联

No. 67890123

开票日期：2008 年 12 月 28 日

58765445

购货单位	名称：	山东德胜塑编有限责任公司					密码区	58765445	
	纳税人识别号：	370305987654321							
	地址、电话：	临海市工业路3号，0533-2828888							
	开户银行及账户：	临海市商业银行，14140000001							
货物或应税劳务名称	规格型号	单位	数量	单价	金 额	税率	税 额		第三联
水 费					5 000.00	17%	850.00		
合 计					5 000.00		850.00		抵扣联
价税合计（大写）	⊗伍仟捌佰伍拾元整					（小写）￥5 850.00			
销货单位	名称：	临海市供水公司					备注		
	纳税人识别号：	370005432167899							
	地址、电话：	临海市中山路，0533-7314534							
	开户银行及账户：	临海市建设银行，171700000000009							

收款人：　　复核：张 丽　　开票人：王 成　　销货单位：

117-3

2008 年 12 月水费分配表

项　目	水量（吨）	单价（不含税）	金　额	税　额
辅助生产	1 375	3.20	4 400.00	748.00
管理费用	93.75	3.20	300.00	51.00
销售费用	93.75	3.20	300.00	51.00
合　计			5 000.00	850.00

118

工资分配汇总表同38-1。

119-1

临海市商业银行
现金支票存根

支票号码：No7673505

账　　户＿＿＿＿＿＿＿＿＿＿＿＿＿＿＿
对方账户＿＿＿＿＿＿＿＿＿＿＿＿＿＿＿

出票日期 2008 年 12 月 28 日

收款人：	本单位
金　额：	￥1600.00
用　途：	发放奖金

单位主管 孙晓红　　会计 李 丹

119-2

奖 金 分 配 表

奖金项目	原材料节约奖	备注：
单　位	拉丝车间	
奖励金额	1600 元	
		现金付讫
合　计	1600 元	经理签字：

单位主管：孙晓红　　　会计：李 丹　　　制表：王 明

120

职工福利费计算表

序号	部门	工资	职工福利费(14%)
1	拉丝车间	54 137.10	
2	圆织车间	140 199.40	
3	制袋车间	190 980.40	
4	维修车间	45 329.00	
5	质检科	11 945.30	
6	生产技术科	13 193.80	
7	供应科	8 452.20	
8	办公室	43 160.50	
9	财务科	14 100.40	
10	销售科	24 236.20	
11	车队	19 200.70	
12	合　计	564 935.00	

单位主管：孙晓红　　　会计：李　丹　　　制表：王　明

121-1

工会经费计算表

序号	部门	工资	工会经费(2%)
1	拉丝车间	54 137.10	
2	圆织车间	140 199.40	
3	制袋车间	190 980.40	
4	维修车间	45 329.00	
5	质检科	11 945.30	
6	生产技术科	13 193.80	
7	供应科	8 452.20	
8	办公室	43 160.50	
9	财务科	14 100.40	
10	销售科	24 236.20	
11	车队	19 200.70	
12	合　计	564 935.00	

单位主管：孙晓红　　　会计：李　丹　　　制表：王　明

121-2

教育经费计算表

序号	部门	工资	职工教育经费(1.5%)
1	拉丝车间	54 137.10	
2	圆织车间	140 199.40	
3	制袋车间	190 980.40	
4	维修车间	45 329.00	
5	质检科	11 945.30	
6	生产技术科	13 193.80	
7	供应科	8 452.20	
8	办公室	43 160.50	
9	财务科	14 100.40	
10	销售科	24 236.20	
11	车队	19 200.70	
12	合　　计	564 935.00	

单位主管：孙晓红　　　　会计：李丹　　　　制表：王明

122

社会保险费计算表

序号	部门	工资	计提养老保险费(20%)	计提医疗保险费(7%)	计提工伤保险费(1%)	计提失业保险费(3%)	计提生育保险费(0.7%)	合计
1	拉丝车间	54 137.10						
2	圆织车间	140 199.40						
3	制袋车间	190 980.40						
4	维修车间	45 329.00						
5	质检科	11 945.30						
6	生产技术科	13 193.80						
7	供应科	8 452.20						
8	办公室	43 160.50						
9	财务科	14 100.40						
10	销售科	24 236.20						
11	车队	19 200.70						
12	合　　计	564 935.00						

单位主管：孙晓红　　　　会计：李丹　　　　制表：王明

123

住房公积金计算表

序号	部门	工资	住房公积金(7%)
1	拉丝车间	54 137.10	
2	圆织车间	140 199.40	
3	制袋车间	190 980.40	
4	维修车间	45 329.00	
5	质检科	11 945.30	
6	生产技术科	13 193.80	
7	供应科	8 452.20	
8	办公室	43 160.50	
9	财务科	14 100.40	
10	销售科	24 236.20	
11	车队	19 200.70	
12	合计	564 935.00	

单位主管：孙晓红　　　　会计：李丹　　　　制表：王明

124

山东省商品销售统一发票

发票联

G：231457689123456
No.89761234

客户名称及地址：山东德胜塑编有限责任公司　　2008年12月15日

品名	规格	单位	数量	单价	金额 十万千百十元角分	备注
汽油费	93#	千克	496	5	¥2 4 8 0 0 0	
合计人民币（大写）	⊗贰仟肆佰捌拾元整				发票专用章 ¥2 4 8 0 0 0	

填票人：　　　　收款人：　　　　单位名称：

第二联　发票联

125-1

临海市商业银行进账单（回单） 3

No 8970543

2008 年 12 月 28 日　　　　　　　第　号

付款人	全称	山东华海塑料有限公司	收款人	全称	山东德胜塑编有限责任公司
	账号	370305986475213		账号	370305987654321
	开户银行	临海市工商银行		开户银行	临海市商业银行

人民币（大写）	⊗叁佰壹拾玖万零壹佰陆拾肆元整	千	百	十	万	千	百	十	元	角	分
		¥	3	1	9	0	1	6	4	0	0

票据种类	转账支票
票据张数	1

临海市商业银行
2008.12.28
转讫
(1)

单位主管　　会计　　复核　　记账　　　　收款单位开户行盖章

此联是出票人开户银行交给出票人的回单

125-2

山东德胜塑编有限责任公司发行债券汇总表

2008-12-31　　　　　　　　　字第　号

债券名称	发行对象	票面金额	发行张数	面值总额	期限	票面利率	实际利率	兑付期
山东德胜塑编有限责任公司债券	社会	1 000	3 000	3 000 000	4	12%	10%	每年12月32号付息一次
发行债券总数		3 000		实收金额			3 190 164.00	

说明

主管　　　　　　会计　　　　　　制表

126-1

增值税专用发票
发 票 联

No. 02355624
开票日期：2008 年 12 月 28 日

购货单位	名称：	山东德胜塑编有限责任公司	密码区	4356987
	纳税人识别号：	370305987654321		
	地址、电话：	临海市工业路3号，0533-2828888		
	开户银行及账户：	临海市商业银行，14140000001		

货物或应税劳务名称	规格型号	单位	数量	单价	金　额	税率	税　额
加工费					16 000.00	17％	2 720.00
合　计					16 000.00		2 720.00
价税合计（大写）	⊗壹万捌仟柒佰贰拾元整				（小写）￥18 720.00		

销货单位	名称：	临海塑编公司	备注	（临海塑编公司 税号350603001112233 发票专用章）
	纳税人识别号：	350603001112233		
	地址、电话：	临海市华光路，0533-3447429		
	开户银行及账户：	临海市建设银行，37012058363855667		

收款人：　　　复核：　　　开票人：　　　销货单位：

第二联 发票联

126-2

增值税专用发票
抵 扣 联

No. 02355624
开票日期：2008 年 12 月 28 日

购货单位	名称：	山东德胜塑编有限责任公司	密码区	4356987
	纳税人识别号：	370305987654321		
	地址、电话：	临海市工业路3号，0533-2828888		
	开户银行及账户：	临海市商业银行，14140000001		

货物或应税劳务名称	规格型号	单位	数量	单价	金　额	税率	税　额
加工费					16 000.00	17％	2 720.00
合　计					16 000.00		2 720.00
价税合计（大写）	⊗壹万捌仟柒佰贰拾元整				（小写）￥18 720.00		

销货单位	名称：	临海塑编公司	备注	（临海塑编公司 税号350603001112233 发票专用章）
	纳税人识别号：	350603001112233		
	地址、电话：	临海市华光路，0533-3447429		
	开户银行及账户：	临海市建设银行，37012058363855667		

收款人：　　　复核：　　　开票人：　　　销货单位：

第三联 抵扣联

126-3

**临海市商业银行
转账支票存根**

支票号码：No8294313

账　户＿＿＿＿＿＿＿＿＿＿＿＿＿

对方账户＿＿＿＿＿＿＿＿＿＿＿＿

出票日期 2008 年 12 月 28 日

| 收款人：临海塑编公司 |
| 金　额：￥18 720.00 |
| 用　途　加工费 |

单位主管 孙晓红　　　会计 李丹

127

材料入库单

字第　号
2008 年 12 月 28 日　　　　　　　　　单位：元

库名	编号	名称	单位	规格	入库 数量	入库 单价	入库 金额	单张据数	实收 数量	实收 金额
		扁丝	千克		20 000		206 600.00		20 000	206 600.00
		合计			20 000		206 600.00		20 000	206 600.00

发货地点＿＿＿　供应单位 临海塑编　备注＿＿＿

会计：　　　保管：　　　采购员：　　　制单：

第三联　送交财务会计

128

工程物资领料单

2008 年 12 月 28 日　　　　　编号：1

发料仓库	工程物资库	用途	安装					
领料单位	田辰安装公司							
器材编号	物资名称	规格型号	单位	数量		实际价格		
				请领	实发	单价	总价	
101-1	缠绕机						18 500.00	
供应		发料		领料单位主管		领料		

三、转财务核算

129-1

**临海市商业银行
转账支票存根**

支票号码：No8294314

账　户＿＿＿＿＿＿＿＿＿＿

对方账户＿＿＿＿＿＿＿＿＿＿

出票日期 2008 年 12 月 28 日

收款人：

金　额：￥24 000.00

用　途：支付房租

单位主管　孙晓红　　会计　李　丹

129-2

山东省商品销售统一发票

发票联　　G: 231457689654321　　No. 89764321

客户名称及地址：山东德胜塑编有限责任公司　　2008年12月28日

品名	规格	单位	数量	单价	金额 十万千百十元角分	备注
房租	90	平方米	3	8 000	¥2 4 0 0 0 0 0	
合计人民币（大写）			⊗贰万肆仟元整		¥2 4 0 0 0 0 0	

填票人：严寒　　收款人：　　单位名称：

（临海市房产公司 发票专用章）

第二联 发票联

130

工程物资领料单

2008年12月28日　　编号：2

发料仓库	工程物资库	用途	安装					
领料单位	田辰安装公司							
器材编号	物资名称	规格型号	单位	数量		实际价格		
				请领	实发	单价	总价	
101-1	备件						1 960.00	
供应		发料		领料单位主管		领料		

三、转财务核算

131-1

临海市商业银行
转账支票存根

支票号码：No8294315

账　户＿＿＿＿＿＿＿＿＿＿＿
对方账户＿＿＿＿＿＿＿＿＿＿

出票日期 2008 年 12 月 28 日

收款人：临海市安装公司
金　额：￥1 300.00
用　途　安装费

单位主管 孙晓红　　会计 李丹

131-2

建筑安装行业专用发票   No. 1234567

客户名称：山东德胜塑编有限责任公司　　2008 年 12 月 28 日

项目	单位	数量	单价	金额 千 百 十 万 千 百 十 元 角 分
支付设备安装费				1 3 0 0 0 0

人民币合计（大写）壹仟叁佰元整　　　　现金付讫　￥ 1 3 0 0 0 0

备注：建造合同号码 062312

第一联 发票

收款单位（盖章）　会计：　　复核：于立　　制单：王静

132-1

电话费使用情况表

序号	部门	电话费
1	拉丝车间	550.00
2	圆织车间	720.00
3	制袋车间	950.00
4	维修车间	350.00
5	质检科	260.00
6	生产技术科	300.00
7	供应科	750.00
8	办公室	850.00
9	财务科	220.00
10	销售科	850.00
11	车队	120.00
12	合计	5 920.00

132-2

中国网通有限公司临海分公司电话专用发票

发 票 联　　　　　　　　　No0030105

2008年12月28日

用户账号	330178627	用户名称		山东德胜塑编有限责任公司	
电话号码		话机数量	50	出账日期	2008.12
项目	金额	项目	金额	收款日期	
月租费	2 000.00	其他			
市话费	3 920.00	滞纳金			
优惠市话费					
长途费					
特服费					
上次余额	0.00	本次应缴	5 920.00元	本次余额	0
合计金额大写	人民币伍仟玖佰贰拾元整			合计金额	5 920.00元

(中国网通临海分公司 税号370301864190657 发票专用章)

132-3

临海市商业银行
转账支票存根

支票号码：No8295333

科　　目＿＿＿＿＿＿＿＿＿＿＿＿

对方科目＿＿＿＿＿＿＿＿＿＿＿＿

出票日期 2008 年 12 月 28 日

收款人：	中国网通临海分公司
金　额：	￥5 920.00
用　途	电话费

单位主管　孙晓红　　　会计　李丹

133

固定资产交接(验收)单

2008 年 12 月 29 日

固定资产编号	名称	规格	型号	计量单位	数量	建造单位	建造编号	资金来源	附属技术资料
20-7	缠绕机			台	1			自有	
总价（净值）	土建工程费	设备费	安装费	运杂费	包装费	其他	合　计	预计年限	净残值率
							21 760.00	10	5%
	附属设备或建筑					原值		已提折旧	
验收意见	合格，交生产使用		验收人签章		张玲		保管使用人签章		夏雨

134-1

临海市商业银行进账单（回单）　3

No 97865432

2008年12月29日　　第　号

付款人	全称	万马利公司	收款人	全称	山东德胜塑编有限责任公司
	账号	3456789123456		账号	14140000001
	开户银行	临海市工商银行		开户银行	临海市商业银行

人民币（大写）	⊗贰拾叁万玖仟贰佰捌拾元整	千	百	十	万	千	百	十	元	角	分
		¥	2	3	9	2	8	0	0	0	0

票据种类	转账支票
票据张数	1

临海市商业银行
2008.12.29
转讫
(1)

单位主管　会计　复核　记账　　　　收款单位开户行盖章

此联是出票人开户银行交给出票人的回单

134-2

增值税专用发票

记　账　联

No. 02345678

78912345

开票日期：2008年12月29日

购货单位	名称：	万马利公司	密码区	78912345
	纳税人识别号：	78912345678912345		
	地址、电话：	临海市东明路,0530-7730549		
	开户银行及账户：	临海市工商银行,3456789123456		

货物或应税劳务名称	规格型号	单位	数量	单价	金额	税率	税额
					204 512.82	17%	34 767.18
合计					204 512.82		34 767.18

价税合计（大写）	⊗贰拾叁万玖仟贰佰捌拾元整	（小写）¥239 280.00

销货单位	名称：	山东德胜塑编有限责任公司	备注	山东德胜塑编有限责任公司 税号370305987654321 发票专用章
	纳税人识别号：	370305987654321		
	地址、电话：	临海市工业路3号,0533-2828888		
	开户银行及账户：	临海市商业银行,14140000001		

收款人：　　复核：　　开票人：　　销货单位：

第四联 记账联

135-1

山东省临海市出口商品专用发票				出口专用	
	记账联		发票代码	137030626307q	
2008 年 12 月 29 日填制			发票号码	00081521q	
Exportername, Address			出口企业名称,地址		
TEL	8605332828888		电话	8605332828888	
to	US		致	美国	
合同号		提单号		装船口岸	qingdao china
信用证号		成交方式	c&f	目的港	莫斯科
唛头及号码	品名规格及包装	数量		单价	金额
M/N	普通袋子	800 000 条		USD0.25	USD200 000.00
	合		计		USD200 000.00

税务登记号：370305987654321　　　　　　　　　　　企业名称：（盖章）

135-2

山东德胜塑编有限责任公司普袋出库单

2008 年 12 月 29 日

产品名称	计量单位	数 量	单位成本	金 额
普 袋	条	800 000		

会计：　　　　　保管：　　　　　提货人：　　　　　制单：

135-3

出口退税额计算单

2008 年 12 月 31 日

当期内销货物的销项税额	当期进项税额	当期免抵退税不得免征和抵扣税额	当期应纳税额
出口货物离岸价	外汇人民币牌价	出口货物退税率	免抵退税额抵减额	免抵退税额
免税购进原材料价格		出口货物退税率		免抵退税额抵减额
应退税额		应纳税额		

主管：　　　　　会计：　　　　　制表：

135-4

临海市建设银行进账单(回单) 3

No 97865432

2008年12月29日　　　　第　　号

付款人	全称	美国ES公司	收款人	全称	山东德胜塑编有限责任公司
	账号			账号	17170000001
	开户银行			开户银行	临海市建设银行

USD200 000.00

千百十万千百十元角分
$ 2 0 0 0 0 0 0 0

票据种类	转账支票
票据张数	1

临海市建设银行
2008.12.29
转讫
(1)

单位主管　会计　复核　记账　　　　收款单位开户行盖章

此联是出票人开户银行交给出票人的回单

136

待摊费用分配表

2008年12月29日

项目 部门	保险费			报刊订阅费			合计
	实付额	分摊月数	本月摊销额	实付额	分摊月数	本月摊销额	
车队			7 600				
办公室			8 000			2 100	
—						—	
合计			15 600			2 100	

137-1

临海市商业银行
转账支票存根

支票号码：No.8294316

账　　户＿＿＿＿＿＿＿＿＿＿＿＿

对方账户＿＿＿＿＿＿＿＿＿＿＿＿

出票日期 2008 年 12 月 29 日

收款人	本单位
金　额	¥204 000.00
用　途	支付福利费

单位主管 孙晓红　　会计 李丹

137-2

山东省商品销售统一发票

发票联

G：231457681234567
No.89761234

客户名称及地址：山东德胜塑编有限责任公司　　2008 年 12 月 29 日

品名	规格	单位	数量	单价	金额 百十万千百十元角分	备注
花生油	5千克	桶	1 020	100.00	¥1 0 2 0 0 0 0 0	
合计人民币（大写）	⊗壹拾万零贰仟元整				¥1 0 2 0 0 0 0 0	

填票人 严寒　　收款人：　　单位名称：

第二联　发票联

137-3

山东省商品销售统一发票
发 票 联

G: 231457681234568
No. 89761235

客户名称及地址：山东德胜塑编有限责任公司　　　2008 年 12 月 29 日

品 名	规 格	单 位	数 量	单 价	金 额（百十万千百十元角分）	备 注
刀鱼	5千克	盒	1020	100.00	¥ 1 0 2 0 0 0 0 0	
合计人民币（大写）		⊗壹拾万零贰仟元整			¥ 1 0 2 0 0 0 0 0	

填票人：严 寒　　　　收款人：　　　　　　单位名称：

（第二联 发票联）

138-1

增值税专用发票
记 账 联

45671234

No. 02388796

开票日期：2008 年 12 月 29 日

购货单位	名称：	科迪有限责任公司					密码区	45671234	
	纳税人识别号：	350603001189765							
	地址、电话：	临海市晏婴路40号,0533-8795429							
	开户银行及账户：	临海市工商银行,12345678363803366							
货物或应税劳务名称	规格型号	单位	数量	单价	金 额	税率	税 额		
普通袋		条	100 000.00	1.5	150 000.00	17%	25 500.00		
合 计					150 000.00		25 500.00		
价税合计（大写）	⊗壹拾柒万伍仟伍佰元整				（小写）¥ 175 500.00				
销货单位	名称：	山东德胜塑编有限责任公司					备注		
	纳税人识别号：	370305987654321							
	地址、电话：	临海市工业路3号,0533-2828888							
	开户银行及账户：	临海市商业银行,14140000001							

收款人：　　　复核：　　　开票人：　　　　　　销货单位：

（第四联 记账联）

138-2

委托收款凭证（回单）

委托号码：0004657

委托日期：2008 年 12 月 29 日

委邮　1

收款单位	全称	山东德胜塑编有限责任公司		付款单位	全称	科迪有限责任公司
	账号或地址	14140000001			账号或地址	654321987765432
	开户银行	临海市商业银行	行号 45678		开户银行	临海市建设银行

委收金额	人民币（大写）	壹拾捌万零叁佰元整	千百十万千百十元角分 ¥ 1 8 0 3 0 0 0 0

款项内容	货款及运费	委托收款凭据名称		附寄单证张数	3

备注： 公路运输	款项收托日期 年 月 日	收款单位开户银行盖章

此联收款单位开户行给收款单位的回单

138-3

临海市商业银行
转账支票存根

支票号码：No8294317

账　户＿＿＿＿＿＿＿＿＿＿＿

对方账户＿＿＿＿＿＿＿＿＿＿

出票日期 2008 年 12 月 29 日

收款人：

金　额：¥4 800.00

用　途　代垫运费

单位主管　孙晓红　　会计　李丹

138-4

山东德胜塑编有限责任公司普袋出库单

2008 年 12 月 29 日

产品名称	计量单位	数　量	单位成本	金　额
普袋	条	100 000		

保管员：　　　　　　　提货员：　　　　　　　会计主管

139-1

临海市商业银行进账单（回单）　3

No 97865433

2008 年 12 月 29 日　　　第　　号

付款人	全称	兰美化工厂	收款人	全称	山东德胜塑编有限责任公司
	账号	23456789123456		账号	14140000001
	开户银行	临海市工商银行		开户银行	临海市商业银行

人民币大写	⊗叁仟贰佰柒拾陆元整	千	百	十	万	千	百	十	元	角	分
					¥	3	2	7	6	0	0

票据种类	转账支票	临海市商业银行 2008.12.29 转讫 (1)
票据张数	1	

单位主管　　会计　　复核　　记账　　　　　　收款单位开户行盖章

此联是出票人开户银行交给出票人的回单

139-2

增值税专用发票

No. 02355624

记 账 联

开票日期：2008 年 12 月 29 日

购货单位	名称：	兰美化工厂							密码区
	纳税人识别号：	350603001112233							
	地址、电话：	临海市中心路5号，7658429							
	开户银行及账户：	临海市工商银行，23456789123456							

货物或应税劳务名称	规格型号	单位	数量	单价	金 额	税率	税 额
废旧材料					2 800.00	17%	476.00
合　计					2 800.00		476.00
价税合计（大写）	⊗叁仟贰佰柒拾陆元整					（小写）¥ 3 276.00	

销货单位	名称：	山东德胜塑编有限责任公司	备注
	纳税人识别号：	370305987654321	
	地址、电话：	临海市工业路3号，0533-2828888	
	开户银行及账户：	临海市商业银行，14140000001	

收款人：　　复核：张 丽　　开票人：王 成　　销货单位：

139-3

出 库 单

用途：销售　　2008 年 12 月 29 日　　字第 1701 号

品　名	规格型号	单 位	数　量		单 价	金 额
			请领	实领		
废料						2 800
物料号码	备注：					

领料部门负债人：×××　　领料人：×××　　会计：××　　发料人：××

140-1

山东省临海市服务业、娱乐业、文化体育业通用发票（卷）

发 票 联

密码
发票代码　237030600100
发票号码　0002612209
机打票号　0002612209
机器编号　999020067740000
收款单位
税务登记号　370305789612345
开票日期　20081229　　　　　　　　　　　收款员　1
付款单位　山东德胜塑编有限责任公司
经营项目　　　　　　　　　　　　　　　　金额　39 800.00
餐饮费

合计(小写) 39 800.00
合计(大写) 叁万玖仟捌佰元整
税控码　　140481027012345000000
　　　　　奖区　　　　　　　　　　　　　　密码

（顺风大酒店 税号370305789612345 发票专用章）

140-2

临海市商业银行
转账支票存根

支票号码：No8294318
账　　户_____
对方账户_____
出票日期 2008 年 12 月 29 日

收款人：顺风大酒店
金　额：￥39 800.00
用　途：付招待费

单位主管　孙晓红　　　会计　李 丹

141-1

临海市商业银行进账单（回单）   3

No 9726653

2008年12月29日   第　号

付款人	全称	科迪有限责任公司	收款人	全称	山东德胜塑编有限责任公司
	账号	654321987765432		账号	14140000001
	开户银行	临海市建设银行		开户银行	临海市商业银行

人民币大写 ⊗ 壹拾陆万零叁佰元整

千	百	十	万	千	百	十	元	角	分
¥	1	6	0	3	0	0	0	0	0

票据种类	转账支票
票据张数	1

临海市商业银行
2008.12.29
收讫
(1)

收款单位开户行盖章

单位主管　　会计　　复核　　记账

此联是出票人开户银行交给出票人的回单

141-2

销售折让计算单

客户名称	销售收入	折让比例	折让金额	销项税额
科迪有限责任公司	150 000		20 000	没有开具红字发票，对方抵扣联未送回

单位主管：孙晓红　　　　会计：李丹　　　　销售部门主管：

142-1

中国银行企业借款借据(收账通知)

借款企业名称：山东德胜塑编有限责任公司　　2008 年 12 月 1 日

借款种类	项目贷款	贷款账号		存款账号	15150000001

借款金额　人民币(大写)肆拾贰万元整　　￥420000.00

借款用途：项目贷款

约定还款期限：期限为24个月，于2010年12月29日到期

上列借款已批准发放，临海市中国银行 2008.12.01 付讫（银行签章）

单位分录：
借：……………………
贷：……………………
主管　会计　复合　记账

此联转账后送还借款单位

142-2

增值税专用发票

12344321　　　发　票　联　　No. 02355778
　　　　　　　　　　　　　开票日期：2008 年 12 月 29 日

购货单位	名称：	山东德胜塑编有限责任公司				密码区	12344321
	纳税人识别号：	370305987654321					
	地址、电话：	临海市工业路3号,0533-2828888					
	开户银行及账户：	临海市商业银行,14140000001					

货物或应税劳务名称	规格型号	单位	数量	单价	金额	税率	税额
闭口袋机					358 974.36	17%	61 025.64
合　计					358 974.36		61 025.64
价税合计(大写)	⊗肆拾贰万元整					(小写) ￥420 000.00	

销货单位	名称：	宏达塑编机械厂	备注	宏达塑编机械厂 税号 370908345678912 发票专用章
	纳税人识别号：	370908345678912		
	地址、电话：	临海市八一路,0533-7897897		
	开户银行及账户：	临海市中国银行,7878787878787		

收款人：　　复核：张丽　　开票人：王成　　销货单位：

第二联 发票联

142-3

12344321

增值税专用发票
抵 扣 联

No. 02355778

开票日期：2008 年 12 月 29 日

购货单位	名称：	山东德胜塑编有限责任公司			密码区	12344321
	纳税人识别号：	370305987654321				
	地址、电话：	临海市工业路3号,0533-2828888				
	开户银行及账户：	临海市商业银行,14140000001				

货物或应税劳务名称	规格型号	单位	数量	单价	金额	税率	税额
阀口袋机					358 974.36	17%	61 025.64
合　计					358 974.36		61 025.64

价税合计(大写)	⊗肆拾贰万元整	(小写) ￥420 000.00

销货单位	名称：	宏达塑编机械厂	备注	宏达塑编机械厂 税号 370908345678912 发票专用章
	纳税人识别号：	370908345678912		
	地址、电话：	临海市八一路,0533-7897897		
	开户银行及账户：	临海市中国银行,787878787878787		

收款人： 　　　复核：张 丽　　　开票人：王 成　　　销货单位：

142-4

固定资产交接(验收)单

2008 年 12 月 2 日

固定资产编号	名称	规格	型号	计量单位	数量	建造单位	建造编号	资金来源	附属技术资料
C13	阀口袋机			台	1				
总价(净值)	土建工程费	设备费	安装费	运杂费	包装费	其他	合　计	预计年限	净残值率
							420 000.00	10	5%
	附属设备或建筑						原值	已提折旧	
验收意见	合格,交办公室使用			验收人签章	刘达		保管使用人签章	刘三	

142-5

临海市商业银行
转账支票存根

支票号码：No4347706

账　　户 _____

对方账户 _____

出票日期 2008 年 12 月 29 日

收款人	宏达塑编机械厂
金　额	￥420 000.00
用　途	支付闭袋机价款

单位主管　孙晓红　　　会计　李　丹

143-1

临海市建设银行（工业路支行）收款通知

日期：2008 年 12 月 29 日　　　　套号：1/3

客户名称		山东德胜塑编有限责任公司		
外币账号		人民币账号		17170000001
结汇金额		牌价		折合人民币金额
USD150 000.00		7.73		￥1 159 500.00
境外银行扣费		我行扣费：￥4 333.00		付款人 INDCO1 CO. LTD
核销单编号		79570582		
客户参考号		出口押汇利息		出口押汇本金 USD150 000.00
摘要	汇入解付	0101ir07001288	审报号	370300007801070322n021
流水号	10102514	经办人	fang	复核　LDF

（临海市商业银行 转讫 (1)）

143-2

临海市建设银行 电汇凭证（回单）

第 2221 号

委托日期 2008 年 12 月 29 日　　应解汇款编号

汇款人	全称	山东德胜塑编有限责任公司	收款人	全称	山东德胜塑编有限责任公司
	账号或住址	17170000001		账号或住址	14140000001
	汇出地点	山东	汇出行名称	建设银行	汇入地点 山东　汇入行名称 商业银行

金额	人民币（大写）	壹佰壹拾伍万玖仟伍佰元整	千 百 十 万 千 百 十 元 角 分
			￥ 1 1 5 9 5 0 0 0 0

汇款用途：归还长期借款

留行待取预留
收款人印鉴
临海市建设银行
2008.12.29
收讫(1)

款项已收入收款人账户	款项已收妥	账户（借）_____ 对方账户（贷）_____
汇入行盖章	收款人盖章	汇入行解汇日期 2008 年 12 月 30 日 复核×××　　出纳××
2008 年 12 月 30 日	2008 年 12 月 30 日	记账×××

此联给付款人的回单

143-3

临海市商业银行 进账单（回单）　3

No 9726650

2008 年 12 月 29 日　　第　号

付款人	全称	山东德胜塑编有限责任公司	收款人	全称	山东德胜塑编有限责任公司
	账号	17170000001		账号	14140000001
	开户银行	建设银行		开户银行	临海市商业银行

人民币（大写）	⊗壹佰壹拾伍万玖仟伍佰元整	千 百 十 万 千 百 十 元 角 分
		￥ 1 1 5 9 5 0 0 0 0

票据种类	电汇
票据张数	1

临海市商业银行
2008.12.29
收讫(1)

单位主管　　会计　　复核　　记账　　　　　　收款单位开户行盖章

此联是出票人开户银行交给出票人的回单

144-1

增值税专用发票

56785679

记 账 联

No. 02355624

开票日期：2008 年 12 月 29 日

购货单位	名称：	华旗贸易公司				密码区	56785679	
	纳税人识别号：	87654321987654						
	地址、电话：	临海市东山路 105 号，0453-7665432						
	开户银行及账户：	临海市商业银行，141414141414141						

货物或应税劳务名称	规格型号	单位	数量	单价	金　额	税率	税　额	第四联记账联
三合一编织袋		条	700 000	2.1	1 470 000.00	17%	249 000.00	
合　计					1 470 000.00		249 000.00	
价税合计（大写）	⊗壹佰柒拾壹万玖仟元整				（小写）¥1 719 000.00			

销货单位	名称：	山东德胜塑编有限责任公司	备注	（发票专用章：山东德胜塑编有限责任公司 税号370305987654321）
	纳税人识别号：	370305987654321		
	地址、电话：	临海市工业路 3 号，0533-2828888		
	开户银行及账户：	临海市商业银行，14140000001		

收款人：　　　　复核：　　　　开票人：　　　　销货单位：

144-2

山东德胜塑编有限公司三合一编织袋出库单

2008 年 12 月 29 日

产品名称	计量单位	数　量	单位成本	金　额
三合一编织袋	条	700 000		

保管员：　　　　提货员：　　　　会计主管：

145-1

公路、内河货物运输业统一发票
发 票 联

备查号
开票日期 2008-12-29

发票代码：237050611102
发票号码：00006754

机打代码	237050611102	税控码	
机打号码	00006754		
机器编号			
收货人及纳税人识别号	晋北石化公司 350603999999999	承运人及纳税人识别号	临海诚信汽运公司 370303001112598
发货人及纳税人识别号	山东德胜塑编有限责任公司 370305987654321	主管税务机关及代码	237789503
运输项目及金额	货物名称 数量 运费金额	其他项目及金额	装卸费 3 567.20	备注（手写无效）
运费小计		其他费用小计	￥3 567.20
合计（大写）	叁仟伍佰陆拾柒元贰角整	（小写）￥3 567.20
代开单位及代码		扣缴税额、税率 完税凭证号码	税号 37030300112598
收款人：			开票单位：××× 发票专用章

第二联 发票联 付款方记账凭证

145-2

临海市商业银行
转账支票存根

支票号码：No 8294319

账　　户 _____
对方账户 _____

出票日期 2008 年 12 月 29 日

收款人：临海诚信汽运公司
金　额：￥3 567.20
用　途：支付装卸费

单位主管 孙晓红　　会计 李丹

146

中国银行 存款利息通知单　代收款通知

No 02383456
第三联

存款账户户名：山东德胜塑编有限责任公司	账号：370305987654321
利息计算时间： 2008 11月30日 起　12月31日 止	存列存款利息已转入你单位账户。
计息积数共计：　　　利率：	
利息金额(大写) 壹仟贰佰柒拾贰元壹角陆分	开户银行盖章
附记：　　　　　　￥1 272.16	2008 年 12 月 29 日

会计8号　　事后监督7号　　复核9号　　制单10号

147-1

收款凭证　　　　　　　　　No 0006789

收款日期　2008 年 12 月 30 日

收款单位	山东德胜塑编有限责任公司	交款单位 釜山包装		
收款项目	单位	数量	单价	金额	备注
预收货款				80 000.00	购三台一编织袋

合计(大写) 人民币捌万元整　　　(小写) ￥80 000.00

主管　　　　　　经手人

147-2

临海市商业银行 进账单(回单) 3　　No: 9726653

委托日期 2008 年 12 月 29 日　　　　第　号

付款人	全称	釜山包装制品公司	收款人	全称	山东德胜塑编有限责任公司
	账号	567895678912345		账号	14140000001
	开户银行	釜山市建设银行		开户银行	临海市商业银行
金额	人民币(大写) ⊗ 捌万元整		千 百 十 万 千 百 十 元 角 分 ￥ 8 0 0 0 0 0 0		
票据种类	转账支票		临海市商业银行 2008.12.29 收讫 (1) 收款单位开户行盖章		
票据张数	1				
单位主管　会计　复核　记账					

此联是出票人开户银行交给出票人的回单

148-1

增值税专用发票

No. 02355624

34125678　　记账联　　开票日期：2008年12月30日

购货单位	名称：	北银包装材料公司					密码区	34125678	
	纳税人识别号：	765478934521678							
	地址、电话：	陕北市南一路5号，7653489							
	开户银行及账户：	陕北市建设银行，731655423879654							
货物或应税劳务名称	规格型号	单位	数量	单价	金　额	税率	税　额	
三合一编织袋		条	850 000	2.30	1 955 000.00	17%	332 350.00	
合　计					1 955 000.00		332 350.00	
价税合计(大写)	⊗贰佰贰拾捌万贰仟叁佰伍拾元整　　(小写) ￥2 287 350.00							
销货单位	名称：	山东德胜塑编有限责任公司					备注	（发票专用章：山东德胜塑编有限责任公司　税号370305987654321）
	纳税人识别号：	370305987654321						
	地址、电话：	临海市工业路3号，0533-2828888						
	开户银行及账户：	临海市商业银行，14140000001						

收款人：　　复核：×× 　　开票人：×× 　　销货单位：

第四联 记账联

148-2

银行承兑汇票（卡片）

票日期(大写) 贰零零捌年壹拾贰月叁拾日　　第　号

付款人	全称	北银包装材料公司			收款人	全称	山东德胜塑编有限责任公司		
	账号或住址	731655423879654				账号或住址	141400000		
	开户行	建行	行号	7316		开户行	临海市商业银行	行号	3703
出票金额	人民币(大写)	玖拾伍万元整					千百十万千百十元角分 ￥9 5 0 0 0 0 0 0		
汇票到期日					交易合同号码				
本汇票一经承兑到期无条件付款					本汇票请予以承兑于到期日付款 （临海市商业银行 2008.12.30 收讫(1) 出票人签章）				
承兑人签章									
承兑日期　2008年12月30日									

此联承兑人留存

148-3

山东德胜塑编有限公司三合一编织袋出库单

2008 年 12 月 30 日

产品名称	计量单位	数量	单位成本	金额
三合一编织袋	条	850 000		

保管员　　　　　　提货员　　　　　　会计主管

149-1

增值税专用发票

No. 02355624

45671234　　　记账联　　开票日期：2008 年 12 月 30 日

购货单位	名称：	北银包装材料公司						密码区	45671234		第四联 记账联
	纳税人识别号：	765478934521678									
	地址、电话：	陕北市南一路5号, 7653489									
	开户银行及账户：	陕北市建设银行, 731655423879654									
货物或应税劳务名称	规格型号	单位	数量	单价	金额	税率	税额				
普通袋子		条	100 000	1.30	130 000.00	17%	22 100.00				
合　计					130 000.00		22 100.00				
价税合计（大写）	⊗壹拾伍万贰仟壹佰元整					（小写）￥152 100.00					
销货单位	名称：	山东德胜塑编有限责任公司						备注			
	纳税人识别号：	370305987654321									
	地址、电话：	临海市工业路3号, 0533-2828888									
	开户银行及账户：	临海市商业银行, 14140000001									

收款人：　　　复核：××　　　开票人：××　　　销货单位：

149-2

临海市商业银行进账单（回单） 3　No: 9726653

委托日期 2008 年 12 月 29 日　　　　第　号

付款人	全称	北银包装材料公司	收款人	全称	山东德胜塑编有限责任公司
	账号	731655423879654		账号	14140000001
	开户银行	陕北市建设银行		开户银行	临海市商业银行

金额	人民币（大写）	⊗壹拾伍万贰仟壹佰元整	千	百	十	万	千	百	十	元	角	分
				¥	1	5	2	1	0	0	0	0

票据种类	转账支票
票据张数	1

单位主管　　会计　　复核　　记账

临海市商业银行
2008.12.30
收讫
(1)

收款单位开户行盖章

此联是出票人开户银行交给出票人的回单

149-3

山东德胜塑编有限公司普袋出库单

2008 年 12 月 30 日

产品名称	计量单位	数量	单位成本	金额
普袋	条	10 万		

保管员　　　　　提货员　　　　　会计主管

150-1

临海市商业银行
转账支票存根

支票号码：No8294320

账　　户＿＿＿＿＿＿＿＿＿＿＿＿

对方账户＿＿＿＿＿＿＿＿＿＿＿＿

出票日期 2008 年 12 月 29 日

收款人：临海市培训学校
金　额：￥12 000.00
用　途　培训费

单位主管　孙晓红　　　会计　李丹

150-2

行政事业单位收款收据

2008 年 12 月 30 日　　　　No.1200000

收款单位	临海市培训学校	交款单位	山东德胜塑编有限责任公司	金　额								
				百	十	万	千	百	十	元	角	分
金额（大写）	壹拾贰仟元整				￥	1	2	0	0	0	0	0
事　由	管理培训费											

第二联　收据联

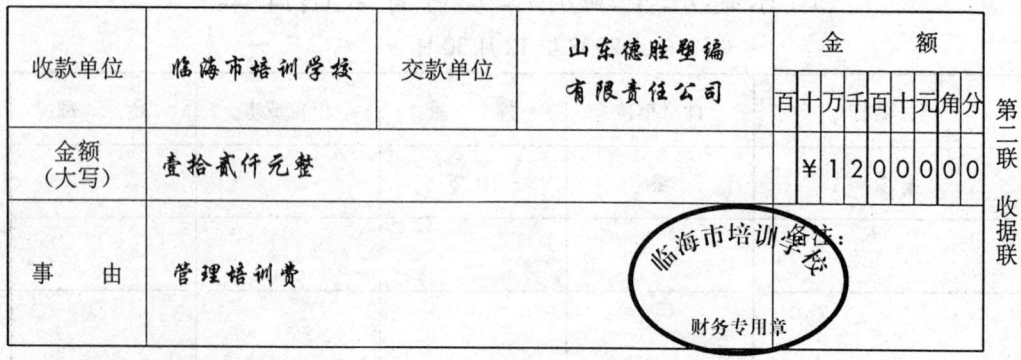

会计主管：王明　　　收款人：丁凡　　　制单：张青

151-1

临海市商业银行 电汇凭证（回单）

第 2254 号

委托日期 2008 年 12 月 30 日   应解汇款编号

汇款人	全称	山东德胜塑编有限责任公司	收款人	全称	
	账号或住址	14140000001		账号或住址	
	汇出地点	山东	汇出行名称	商业银行	汇入地点	汇入行名称	中国银行

金额	人民币（大写）	伍佰万元整	¥ 5 0 0 0 0 0 0 0 0

汇款用途：归还长期借款   留行待取预留收款人印鉴

款项已收入收款人账户	款项已收妥 临海市商业银行 收款人盖章 转讫(1) 2008年12月30日	账户(借)_____ 对方账户(贷)_____ 汇入行解汇日期 2008 年 12 月 30 日 复核××× 出纳×× 记账×××
汇入行盖章 2008 年 12 月 30 日		

此联给付款人的回单

151-2

临海市中国银行 进账单（回单）

3 No: 9726653

委托日期 2008 年 12 月 29 日   第 号

汇款人	全称	临海市中国银行	收款人	全称	山东德胜塑编有限责任公司
	账号			账号	15150000001
	开户银行			开户银行	临海市商业银行

金额	人民币（大写）	⊗伍佰万元整	¥ 5 0 0 0 0 0 0 0 0

票据种类		账户	
归还银行借款	临海市中国银行 2008.12.30 转讫(1) 银行(盖章)	对方账户 复核员	记账员

此联是出票人开户银行交给出票人的回单

152-1

临海市河道维护、污水治理专项收款收据

2008年12月30日　　　　　　　　　　No. 1200000

收款单位	临海市水务局	交款单位	山东德胜塑编有限责任公司	金　额 百十万千百十元角分
金额（大写）	人民币壹拾贰万元整			￥120000 00
事　由	河道维护费		（临海市水务局 财务专用章）	

会计主管：吴用　　　　收款人：王　　　　制单：张

二 收据联

152-2

临海市商业银行
转账支票存根

支票号码：No8294321

账　户＿＿＿＿＿＿＿＿

对方账户＿＿＿＿＿＿＿＿

出票日期 2008 年 12 月 30 日

收款人：临海市水务局

金　额：￥120 000.00

用　途：付河道维护费

单位主管 孙晓红　　会计 李丹

153-1

临海市行政事业单位收款收据

2008 年 12 月 30 日　　　　　　　　No.1200000

收款单位	临海市计生委	交款单位	山东德胜塑编有限责任公司	金　　额
				百十万千百十元角分
金额（大写）	人民币叁仟贰佰伍拾元整			￥325000
事　由	药品			

第二联　收据联

会计主管：张明　　　　收款人：王一　　　　（临海市计生委财务专用章）　　　制单：牛会

153-2

临海市商业银行
转账支票存根

支票号码：No8294322

账　户 _____

对方账户 _____

出票日期 2008 年 12 月 30 日

收款人：	临海市计生委
金　额：	￥3 250.00
用　途：	购买药品
单位主管 孙晓红	会计 李丹

154

领款申请单

2008 年 12 月 31 日

申请领款人：魏小刚	金额：人民币壹佰贰拾陆元整	事由：遗属补助费支出
总经理批示：同意		部门经理：同意

会计主管：孙晓红　　　　　　　　　　出纳：周明

155

山东省幼儿园、托儿所收费专用收据 No：0789123

2008年12月22日

儿童姓名	费小凡	儿童年龄			
收费项目	金额				
管 理 费	600	其中:父母双方单位报销数			备注
代 办 费					
保 育 费					
伙 食 费		现金付讫	临海市实验幼儿园 财务专用章		
杂 费					
合 计	￥600				
人民币大写 陆百元整					

负责人： 经手人：

第三联 儿童父亲单位

156-1

固定资产盘点盈亏报告表

2008年12月30日

固定资产名称	固定资产型号规格	盘 盈			盘 亏			原 因
		数量	重置价值	估计折旧	数量	原始价值	已提折旧	
切割机					1	26 000	12 000	账外资产
处理意见	清查小组 调整账面价值并报批 签章：吕灵		设备部门 设备内部转移手续不完备所致 签章：周俊		领导审批 签章： 年 月 日			

复核： 制表：

第一联 报批前记账

156-2

固定资产盘点盈亏报告表

2008年12月30日

固定资产名称	固定资产型号规格	盘盈			盘亏			原因
		数量	重置价值	估计折旧	数量	原始价值	已提折旧	
切割机					1	26 000	12 000	
处理意见	清查小组 调整账面价值并报批 签章：吕灵		设备部门 设备内部转移手续不完备所致 签章：周俊		领导审批 同意转做营业外支出 签章：周明　年　月　日			

复核：　　　　　　　　　　　　　　　　　　　　　　制表：

第二联　报批前记账

157-1

临海市商业银行
转账支票存根

支票号码：No8294323

账　　户_____

对方账户_____

出票日期 2008年12月30日

收款人：

金　额：￥52 500.00

用　途：改扩建支出

单位主管 孙晓红　　会计 李丹

157-2

临海市商业银行进账单（收账通知） 3

委托日期 2008 年 12 月 29 日　　　第　号

汇款人	全称	宏达塑编机械厂	收款人	全称	山东德胜塑编有限责任公司	此联是出票人开户银行交给出票人的收账通知
	账号	7878787878787		账号	14140000001	
	开户银行	中国银行		开户银行	商业银行	

金额	人民币（大写）	肆仟伍佰元整	千	百	十	万	千	百	十	元	角	分
							¥	4	5	0	0	0

票据种类	转账支票
票据张数	1

单位主管×××　　会计××
复核××　　　　记账×××

出票人开户行盖章

158

现金收款收据

2008 年 12 月 30 日　　　　　　　　No. 1200233

收款单位	市广告公司	交款单位	山东德胜塑编有限公司	金额								第二联 收据联
				百	十	万	千	百	十	元	角	分
金额（大写）	人民币叁仟贰佰元整						¥	3	2	0	0	0
事由	党务宣传费	现金付讫										

会计主管：王亮　　　收款人：丁一　　　制单：李丹

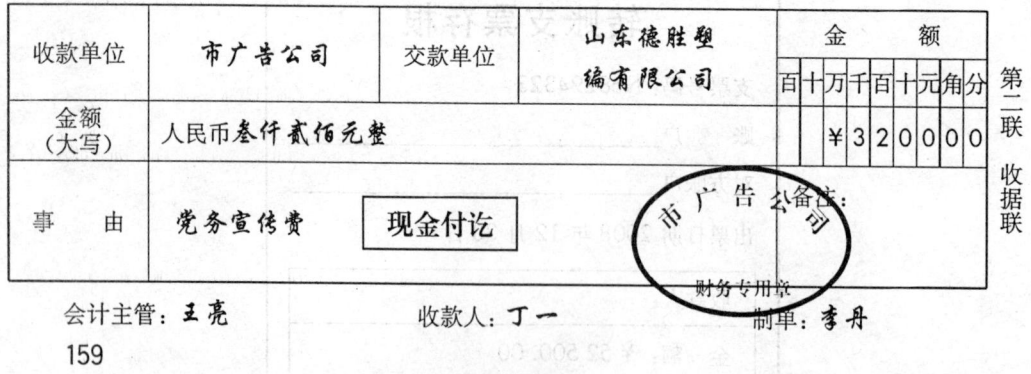

159

无形资产摊销

项目	原值	摊销年限	月摊销额
土地使用权	10 000 000.00	50	16 666.67

160-1

无形资产摊销

项 目	原 值	摊销年限	月摊销额
专利权五合一	156 104.55	10	1 300.87

160-2

无形资产摊销

项 目	原 值	摊销年限	月摊销额
专 利 权	500 000.00	10	4 166.67

161

无形资产摊销

项 目	原 值	摊销年限	月摊销额
非专利技术	160 000.00	6	2 222.22

162

期末汇兑损益计算单

资 产 类 账 户					负 债 类 账 户				
外币户	汇率	借贷		折算为人民币金额	外币户	汇率	借贷		折算为人民币金额
		借	贷	借 贷			借	贷	借 贷
期初余额					期初余额				
本期发生额					本期发生额				
期末余额					期末余额				
汇 兑 损 益					金 额				

会计主管　　　　　　　　　　　　　　　　　　会计

163

收 料 单

材料账户：*材料*
材料类别：*原料及主要材料*
供应单位：*东宁石化公司*　　2008 年 12 月 31 日

编号：028
收料仓库：*1号仓库*
发票号码：

材料编号	材料名称	规格	计量单位	数量		实际价格				计划价格	
				应收	实收	单价	发票金额	运费	合计	单价	金额
001	母料		千克	100 000	100 000	3.1	31 000	1 000	32 000		

备 注

采购员：×× 　　检验员：×× 　　记账员：×× 　　保管员：××

164

收 料 单

材料账户：*材料*
材料类别：*原料及主要材料*
供应单位：*兰州物美纸业公司*　　2008 年 12 月 31 日

编号：028
收料仓库：*2号仓库*
发票号码：

材料编号	材料名称	规格	计量单位	数量		实际价格				计划价格	
				应收	实收	单价	发票金额	运费	合计	单价	金额
007	牛皮纸		千克	160 000	160 000	4.95	792 000		792 000		

备 注

采购员：×× 　　检验员：×× 　　记账员：×× 　　保管员：××

165-1

北京时代有限公司股利分派单			
2008年12月31日			
股　东	山东德胜塑编有限责任公司	股票种类	普通票	备注
股份数	40 000 股	每股分派股利	1.00 元	
分派股利合计人民币(大写) 肆万元整	￥40 000.00		
股利结付方式	电汇		
主管		记账　复核　制单		

165-2

中国银行电汇凭证(收款通知)　4

2008年12月31日　　　　　　第0982号

汇款人	全　称	山东德胜塑编有限责任公司	收款人	全　称	北京时代有限公司
	账　号	14140000001		账　号	16060036123400012
	开户银行	临海市商业银行		开户银行	北京市中国银行
金额	人民币(大写) 肆万元整				千百十万千百十元角分　￥4 0 0 0 0 0 0
汇款用途：分派股利			留行待取预留收款人印鉴		

临海市商业银行
2008.12.31
上述款项已代进账，如有错误，
请持此联来行面洽　转讫(1)
(汇入行盖章)
2008年12月31日

上述款项已照收无误

(收款人盖章)
2008年12月31日

复核　记账

此联是收款人开户银行给收款人的回单

166

破产宣告裁定书

债务人：科迪有限责任公司
营业地点：临海市遄台路3号
法定代表人：黄达，董事长

对上述债务人的2008年（破）字第56号破产申请，法院作出以下裁定：
债务人为破产人。

理由：自债权人宏达化工有限公司提起破产申请以来，经本院查明债务人全部资产收入为31 360 000元，而受理破产申请时负债总额已有53 560 000元，已不能清偿，现债务人负债总额已增至53 610 000元。本院受理本案后，经债务人上级主管部门临海市化工集团公司申请整顿，债务人与债权人会议已于2008年10月20日达成和解协议。但在整顿期间，债务人财务状况继续恶化，债权人会议重新申请终结整顿宣告债务人破产。本院确认债权人会议申请理由充分，适用《中华人民共和国企业破产法》第21条和23条的规定，作出如上裁定。

同时，对本案件，依照企业破产法第9条、第14条、第22条和第24条规定，决定如下：
一、成立破产清算组，该机构负责人王三。
二、重新申报债权，债权申报日期定为2008年12月31日至2009年3月30日；地点为本庭。
三、破产宣告后首次债权会议日期定为2008年4月5日至本庭。
四、债权调查日期定为2008年4月5日至2008年 30日。

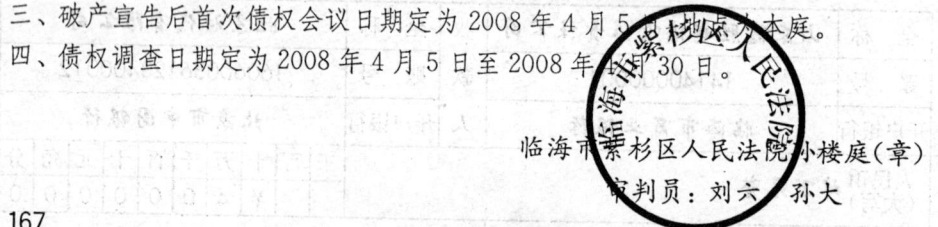

临海市紫杉区人民法院小楼庭（章）
审判员：刘六 孙大

167

坏账准备计提表

2008年12月31日

账户名称	期末余额	计提比例	提取金额	备注
		5‰		
合计				

主管　　　　会计　　　　复核　　　　制表

168

固定资产折旧计算表

2008年12月25日

使用部门	固定资产分类	本月应计提固定资产原值	折旧率	折旧额
拉丝车间	厂房	807 150		
	机器设备	6 770 000		
	运输工具			
	电气设备	9 800		
	小　　计	7 586 950		
圆织车间	厂房	2 395 400		
	机器设备	4 970 000		
	运输工具			
	电气设备			
	小　　计	7 365 400		
制袋车间	厂房	798 000		
	机器设备	5 627 000		
	运输工具			
	电气设备			
	小　　计	6 425 000		
辅助生产	厂房	1 190 000		
	机器设备	1 060 000		
	运输工具	547 000		
	电气设备	622 700		
	小　　计	3 419 700		

(续表)

使用部门	固定资产分类	本月应计提固定资产原值	折旧率	折旧额
管理费用	厂房	2 520 000		
	机器设备			
	运输工具	53 980		
	电气设备	150 000		
	小计	2 723 980		
销售费用	厂房	719 000		
	机器设备			
	运输工具	765 000		
	电气设备	35 000		
	小计	1 519 000		
福利费用	厂房	130 000		
	机器设备			
	运输工具			
	电气设备			
	小计	130 000		
投资性房地产	厂房及建筑物	3 000 000		
	机器设备			
	运输工具			
	电气设备			
	小计	3 000 000		
出租房地产	厂房			
	机器设备			
	运输工具			
	电气设备			
	小计			

169

无形资产减值准备计提表

2008 年 12 月 31 日

账户名称	账面原值	可收回价值	提取金额	备注

主管　　　　　　会计　　　　　　复核　　　　　　制表

170

投资性房地产减值准备计提表

2008 年 12 月 31 日

账户名称	账面原值	可收回价值	提取金额	备注

主管　　　　　　会计　　　　　　复核　　　　　　制表

171

印花税计算表

2008 年 12 月 31 日

项目名称	发生额	计提比例	金额	备注
销售合同金额	8 200 000.00	0.3‰		
采购合同金额	7 500 000.00	0.3‰		
合　计				

主管　　　　　　负责人　　　　　　制单

172

预提银行借款利息计算表

2008 年 12 月 31 日

借款种类	积 数	利 率	本月应提利息	备 注
流动资金借款	13 400 000	0.854%	114 436.00	
长期借款	7 620 000	1.2798333%	97 533.30	
合 计			211 959.30	

主管　　　　　　会计　　　　　　复核　　　　　　制表

173

存货减值准备计提表

2008 年 12 月 31 日

项目名称	期末账面价值	市价金额	减值准备	恢复金额	备 注
聚丙烯(PP)	4 500 000.00	4 490 000.00	10 000.00		
牛皮纸	76 500.00	74 500.00	2 000.00		
合 计			12 000.00		

主管　　　　　　负责人　　　　　　制单

174

固定资产减值准备计提表

2008 年 12 月 31 日

项目名称	期末账面价值	市价金额	减值准备	恢复金额	备 注
机器设备 B23	1 500 000.00	1 350 000.00	150 000.00		
合 计			150 000.00		

主管　　　　　　负责人　　　　　　制单

175

出口退税计算单

2008 年 12 月 31 日

项目名称	出口销售收入	退税率(11%)	退税金额金额	内销销项税额与进项税额的差额	退税额	备 注
合　计						

主管　　　　　　　　　　负责人　　　　　　　　　制单

176 本题无附件。

177

城市维护建设税计算表

年　月　日

项　　目	行次	金　额(元)
增值税＋消费税＋营业税	1	
税率	2	7%
应交城市维护建设税	3	
注：3行＝1行×2行		

负责人　　　　　　　　　　　　　制表人

178

教育费附加计算表

年　月　日

项　　目	行次	金　额(元)
增值税、消费税	1	
营业税	2	
上交比例	3	3%
应交比例	4	1%
应交教育费附加	5	
应交地方教育费附加	6	
注：5行＝(1行＋2行)×3行		

负责人　　　　　　　　　　　　　制表人

编制单位：

材料消耗汇总表

品名	规格	单位	领用单位																合计
			拉丝车间		圆织车间		制袋车间		维修车间	质检科	生产技术科	供应科	办公室	财务科	销售科	车队		
			数量	金额	数量	金额	数量	金额	金额	金额	金额	金额	金额	金额	金额	金额	金额
主要材料 聚丙烯(PP)		吨	360.00														
母料		吨	25.00														
1C7A高压料		吨					21.68										
油墨		吨					0.97										
专用涂覆料		吨					65.04										
彩印膜		吨					26.00										
精制牛皮纸		吨					148.80										
稀释剂		吨					1.36										
缝纫机线		吨					0.80										
辅助材料				7896.54		6548.95		9863.78	1453.87	567.98	879.42	643.87	732.98	432.19	793.78	976.87	
备件				13426.68		26541.46		36721.98	23583.76	763.23						765.34	
合计																	

180-1

2008年12月工资（分配制造费用基础数）

单　位	金　额
拉丝车间	
圆织车间	
制袋车间	
合　计	

180-2

分配2008年12月制造费用分配表

单　位	基本生产	辅助生产	合　计
拉丝车间			
圆织车间			
制袋车间			
合　计			

181-1

产品成本计算表
2008 年 12 月 30 日

产品名称：拉丝车间

成本项目	单位	上月转入 数量	上月转入 金额	本月领入 数量	本月领入 金额	月末结存 数量	月末结存 金额	本月成本 数量	本月成本 金额	产品名称	产量 数量（千克）
聚丙烯（PP）	千克	32 611.00	290 046.10			12 648.00				本月扁丝产量	412 662.00
粒料	千克										
公司用料	千克										
母料	千克	8 854.00	23 432.61			846.00				单位成本	
高压料	千克										
减压器	千克										
稳压器	千克										
电费	食										
工资											
制造费用											
合　计											

181-2

产品成本计算表

产品名称：圆织车间　　　　　2008 年 12 月 31 日

成本项目	单位	上月转入 数量	上月转入 金额	本月领入 数量	本月领入 金额	月末结存 数量	月末结存 金额	本月成本 数量	本月成本 金额	产品产量 产品名称	产品产量 数量(千克)
扁丝	千克	20 779.30	189 101.23			22 221.50				入库普布	406 674.90
外购丝	千克										
减废品	千克										
领包皮废品	千克									本月总产量	406 674.90
供应公司用丝	千克									单位成本	
外加工用丝	千克										
电费、蒸汽											
工资											
制造费用											
纸芯	千克										
福利费											
劳动保险											
合　计											

产品成本计算单

产品名称：经库恩鞋
2008 年 12 月 31 日

成本项目	单位	上月转入		本月耗入		月末存存		本月成本		单位成本		产成品成本		转下期工时	
		数量	金额	数量	金额	数量	金额	数量	金额	数量	金额	数量	金额	数量	金额
外购工商名	千瓦			20 000.00				20 000.00				图引额名			
耗名	千瓦	32 215.50	295 331.16	58 110.20		386 767.30		9.6867				406 767.30			
外购收用														0.00	0.00
外销														0	0.00
														0	0.00
														0.00	0.00
合计															

(续表)

资产类					负债所有者权益类				
科目名称	上期余额	本月借	本月贷	总账余额	科目名称	上期余额	本月借	本月贷	总账余额
无形资产	10 500 000.00	321 362.99		10 821 362.99	销售费用		182 363.26	182 363.26	
长期股权投资	6 600 000.00			6 600 000.00	管理费用		456 899.83	456 899.83	
生产成本	923 100.83	15 375 855.09	15 543 066.66	755 889.26	财务费用		209 646.91	209 646.91	
制造费用		549 357.21	549 357.21		其他业务收入			37 800.00	37 800.00
应收票据	310 000.00	1 792 400.00	1 152 400.00	950 000.00	其他业务支出		18 966.67		18 966.67
可供出售金额资产	420 000.00	356 428.00		776 428.00	营业外收入			74 170.00	74 170.00
坏账准备	−117 040.00	103 400.00	14 079.25	−27 719.25	营业外支出		74 925.15		74 925.15
投资性房地产累计折旧	−1 200 000.00		11 250.00	−1 211 250.00	投资收益			40 000.00	40 000.00
投资性房地产	3 000 000.00			3 000 000.00	资产减值损失		407 000.00		407 000.00
累计摊销	−945 000.00		24 356.43	−969 356.43	资本公积	900 000.00		25 787.50	925 787.50
持有至到期投资	100 000.00	100 000.00		200 000.00	预收账款	1 510 000.00	560 000.00	80 000.00	1 030 000.00
应收出口退税		170 500.00		170 500.00	应付股利	100 000.00	2 000.00	1 012 544.39	1 110 544.39
分期收款发出商品		220 000.00		220 000.00	长期借款	7 200 000.00	5 000 000.00	420 000.00	2 620 000.00
存货减值准备			120 000.00	−120 000.00	预计负债			20 000.00	20 000.00
固定资产减值准备			150 000.00	−150 000.00	短期借款	9 760 000.00	1 600 000.00	3 400 000.00	11 560 000.00
投资性房地产减值准备			117 000.00	−117 000.00	应付利息			211 959.30	211 959.30
无形资产减值准备			20 000.00	−20 000.00					
研发支出		288 725.98	288 725.98						
固定资产清理		331 800.00	331 800.00						
合计	64 797 546.70	85 077 707.14	78 801 420.94	71 073 832.90	合计	64 797 546.70	39 859 102.92	46 135 389.12	71 073 832.90

181-3

产品成本计算表

产品名称：制袋工序　　　　　　　　　　　　　　　　　　　　　　　　　　　　2008 年 12 月 31 日

成本项目	单位	上月转入 数量	上月转入 金额	本月领入 数量	本月领入 金额	月末结存 数量	月末结存 金额	本月成本 数量	本月成本 金额	产品名称	本月产量（条）	本月产量（千克）	单位成本（元/条）	普袋成本 项目	普袋成本 数量	普袋成本 金额	二合一成本 项目	二合一成本 数量	二合一成本 金额	三合一成本 项目	三合一成本 数量	三合一成本 金额
普通布	千克	245.00	2 852.82			5 668.00				普袋	1 712 585	97 991.90		普通布	117 995.90		普通布	152 449.40		普通布	106 496.35	
牛皮纸	千克	4 200.00	55 055.87			2 880.00				二合一	1 914 087	235 143.50		油墨	100		专用涂敷料	31 292.62		牛皮纸	150 120.00	
专用涂覆料	千克	23 800.00	200 887.23			25 425.00				三合一	1 867 362	314 727.25		稀释剂	300		IC7A 料	10 840		专用涂敷料	32 122.38	
IC7A 料	千克									费用比例				缝纫机线	1 200		白乳胶	1 990.00		IC7A 料	10 840.00	
白乳胶	千克													费用			油墨	200.00		白乳胶	2 366.93	
油墨	千克	320.00	6 928.24			320.00											稀释剂	600.00		油墨	670.00	
稀释剂	千克	240.00	2 962.94			220.00											彩印膜	10 000		稀释剂	480.00	
彩印膜	千克		0.00														缝纫机线	1 200		彩印膜	16 000.00	
缝纫机线	千克	5 249.00	114 485.15			3 433.00											费用			缝纫机线	216	
白乳胶胶带	千克	4 356.93	37 348.63																	费用		
热熔胶	千克	0.00	0.00			0.00																
工资																						
福利费																						
劳动保险																						
动力																						
制造费用																						
领普布																						
领彩布																						
领内衬袋	条	0.00	0.00			0.00																
7042 料	千克		0.00																			
公司二合一		0.00	0.00			0.00																
公司三合一		0.00	0.00			0.00																
合计		38 410.93	420 520.88			37 946.00					5 494 034.00	647 862.65			0.00	118 395.90		0.00	208 572.02		0.00	319 311.66

182-2

半成品入库单

单位：拉丝车间

品　名	规　格	单　位	数　量	单　价	金　额	送交人签字
扁丝		千克	412 662			
合计大写						

负责人：　　　　　　　　　　　　　　　保管

182-3

半成品入库单

单位：圆织车间

品　名	规　格	单　位	数　量	单　价	金　额	送交人签字
扁丝		千克	406 767.30			
合计大写						

负责人：　　　　　　　　　　　　　　　保管

183-1

产品成本计算表
2008 年 12 月 31 日

产品名称：布库留程

成本项目	单位	上月转入		本月领入		月末结存		本月成本		单位成本		转下道工序		
		数量	金额	数量	金额	数量	金额	数量	金额	产品名称	金额	产品名称	数量	金额
自产编织布	千克	25 888.29	257 545.44			28 797.09				编织布		普袋用普布	117 995.90	
外购编织布	千克	0.00	0.00			0.00						二合一用普布	152 449.40	
车间退布	千克											三合一用普布	111 919.35	
加工领布	千克													
加工米布	千克	0.00	0.00			0.00								
小计		25 888.29	257 545.44			28 797.09								
合 计		25 888.29	257 545.44			28 797.09							382 364.65	

183-2

半成品入库单

单位：圆织车间

品　名	规　格	单　位	数　量	单　价	金　额	送交人签字
编织布		千克	406 674.90			
合计大写						

负责人：　　　　　　　　　　　　　　　保管

183-3

半成品入库单

单位：制袋车间

品　名	规　格	单　位	数　量	单　价	金　额	领料人签字
编织布		千克	382 364.65			
合计大写						

负责人：　　　　　　　　　　　　　　　保管

184

库存商品入库单

单位：制袋车间

品　名	规　格	单　位	数　量	单　价	金　额	送交人签字
普袋		条	1 712 585			
二合一		条	1 914 087			
三合一		条	1 867 362			
合计大写						

负责人：　　　　　　　　　　　　　　　保管

185

产品销售成本计算表

项 目	单位	数 量	销售单价	销售收入	单位销售成本	总销售成本	销售毛利
普袋	条						
二合一	条						
三合一	条						
合 计							

186

月终结转本年利润明细表

2008 年 12 月 31 日

账 户 名 称	转入贷方金额	账 户 名 称	转入借方金额
合 计		合 计	

187

所得税计算表

2008 年 12 月 31 日

应税项目	应税金额	税 率	应交所得税税额	备 注
税前会计利润		25%		
合 计				

主管　　　　　　　复核　　　　　　　制表

188

利润分配明细表

2008 年 12 月 31 日

项　目		比 例	金　额	备 注
利润总额				
减：所得税		25%		
利润净额				
分配去向	计提盈余公积	10%		
	分给投资者利润	40%		
	未分配利润	45%		
	小计			

189

资产负债表

2008 年 12 月 31 日

会计 01 表

编制单位：山东德胜塑编有限责任公司　　　　　　　　　　　金额单位：元

资产	行次	年初数	期末数	负债和所有者权益	行次	年初数	期末数
流动资产：				流动负债：			
货币资金	1			短期借款	68		
交易性金融资产	2			应付票据	69		
应收票据	3			应付账款	70		
应收股利	4			预收款项	71		
应收利息	5			应付职工薪酬	72		
应收账款	6			交易性金融负债	73		
其他应收款	7			应付股利	74		
预付款项	8			应交税费	75		
存货	10			其他应付款	81		
一年内到期的非流动资产	11			应付利息	83		
其他流动资产	21			一年内到期的非流动负债	86		
应收出口退税	24			其他流动负债	90		
流动资产合计	31			流动负债合计	100		
非流动资产：				非流动负债：			
可供出售金融资产	32			长期借款	101		
持有至到期投资	34			应付债券	102		
长期应收款	38			长期应付款	103		
长期股权投资				专项应付款	106		
投资性房地产	39			预计负债	108		
固定资产	40			递延所得税负债	110		
在建工程	41			其他非流动负债			
工程物资	42			非流动负债合计	111		
固定资产清理	43			负债合计	114		
生产性生物资产	44			所有者权益（或股东权益）：			
油气资产	45			实收资本（或股本）	115		
无形资产	46			资本公积	118		
开发支出	50			减：库存股	119		
商誉				未分配利润	121		
长期待摊费用	51			所有者权益（或股东权益）合计	122		
递延所得税资产	52						
其他非流动资产	53						
非流动资产合计	60						
资产总计	45			负债和所有者权益（或股东权益）总计	135		

190

利 润 表

企业02表

编制单位：山东德胜塑编有限责任公司　　年　月　日　　单位：元

项　　目	本月金额	累计金额
一、营业收入		
减：营业成本		
营业税金及附加		
销售费用		
管理费用		
财务费用		
资产减值损失		
加：公允价值变动收益（损失以"－"号填列）		
投资收益（损失以"－"号填列）		
其中：对联营企业和合营企业的投资收益		
二、营业利润（亏损以"－"号填列）		
加：营业外收入		
减：营业外支出		
其中：非流动资产处置损失		
三、利润总额（亏损总额以"－"号填列）		
减：所得税费用		
四、净利润（净亏损以"－"号填列）		
五、每股收益		
（一）基本每股收益		
（二）稀释每股收益		

190

现 金 流

年　月

项　　　目	本期金额	上期金额
一、经营活动产生的现金流量		
销售商品、提供劳务收到的现金		
收到的税费返还		
收到的其他与经营活动有关的现金		
经营活动现金流入小计		
购买商品、接受劳务支付的现金		
支付给职工以及为职工支付的现金		
支付各项税费		
支付和其他与经营活动有关的现金		
经营活动现金流出小计		
经营活动产生的现金流量净额		
二、投资活动产生的现金流量		
收回投资所收到的现金		
取得投资收益所收到的现金		
处置固定资产、无形资产和其他长期资产所收回的现金净额		
处置子公司及其他长期资产收回的现金净额		
收到的其他与投资活动有关的现金		
投资活动现金流入小计		
购建固定资产、无形资产和其他长期资产支付的现金		
投资所支付的现金		
取得子公司及其他长期资产收回的现金净额		
支付的其他与投资活动有关的现金		
投资活动现金流出小计		
投资活动产生的现金流量净额		
三、筹资活动产生的现金流量		
吸收投资收到的现金		
取得借款收到的现金		
收到的其他与筹资活动有关的现金		
筹资活动现金流入小计		
偿还债务所支付的现金		
分配股利、利润或偿付利息所支付的现金		
支付的其他与筹资活动有关的现金		
筹资活动现金流出小计		
筹资活动产生的现金流量净额		
四、汇率变动对现金及现金等价物的影响额		
五、现金及现金等价物净增加额		
加：期初现金及现金等价物余额		
六、期末现金及现金等价物余额		

量 表

会企03表
日 单位：元

补 充 资 料	本期金额	上期金额
1. 将净利润调节为经营活动现金流量：		
净利润		
加：资产减值准备		
固定资产折旧、油气资产消耗、生产型生物资产折旧		
无形资产摊销		
长期待摊费用摊销		
处置固定资产、无形资产和其他长期资产的损失（收益以"－"号填列）		
固定资产报废损失（收益以"－"号填列）		
公允价值变动损失（收益以"－"号填列）		
财务费用（收益以"－"号填列）		
投资损失（收益以"－"号填列）		
递延所得税资产的减少（增加以"－"号填列）		
递延所得税负债的增加（减少以"－"号填列）		
投资损失（减：收益）		
存货的减少（减：增加）		
经营性应收项目的减少（减：增加）		
经营性应付项目的增加（减：减少）		
其他		
经营活动产生的现金流量净额		
2. 不涉及现金收支的投资和筹资活动		
债务转为资本		
一年内到期的可转换公司债券		
融资租入固定资产		
3. 现金及现金等价物净增加情况		
现金的期末余额		
减：现金的期初余额		
加：现金等价物的期末余额		
减：现金等价物的期初余额		
现金及现金等价物净增加额		

4 参考答案

4.1 会计分录序时簿

会计分录序时簿

凭证日期	凭证编号	审核登账	摘要	会计科目	借方	贷方
2008-12-1	1		提备用金	101 库存现金	￥8 000.00	
2008-12-1	1		提备用金	10201 临海市商业银行 14140000001		￥8 000.00
2008-12-1	2		在途材料 PP(100吨)入库	1230101 聚丙烯(PP)	￥933 000.00	
2008-12-1	2		在途材料 PP(100吨)入库	12201 聚丙烯(PP)		￥933 000.00
2008-12-1	3		仓库改造转在建工程	16903 仓库	￥185 000.00	
2008-12-1	3		仓库改造转在建工程	1670101 厂房	￥115 000.00	
2008-12-1	3		仓库改造转在建工程	1620101 厂房		￥300 000.00
2008-12-1	4		付东宁石化(10吨)托收承付款	12202 母料	￥32 000.00	
2008-12-1	4		付东宁石化托收承付款	2220201 进项税额	￥5 270.00	
2008-12-1	4		付东宁石化托收承付款	10201 临海市商业银行 14140000001		￥37 270.00
2008-12-1	5		收到临海商行贷款	10201 临海市商业银行 14140000001	￥2 800 000.00	
2008-12-1	5		收到临海商行贷款	20101 临海市商业银行		￥2 800 000.00
2008-12-2	6		结算工程款补付余款	16902 办公楼	￥4 000 000.00	
2008-12-2	6		结算工程款补付余款	11501 建筑工程(办公楼)		￥3 000 000.00

(续表)

凭证日期	凭证编号	审核登账	摘要	会计科目	借方	贷方
2008-12-2	5		结算工程款补付余款	10201 临海市商业银行 14140000001		¥1 000 000.00
2008-12-2	7		办公楼转固定资产	1620101 厂房	¥4 000 000.00	
2008-12-2	7		办公楼转固定资产	16902 办公楼		¥4 000 000.00
2008-12-2	8		购入圆织机	1620201 拉丝机	¥281 500.00	
2008-12-2	8		购入圆织机	10202 临海市中国银行 15150000001		¥281 500.00
2008-12-2	9		购聚丙烯（15吨）入库	1230101 聚丙烯（PP）	¥141 750.00	
2008-12-2	9		购聚丙烯（15吨）入库	2220201 进项税额	¥24 097.50	
2008-12-2	9		购聚丙烯（15吨）入库	10201 临海市商业银行 14140000001		¥165 847.50
2008-12-2	10		支付PP运费	1230101 聚丙烯（PP）	¥930.00	
2008-12-2	10		支付PP运费	2220201 进项税额	¥70.00	
2008-12-2	10		支付PP运费	101 库存现金		¥1 000.00
2008-12-3	11		拉丝车间领用低值易耗品	4020103 物料消耗	¥6 500.00	
2008-12-3	11		拉丝车间领用低值易耗品	1240203 生产用低值易耗品		¥6 500.00
2008-12-3	12		制袋车间领用胶带纸等	4020303 物料消耗	¥10 000.00	
2008-12-3	12		制袋车间领用胶带纸等	1240203 生产用低值易耗品		¥10 000.00
2008-12-3	13		购进捆扎绳等	1240203 生产用低值易耗品	¥48 000.00	
2008-12-3	13		购进捆扎绳等	2220201 进项税额	¥8 160.00	
2008-12-3	13		购进捆扎绳等	10201 临海市商业银行 14140000001		¥56 160.00
2008-12-3	14		办理稀释剂汇票	10902 银行汇票——济南恒德	¥12 000.00	
2008-12-3	14		办理稀释剂汇票	10201 临海市商业银行 14140000001		¥12 000.00

(续表)

凭证日期	凭证编号	审核登账	摘要	会计科目	借方	贷方
2008-12-3	15		在途母料入库(10吨)	1230102 母料	¥31 000.00	
2008-12-3	15		在途母料入库(10吨)	12202 母料		¥31 000.00
2008-12-3	16		购工作服入库(510套)	1240202 劳保用品	¥76 500.00	
2008-12-3	16		购工作服入库(510套)	2220201 进项税额	¥13 005.00	
2008-12-3	16		购工作服入库(510套)	10201 临海市商业银行 14140000001		¥89 505.00
2008-12-3	17		付研究费用	17301 费用化支出	¥110 000.00	
2008-12-3	17		付研究费用	10202 临海市中国银行 15150000001		¥110 000.00
2008-12-3	18		购入非专利技术	17103 非专利技术	¥160 000.00	
2008-12-3	18		购入非专利技术	10201 临海市商业银行 14140000001		¥160 000.00
2008-12-3	19		收科迪有限责任公司货款	10201 临海市商业银行 14140000001	¥1 200 000.00	
2008-12-3	19		收科迪有限责任公司货款	11301 科迪有限责任公司		¥1 200 000.00
2008-12-3	20		付职工辞退福利	21207 辞退福利	¥240 000.00	
2008-12-3	20		付职工辞退福利	10201 临海市商业银行 14140000001		¥240 000.00
2008-12-3	21		购东宁石化PP(10吨)	1230101 聚丙烯(PP)	¥94 000.00	
2008-12-3	21		购东宁石化PP(10吨)	2220201 进项税额	¥15 980.00	
2008-12-3	21		购东宁石化PP(10吨)	20305 东宁石化		¥109 980.00
2008-12-4	22		购制袋机	1620201 拉丝机	¥304 200.00	
2008-12-4	22		购制袋机	10201 临海市商业银行 14140000001		¥304 200.00
2008-12-4	23		刘明借款	11904 刘明	¥2 000.00	
2008-12-4	23		刘明借款	101 库存现金		¥2 000.00

(续表)

凭证日期	凭证编号	审核登账	摘要	会计科目	借方	贷方
2008-12-5	24		圆织车间领用工作服	4020205 劳动保护费	¥24 000.00	
2008-12-5	24		拉丝车间领用工作服	4020105 劳动保护费	¥5 400.00	
2008-12-5	24		制袋车间领用工作服	4020305 劳动保护费	¥34 500.00	
2008-12-5	24		辅助生产车间领用工作服	4020405 劳动保护费	¥7 800.00	
2008-12-5	24		管理部门领用工作服	52112 其他	¥2 550.00	
2008-12-5	24		销售部门领用工作服	50310 其他	¥2 250.00	
2008-12-5	24		各部门领用工作服	1240202 劳保用品		¥76 500.00
2008-12-5	25		付所得税	22201 应交所得税	¥275 000.00	
2008-12-5	25		付所得税	10201 临海市商业银行 14140000001		¥275 000.00
2008-12-5	26		付11月税款	22206 未交增值税	¥154 500.00	
2008-12-5	26		付11月税款	22203 应交城市维护建设税	¥10 185.00	
2008-12-5	26		付11月税款	22205 地方教育费附加	¥1 545.00	
2008-12-5	26		付11月税款	22204 教育费附加	¥4 635.00	
2008-12-5	26		付11月税款	10201 临海市商业银行 14140000001		¥170 865.00
2008-12-5	27		用商行存款购汇24200美元	10203 临海市建设银行 17170000001	¥186 582.00	
2008-12-5	27		用商行存款购汇24200美元	10201 临海市商业银行 14140000001		¥186 582.00
2008-12-6	28		购入短期人寿股票	15201 股票投资	¥356 428.00	
2008-12-6	28		购入短期人寿股票	22403 短期投资股利	¥2 000.00	
2008-12-6	28		购入短期人寿股票	10201 临海市商业银行 14140000001		¥358 428.00
2008-12-6	29		付购聚丙烯(PP)款(200吨)	1230101 聚丙烯(PP)	¥1 970 000.00	

(续表)

凭证日期	凭证编号	审核登账	摘要	会计科目	借方	贷方
2008-12-6	29		付购聚丙烯(PP)款	2220201 进项税额	￥334 900.00	
2008-12-6	29		付购聚丙烯(PP)款	10201 临海市商业银行 14140000001		￥2 304 900.00
2008-12-6	30		购入200吨专用涂覆料挂账	1230105 专用涂覆料	￥2 500 000.00	
2008-12-6	30		购入200吨专用涂覆料挂账	2220201 进项税额	￥425 000.00	
2008-12-6	30		购入200吨专用涂覆料挂账	20309 弘光化工厂		￥2 925 000.00
2008-12-6	31		购入200吨牛皮纸入账	1230107 牛皮纸	￥1 090 000.00	
2008-12-6	31		购入200吨牛皮纸入账	2220201 进项税额	￥185 300.00	
2008-12-6	31		购入200吨牛皮纸入账	20307 前进贸易商行		￥1 275 300.00
2008-12-7	32		购聚丙烯(PP)20吨	12201 聚丙烯(PP)	￥186 340.00	
2008-12-7	32		购聚丙烯(PP)20吨	52202 汇兑损益	￥242.00	
2008-12-7	32		购聚丙烯(PP)20吨	10203 临海市建设银行 17170000001		￥186 582.00
2008-12-7	33		支付诉讼费	52108 诉讼费	￥3 200.00	
2008-12-7	33		支付诉讼费	10201 临海市商业银行 14140000001		￥3 200.00
2008-12-7	34		接受捐赠的圆织机	1620201 拉丝机	￥50 800.00	
2008-12-7	34		接受捐赠的圆织机	31102 接受捐赠非现金资产准备		￥25 787.50
2008-12-7	34		接受捐赠的圆织机	1670201 拉丝机		￥15 350.00
2008-12-7	34		接受捐赠的圆织机	270 递延税款		￥8 862.50
2008-12-7	35		购专用涂覆料(3吨)	1230105 专用涂覆料	￥25 000.00	
2008-12-7	35		购专用涂覆料(3吨)	2220201 进项税额	￥4 250.00	￥800.00

(续表)

凭证日期	凭证编号	审核登账	摘要	会计科目	借方	贷方
2008-12-7	35		购专用涂覆料(3吨)	10201 临海市商业银行 14140000001	¥750.00	
2008-12-7	35		购专用涂覆料(3吨)	10201 临海市商业银行 14140000001		¥30 000.00
2008-12-7	36		外销三合一编织袋(40万条)	11202 齐银水泥公司	¥842 400.00	
2008-12-7	36		外销三合一编织袋(40万条)	50103 三合一		¥720 000.00
2008-12-7	36		外销三合一编织袋(40万条)	2220202 销项税额		¥122 400.00
2008-12-7	37		发出三合一编织袋(20万条)	138 分期收款发出商品	¥220 000.00	
2008-12-7	37		发出三合一编织袋(20万条)	14002 三合一		¥220 000.00
2008-12-7	38		外销二合一编织袋(8万条)	10201 临海市商业银行 14140000001	¥159 120.00	
2008-12-7	38		外销二合一编织袋(8万条)	50101 二合一		¥136 000.00
2008-12-7	38		外销二合一编织袋(8万条)	2220202 销项税额		¥23 120.00
2008-12-7	39		代垫运杂费	11302 万马利公司	¥600.00	
2008-12-7	39		代垫运杂费	10201 临海市商业银行 14140000001		¥600.00
2008-12-7	40		付个人差旅借款	11905 张明	¥5 000.00	
2008-12-7	40		付个人差旅借款	101 库存现金		¥5 000.00
2008-12-8	41		付职工工资	21201 应付工资	¥564 935.00	
2008-12-8	41		付职工工资	10201 临海市商业银行 14140000001		¥457 065.80
2008-12-8	41		付职工工资	20902 劳动保险(代扣)		¥61 217.20
2008-12-8	41		付职工工资	20903 住房公积金(代扣)		¥38 956.40
2008-12-8	41		付职工工资	11902 应收单身职工房租		¥2 370.00
2008-12-8	41		付职工工资	22207 应交个人所得税		¥5 325.60

(续表)

凭证日期	凭证编号	审核登账	摘要	会计科目	借方	贷方
2008-12-8	42		购高压料在途	1220 31C7A	¥26 480.00	
2008-12-8	42		购高压料在途	2220 2201 进项税额	¥4 331.60	
2008-12-8	42		购高压料在途	1020 1 临海市商业银行 14140000 0001		¥30 811.60
2008-12-8	43		外销二合一编织袋(30万条)	1020 1 临海市商业银行 14140000 0001	¥666 900.00	
2008-12-8	43		外销二合一编织袋(30万条)	5010 1 二合一		¥570 000.00
2008-12-8	43		外销二合一编织袋(30万条)	2220 2202 销项税额		¥96 900.00
2008-12-8	44		刘明报销差旅费冲账	4020 402 刘明	¥2 350.00	
2008-12-8	44		刘明报销差旅费冲账	1190 4		¥2 000.00
2008-12-8	44		刘明报销差旅费冲账	101 库存现金		¥350.00
2008-12-8	45		行政科购办公用品	1240 201 办公用低值易耗品	¥800.00	
2008-12-8	45		行政科购办公用品	1020 1 临海市商业银行 14140000 0001		¥800.00
2008-12-10	46		在途IC7A入库(2吨)	1230 103IC7A 高压料	¥26 480.00	
2008-12-10	46		在途IC7A入库(2吨)	1220 3IC7A 高压料		¥26 480.00
2008-12-10	47		购稀释剂入库(1吨)	1230 108	¥11 000.00	
2008-12-10	47		购稀释剂入库(1吨)	2220 2201 进项税额	¥1 870.00	
2008-12-10	47		购稀释剂入库(1吨)	1020 1 临海市商业银行 14140000 0001		¥870.00
2008-12-10	47		购稀释剂入库(1吨)	1090 2 银行汇票——济南恒德		¥12 000.00
2008-12-10	48		丢失聚丙烯(PP)(1吨)	5211 4 物料消耗	¥11 249.94	
2008-12-10	48		丢失聚丙烯(PP)(1吨)	1230 101 聚丙烯(PP)		¥9 629.84
2008-12-10	48		丢失聚丙烯(PP)(1吨)	2220 2203 进项税额转出		¥1 620.10

(续表)

凭证日期	凭证编号	审核登账	摘要	会计科目	借方	贷方
2008-12-10	49		外销普通编织袋(10万条)	11301 科迪有限责任公司	¥119 000.00	
2008-12-10	49		外销普通编织袋(10万条)	50102 普袋		¥100 000.00
2008-12-10	49		外销普通编织袋(10万条)	2220202 销项税额		¥17 000.00
2008-12-10	49		外销普通编织袋(10万条)	10201 临海市商业银行 1140000001		¥2 000.00
2008-12-10	50		付办公用品款	1240201 办公用低值易耗品	¥1 000.00	
2008-12-10	50		付办公用品款	2220201 进项税额	¥170.00	
2008-12-10	50		付办公用品款	101 库存现金		¥1 170.00
2008-12-11	51		进口PP(入库20吨)	1230101 聚丙烯(PP)	¥196 957.00	
2008-12-11	51		进口PP(入库20吨)	2220201 进项税额	¥33 261.69	
2008-12-11	51		进口PP(入库20吨)	10201 临海市商业银行 1140000001		¥43 878.69
2008-12-11	51		进口PP(入库20吨)	12201 聚丙烯(PP)		¥186 340.00
2008-12-11	52		支付东宁石化款	1230101 聚丙烯(PP)	¥1 500.00	
2008-12-11	52		支付东宁石化款	20305 东宁石化	¥109 980.00	
2008-12-11	52		支付东宁石化款	10201 临海市商业银行 1140000001		¥111 480.00
2008-12-11	53		付王林困难补助	21202 工会经费	¥500.00	
2008-12-11	53		付王林困难补助	101 库存现金		¥500.00
2008-12-11	54		研发支出(PP1吨)	17301 费用化支出	¥49 362.99	
2008-12-11	54		研发支出(PP1吨)	1230101 聚丙烯(PP)		¥9 639.66
2008-12-11	54		研发支出(母料0.05吨)	1230102 母料		¥111.67
2008-12-11	54		研发支出(牛皮纸5吨)	1230107 牛皮纸		¥27 183.95

（续表）

凭证日期	凭证编号	审核登账	摘要	会计科目	借方	贷方
2008-12-11	54		研发支出（专用涂覆料1吨）	1230105 专用涂覆料		￥12 427.71
2008-12-11	55		各单位领用办公用品	4020101 办公费	￥120.00	
2008-12-11	55		各单位领用办公用品	4020201 办公费	￥150.00	
2008-12-11	55		各单位领用办公用品	4020301 办公费	￥170.00	
2008-12-11	55		各单位领用办公用品	4020401 办公费	￥110.00	
2008-12-11	55		各单位领用办公用品	52101 办公费	￥50.00	
2008-12-11	55		各单位领用办公用品	50301 办公费	￥50.00	
2008-12-11	55		各单位领用办公用品	1240201 办公用低值易耗品		￥650.00
2008-12-12	56		按折扣约定收科迪油款	10202 临海市中国银行 15150000001	￥117 000.00	
2008-12-12	56		按折扣约定收科迪油款	52204 其他	￥2 000.00	
2008-12-12	56		按折扣约定收科迪油款	11301 科迪有限责任公司		￥119 000.00
2008-12-13	57		购入含放射性元素的仪器	1620301 电脑	￥140 000.00	
2008-12-13	57		购入含放射性元素的仪器	10201 临海市商业银行 14140000001		￥120 000.00
2008-12-13	57		购入含放射性元素的仪器	27101 预计弃置费		￥20 000.00
2008-12-13	58		向中行申请流动资金贷款	10202 临海市中国银行 15150000001	￥600 000.00	
2008-12-13	58		向中行申请流动资金贷款	20102 中国银行		￥600 000.00
2008-12-13	59		付茂州机械款	20304 茂州机械公司	￥270 000.00	
2008-12-13	59		付茂州机械款	10202 临海市中国银行 15150000001		￥270 000.00
2008-12-13	60		购入油墨（1吨）	12204 油墨	￥20 000.00	
2008-12-13	60		购入油墨（1吨）	2220201 进项税额	￥3 400.00	

4 参考答案

(续表)

凭证日期	凭证编号	审核登账	摘要	会计科目	借方	贷方
2008-12-13	60		购入油墨(1吨)	10202 临海市中国银行 151500000001		￥23 400.00
2008-12-13	61		购入彩印膜(90吨)	12205 彩印膜	￥2 150 000.00	
2008-12-13	61		购入彩印膜(90吨)	2220201 进项税额	￥365 500.00	
2008-12-13	61		购入彩印膜(90吨)	10201 临海市商业银行 141400000001		￥2 515 500.00
2008-12-14	62		以二合一编织袋(5万条)换(10吨)PP	1230101 聚丙烯(PP)	￥101 000.00	
2008-12-14	62		以二合一编织袋(5万条)换(10吨)PP	2220201 进项税额	￥17 000.00	
2008-12-14	62		以二合一编织袋(5万条)换(10吨)PP	14002 二合一		￥75 000.00
2008-12-14	62		以二合一编织袋(5万条)换(10吨)PP	10201 临海市商业银行 141400000001		￥1 000.00
2008-12-14	62		以二合一编织袋(5万条)换(10吨)PP	2220202 销项税额		￥15 300.00
2008-12-14	62		以二合一编织袋(5万条)换(10吨)PP	54102 非货币性资产交换利得		￥26 700.00
2008-12-14	63		美誉公司检修圆织机	4020204 修理费	￥2 200.00	
2008-12-14	63		美誉公司检修圆织机	2220201 进项税额	￥374.00	
2008-12-14	63		美誉公司检修圆织机	101 库存现金		￥2 574.00
2008-12-14	64		付邓晓市内交通补助	4020402 差旅费	￥154.60	
2008-12-14	64		付邓晓市内交通补助	101 库存现金		￥154.60
2008-12-14	65		收房屋租赁费	10201 临海市商业银行 141400000001	￥30 000.00	
2008-12-14	65		收房屋租赁费	51202 营业税	￥1 500.00	
2008-12-14	65		收房屋租赁费	51102 出租房租收入		￥30 000.00
2008-12-14	65		收房屋租赁费	22208 营业税		￥1 500.00
2008-12-14	66		计提房产税	52110 税金	￥41 085.84	

(续表)

凭证日期	凭证编号	审核登账	摘要	会计科目	借方	贷方
2008-12-14	66		计提房产税	51203 房产税	￥1 800.00	
2008-12-14	66		计提房产税	22209 房产税		￥42 885.84
2008-12-15	67		在途物资油墨入库(0.9吨)	1230104 油墨	￥18 200.00	
2008-12-15	67		在途物资油墨入库(0.9吨)	11906 光明运输公司	￥2 106.00	
2008-12-15	67		在途物资油墨入库(0.9吨)	12204 油墨		￥20 000.00
2008-12-15	67		在途物资油墨入库(0.9吨)	2220203 进项税额转出		￥306.00
2008-12-15	68		行政科购小灵通入库	1240201 办公用低值易耗品	￥1 300.00	
2008-12-15	68		行政科购小灵通入库	10202 临海市中国银行 15150000001		￥1 300.00
2008-12-15	69		承兑汇票到期	10201 临海市商业银行 14140000001	￥319 300.00	
2008-12-15	69		承兑汇票到期	52201 利息支出	￥-9 300.00	
2008-12-15	69		承兑汇票到期	11201 临海化工		￥310 000.00
2008-12-16	70		各单位领用小灵通	52113 低值易耗品摊销	￥260.00	
2008-12-16	70		各单位领用小灵通	50301 办公费	￥260.00	
2008-12-16	70		各单位领用小灵通	4020101 办公费	￥260.00	
2008-12-16	70		各单位领用小灵通	4020201 办公费	￥260.00	
2008-12-16	70		各单位领用小灵通	4020301 办公费	￥260.00	
2008-12-16	70		各单位领用小灵通	1240201 办公用低值易耗品		￥1 300.00
2008-12-17	71		万马利公司以料抵债(专用涂覆料50吨)	1230105 专用涂覆料	￥460 000.00	
2008-12-17	71		万马利公司以料抵债(专用涂覆料50吨)	2220201 进项税额	￥78 200.00	
2008-12-17	71		万马利公司以料抵债(专用涂覆料50吨)	11601 应收账款	￥23 400.00	

（续表）

凭证日期	凭证编号	审核登账	摘要	会计科目	借方	贷方
2008-12-17	71		万马利公司以料抵债（专用涂覆料50吨）	54203 债务重组损失	￥23 400.00	
2008-12-17	71		万马利公司以料抵债（专用涂覆料50吨）	11302 万马利公司		￥585 000.00
2008-12-17	72		张明出差报销	52102 差旅费	￥4 850.00	
2008-12-17	72		张明出差报销	101 库存现金	￥150.00	
2008-12-17	72		张明出差报销	11905 张明		￥5 000.00
2008-12-17	73		发放午餐补助	21206 应付福利费	￥20 400.00	
2008-12-17	73		发放午餐补助	10201 临海市商业银行 14140000001		￥20 400.00
2008-12-17	74		购彩印膜入库（90吨）	1230106 彩印膜	￥2 148 805.00	
2008-12-17	74		购彩印膜入库（90吨）	19101 待处理流动资产损溢	￥1 398.15	
2008-12-17	74		购彩印膜入库（90吨）	12206 彩印膜		￥2 150 000.00
2008-12-17	74		购彩印膜入库（90吨）	2220203 进项税额转出		￥203.15
2008-12-17	75		王东总经理报销差旅费	52102 差旅费	￥3 520.50	
2008-12-17	75		王东总经理报销差旅费	101 库存现金		￥3 520.50
2008-12-18	76		付检测费	4020408 其他	￥784.00	
2008-12-18	76		付检测费	10201 临海市商业银行 14140000001		￥784.00
2008-12-18	77		质检科领用工具	4020404 修理费	￥784.00	
2008-12-18	77		质检科领用工具	1240203 生产用低值易耗品		￥784.00
2008-12-18	78		购入缝纫机线（500千克）	1230109 缝纫机线	￥7 250.00	
2008-12-18	78		购入缝纫机线（500千克）	2220201 进项税额	￥1 232.50	
2008-12-18	78		购入缝纫机线（500千克）	10201 临海市商业银行 14140000001		￥8 482.50

(续表)

凭证日期	凭证编号	审核登账	摘要	会计科目	借方	贷方
2008-12-19	79		无形资产出租收入	10201 临海市商业银行 14140000001	¥5 000.00	
2008-12-19	79		无形资产出租收入	51202 营业税	¥250.00	
2008-12-19	79		无形资产出租收入	51103 出租无形资产		¥5 000.00
2008-12-19	79		无形资产出租收入	22208 营业税		¥250.00
2008-12-19	80		收到光明运输公司赔偿款	10201 临海市商业银行 14140000001	¥2 106.00	
2008-12-19	80		收光明运输公司赔偿款	11906 光明运输公司		¥2 106.00
2008-12-19	81		处理圆织机 1 台转清理	166 固定资产清理	¥108 000.00	
2008-12-19	81		处理圆织机 1 台转清理	1670201 拉丝机	¥22 000.00	
2008-12-19	81		处理圆织机 1 台转清理	1620201 拉丝机		¥130 000.00
2008-12-19	82		收到清理圆织机款	10201 临海市商业银行 14140000001	¥100 000.00	
2008-12-19	82		收到清理圆织机款	166 固定资产清理		¥100 000.00
2008-12-19	83		圆织机清理损失	54201 非流动资产处置损失	¥8 000.00	
2008-12-19	83		圆织机清理损失	166 固定资产清理		¥8 000.00
2008-12-20	84		出库 PP(20 吨)委托加工	13301 临海塑编公司	¥192 996.40	
2008-12-20	84		出库 PP(20 吨)委托加工	1230101 聚丙烯(PP)		¥192 996.40
2008-12-20	85		销售二合一编织袋(20 万条)	11307 辉煌石化	¥655 780.00	
2008-12-20	85		销售二合一编织袋(20 万条)	50101 二合一		¥560 000.00
2008-12-20	85		销售二合一编织袋(20 万条)	2220202 销项税额		¥95 200.00
2008-12-20	85		垫付运费	10202 临海市中国银行 15150000001		¥580.00
2008-12-20	86		付沿街牌广告费	50304 广告费	¥12 150.00	

（续表）

凭证日期	凭证编号	审核登账	摘要	会计科目	借方	贷方
2008-12-20	86		付沿街广告费	10201 临海市商业银行 14140000001		￥12 150.00
2008-12-21	87		支付上月代扣的五险一金	20902 劳动保险（代扣）	￥52 800.00	
2008-12-21	87		支付上月代扣的五险一金	20903 住房公积金（代扣）	￥33 600.00	
2008-12-21	87		支付上月代扣的五险一金	10201 临海市商业银行 14140000001		￥86 400.00
2008-12-21	88		工会凭据收取工会经费	21202 工会经费		￥12 500.00
2008-12-21	88		工会凭据收取工会经费	10201 临海市商业银行 14140000001	￥12 500.00	
2008-12-21	89		办公室购招待用烟等款	52109 业务招待费	￥2 600.00	
2008-12-21	89		办公室购招待用烟等款	101 库存现金		￥2 600.00
2008-12-21	90		二合一编织袋（13万条）换投影设备	1620301 投影设备	￥234 780.00	
2008-12-21	90		二合一编织袋（13万条）换投影设备	14002 二合一		￥195 000.00
2008-12-21	90		二合一编织袋（13万条）换投影设备	2220202 销项税额		￥39 780.00
2008-12-22	91		将未使用吊带机出售	166 固定资产清理	￥77 250.00	
2008-12-22	91		将未使用吊带机出售	1670201 吊带机	￥7 750.00	
2008-12-22	91		将未使用吊带机出售	1620201 吊带机		￥85 000.00
2008-12-22	92		收到吊带机款	10202 临海市中国银行 15150000001	￥85 000.00	
2008-12-22	92		收到吊带机款	166 固定资产清理		￥85 000.00
2008-12-22	93		出售吊带机净收入	166 固定资产清理	￥7 750.00	
2008-12-22	93		出售吊带机净收入	54101 非流动资产处置利得		￥7 750.00
2008-12-22	94		维修已领用工具报废	101 库存现金	￥150.00	
2008-12-22	94		维修已领用工具报废	4020404 修理费	￥-150.00	

(续表)

凭证日期	凭证编号	审核登账	摘要	会计科目	借方	贷方
2008-12-22	95		购IC7A(5吨)商业承兑	1230103 IC7A高压料	￥63 500.00	
2008-12-22	95		购IC7A(5吨)商业承兑	2220201 进项税额	￥10 795.00	
2008-12-22	95		购IC7A(5吨)商业承兑	20201 商业承兑汇票		￥74 295.00
2008-12-22	96		收外销二合一编织袋货款	10201 临海市商业银行14140000001	￥2 770 600.00	
2008-12-22	96		支付运费	50308 运输费	￥36 270.00	
2008-12-22	96		进项税额	2220201 进项税额	￥2 730.00	
2008-12-22	96		冲减预收	20405 红日集团	￥560 000.00	
2008-12-22	96		外销二合一编织袋(120万条)	50101 二合一		￥2 880 000.00
2008-12-22	96		销项税额	2220202 销项税额		￥489 600.00
2008-12-22	97		付大客车租赁费	52112 其他	￥7 650.00	
2008-12-22	97		付大客车租赁费	10201 临海市商业银行14140000001		￥7 650.00
2008-12-24	98		清理固定资产卡车1辆	166 固定资产清理	￥95 280.00	
2008-12-24	98		清理固定资产卡车1辆	1670401 卡车	￥44 220.00	
2008-12-24	98		清理固定资产卡车1辆清理固定资产	1620401 卡车		￥139 500.00
2008-12-24	99		收存卡车款	10201 临海市商业银行14140000001	￥120 000.00	
2008-12-24	99		收存卡车款	166 固定资产清理		￥120 000.00
2008-12-24	100		卡车净收入	166 固定资产清理	￥24 720.00	
2008-12-24	100		卡车净收入	54101 非流动资产处置利得		￥24 720.00
2008-12-24	101		账外电机1台入账	1620201 电机	￥15 000.00	
2008-12-24	101		账外电机1台入账	19103 待处理固定资产损溢		￥15 000.00

(续表)

凭证日期	凭证编号	审核登账	摘要	会计科目	借方	贷方
2008-12-24	102		账外电机作收益	19103 待处理固定资产损溢	￥15 000.00	
2008-12-24	102		账外电机作收益	54101 非流动资产处置利得		￥15 000.00
2008-12-24	103		付160吨牛皮纸运费	1230107 牛皮纸	￥29 760.00	
2008-12-24	103		进项税额	2220201 进项税额	￥2 240.00	
2008-12-24	103		付160吨牛皮纸运费	10201 临海市商业银行 14140000001		￥32 000.00
2008-12-24	104		拉丝车间损失原料	4010101 原材料	￥-14 295.00	
2008-12-24	104		拉丝车间损失原料	19101 待处理流动资产损溢	￥16 725.15	
2008-12-24	104		拉丝车间损失原料(1.5吨)	2220203 进项税额转出		￥2 430.15
2008-12-24	105		拉丝损失入账	54205 非常损失	￥16 725.15	
2008-12-24	105		拉丝损失入账	19101 待处理流动资产损溢		￥16 725.15
2008-12-24	106		归还商行贷款	20101 临海市商业银行 14140000001	￥1 600 000.00	
2008-12-24	106		归还商行贷款	10201 临海市商业银行 14140000001		￥1 600 000.00
2008-12-24	107		付刘剑差旅费等款	50302 差旅费	￥895.00	
2008-12-24	107		付刘剑差旅费等款	50310 其他	￥1 000.00	
2008-12-24	107		付刘剑差旅费等款	101 库存现金		￥1 895.00
2008-12-25	108		将确认的成本化支出转出	17302 成本化支出	￥129 362.99	
2008-12-25	108		将确认的成本化支出转出	17301 费用化支出		￥129 362.99
2008-12-25	109		将费用化支出转入管理费用	52112 其他	￥30 000.00	
2008-12-25	109		将费用化支出转入管理费用	17301 费用化支出		￥30 000.00
2008-12-25	110		将新专利转入无形资产	17102 专利权	￥161 362.99	

(续表)

凭证日期	凭证编号	审核登账	摘要	会计科目	借方	贷方
2008-12-25	110		将新专利转入无形资产	17302 成本化支出		￥129 362.99
2008-12-25	110		将新专利转入无形资产	10201 临海市商业银行 14140000001		￥32 000.00
2008-12-25	111		预付工程款（维修车间）	11506 建筑工程	￥450 000.00	
2008-12-25	111		预付工程款（维修车间）	16901 工程物资	￥38 000.00	
2008-12-25	111		预付工程款（维修车间）	10201 临海市商业银行 14140000001		￥488 000.00
2008-12-25	112		运输公司赔偿彩印膜损失	101 库存现金	￥1 195.00	
2008-12-25	112		运输公司赔偿彩印膜损失	19101 待处理流动资产损溢		￥1 398.15
2008-12-25	112		运输公司赔偿彩印膜损失	2220203 进项税额转出		￥-203.15
2008-12-25	113		销售三合一编织袋（20万条）	10201 临海市商业银行 14140000001	￥665 200.00	
2008-12-25	113		销售三合一编织袋（20万条）	50103 三合一		￥560 000.00
2008-12-25	113		销售三合一编织袋（20万条）	2220202 销项税额		￥95 200.00
2008-12-31	114		支付汽车大修费	101 库存现金		￥10 000.00
2008-12-31	114		支付汽车大修费	23101 大修费	￥17 700.00	
2008-12-31	114		支付汽车大修费	2220201 进项税额	￥3 009.00	
2008-12-25	115		齐银水泥商票贴现	10201 临海市商业银行 14140000001	￥836 784.00	
2008-12-25	115		齐银水泥商票贴现	52201 利息支出	￥5 616.00	
2008-12-25	115		齐银水泥商票贴现	11202 齐银水泥厂		￥842 400.00
2008-12-25	116		支付仓库租金	50310 其他	￥29 000.00	
2008-12-25	116		支付仓库租金	10202 临海市中国银行 15150000001		￥29 000.00

(续表)

凭证日期	凭证编号	审核登账	摘要	会计科目	借方	贷方
2008-12-26	117		清理报废工业缝纫机	1661 固定资产清理	¥18 500.00	
2008-12-26	117		清理报废工业缝纫机	1670201 缝纫机	¥13 500.00	
2008-12-26	117		清理报废工业缝纫机	1620201 缝纫机		¥32 000.00
2008-12-26	118		支付缝纫机清理费用	1661 固定资产清理	¥300.00	
2008-12-26	118		支付缝纫机清理费用	10201 临海市商业银行 14140000001		¥300.00
2008-12-26	119		收到缝纫机清理费用	10201 临海市商业银行 14140000001	¥6 000.00	
2008-12-26	119		清理缝纫机净损失	54201 非流动资产处置损失	¥12 800.00	
2008-12-26	119		清理缝纫机净损失	1661 固定资产清理		¥18 800.00
2008-12-26	120		购入PP(190吨)在途	12201 聚丙烯(PP)	¥1 727 750.00	
2008-12-26	120		购入PP(190吨)在途	2220201 进项税额	¥292 396.00	
2008-12-26	120		购入PP(190吨)在途	10201 临海市商业银行 14140000001		¥2 020 146.00
2008-12-26	121		购入捆扎绳等包装物	12401 包装物	¥37 000.00	
2008-12-26	121		购入捆扎绳等包装物	2220201 进项税额	¥6 290.00	
2008-12-26	121		购入捆扎绳等包装物	20307 前进贸易商行		¥43 290.00
2008-12-26	122		外购牛皮纸(160吨)	12206 牛皮纸	¥792 000.00	
2008-12-26	122		外购牛皮纸(160吨)	2220201 进项税额	¥134 640.00	
2008-12-26	122		外购牛皮纸(160吨)	10201 临海市商业银行 14140000001		¥926 640.00
2008-12-26	123		购备件一批	12207 备件	¥122 200.00	
2008-12-26	123		购备件一批	2220201 进项税额	¥20 400.00	
2008-12-26	123		购备件一批	10202 临海市中国银行 15150000001		¥100 000.00

(续表)

凭证日期	凭证编号	审核登账	摘要	会计科目	借方	贷方
2008-12-26	123		购备件一批	10201 临海市商业银行 14140000001		¥42 600.00
2008-12-26	124		收商行存款利息	10201 临海市商业银行 14140000001	¥5 924.35	
2008-12-26	124		收商行存款利息	52201 利息支出	¥-5 924.35	
2008-12-26	125		收回辉煌石化货款	10201 临海市商业银行 14140000001	¥655 780.00	
2008-12-26	125		收回辉煌石化货款	11307 辉煌石化		¥655 780.00
2008-12-26	126		购入需安装缝绕机1台	16901 工程物资	¥18 500.00	
2008-12-26	126		购入需安装缝绕机1台	10201 临海市商业银行 14140000001		¥18 500.00
2008-12-27	127		固定资产叉车调拨（车队转制袋）	1620401 叉车	¥28 000.00	
2008-12-27	127		固定资产叉车调拨（车队转制袋）	1620401 叉车		¥28 000.00
2008-12-27	128		在途(PP)190吨入库	1230101 聚丙烯(PP)	¥1 727 750.00	
2008-12-27	128		在途(PP)190吨入库	12201 聚丙烯(PP)		¥1 727 750.00
2008-12-27	129		付王艳住院费	21206 应付福利费	¥5 280.00	
2008-12-27	129		付王艳住院费	10201 临海市商业银行 14140000001		¥5 280.00
2008-12-27	130		购国债5年期	15302202312 国债	¥100 000.00	
2008-12-27	130		购国债5年期	10201 临海市商业银行 14140000001		¥100 000.00
2008-12-27	131		付12月电费	4010103 动力	¥129 176.38	
2008-12-27	131		付12月电费	4010203 动力	¥43 521.52	
2008-12-27	131		付12月电费	4010303 动力	¥65 412.48	
2008-12-27	131		付12月电费	4020406 动力	¥17 900.02	
2008-12-27	131		付12月电费	52115 水电费	¥1 318.12	

(续表)

凭证日期	凭证编号	审核登账	摘要	会计科目	借方	贷方
2008-12-27	131		付12月电费	50311 水电费	￥490.42	
2008-12-27	131		付12月电费	2220201 进项税额	￥43 829.22	
2008-12-27	131		付12月电费	10201 临海市商业银行 14140000001		￥301 648.16
2008-12-27	132		付本月水费	4020406 动力	￥4 400.00	
2008-12-27	132		付本月水费	52115 水电费	￥300.00	
2008-12-27	132		付本月水费	50311 水电费	￥850.00	
2008-12-27	132		付本月水费	2220201 进项税额		￥5 850.00
2008-12-27	132		付本月水费	10201 临海市商业银行 14140000001		
2008-12-28	133		分配应付工资	4010102 工资	￥54 137.10	
2008-12-28	133		分配应付工资	4010202 工资	￥140 199.40	
2008-12-28	133		分配应付工资	4010302 工资	￥190 980.40	
2008-12-28	133		分配应付工资	4020409 工资	￥78 920.30	
2008-12-28	133		分配应付工资	52116 工资	￥57 260.90	
2008-12-28	133		分配应付工资	50312 工资	￥43 436.90	
2008-12-28	133		分配应付工资	21201 应付工资		￥564 935.00
2008-12-28	134		付拉丝车间原材料节约奖	4010102 工资	￥1 600.00	
2008-12-28	134		付拉丝车间原材料节约奖	10201 临海市商业银行 14140000001		￥1 600.00
2008-12-28	135		计提福利费	4010102 工资	￥7 579.19	
2008-12-28	135		计提福利费	4010202 工资	￥19 627.92	
2008-12-28	135		计提福利费	4010302 工资	￥26 737.26	

(续表)

凭证日期	凭证编号	审核登账	摘要	会计科目	借方	贷方
2008-12-28	135		计提福利费	4020409 工资	￥11 048.84	
2008-12-28	135		计提福利费	52116 工资	￥8 016.53	
2008-12-28	135		计提福利费	50312 工资	￥6 081.16	
2008-12-28	135		计提福利费	21206 应付福利费		￥79 090.90
2008-12-28	136		计提工会经费、教育经费	4010102 工资	￥1 894.80	
2008-12-28	136		计提工会经费、教育经费	4010202 工资	￥4 906.98	
2008-12-28	136		计提工会经费、教育经费	4010302 工资	￥6 684.32	
2008-12-28	136		计提工会经费、教育经费	4020409 工资	￥2 762.22	
2008-12-28	136		计提工会经费、教育经费	52116 工资	￥2 004.14	
2008-12-28	136		计提工会经费、教育经费	50312 工资	￥1 520.27	
2008-12-28	136		计提工会经费、教育经费	21202 工会经费		￥11 298.70
2008-12-28	136		计提工会经费、教育经费	21203 教育经费		￥8 474.03
2008-12-28	137		计提社会保险费	4010102 工资	￥17 161.46	
2008-12-28	137		计提社会保险费	4010202 工资	￥44 443.21	
2008-12-28	137		计提社会保险费	4010302 工资	￥60 540.79	
2008-12-28	137		计提社会保险费	4020409 工资	￥25 017.73	
2008-12-28	137		计提社会保险费	52116 工资	￥18 151.71	
2008-12-28	137		计提社会保险费	50312 工资	￥13 769.50	
2008-12-28	137		计提社会保险费	21204 劳动保险费		￥179 084.40
2008-12-28	138		计提住房公积金	4010102 工资	￥3 789.60	

(续表)

凭证日期	凭证编号	审核登账	摘要	会计科目	借方	贷方
2008-12-28	138		计提住房公积金	4010202 工资	¥9 813.96	
2008-12-28	138		计提住房公积金	4010302 工资	¥13 368.63	
2008-12-28	138		计提住房公积金	4020409 工资	¥5 524.42	
2008-12-28	138		计提住房公积金	52116 工资	¥4 008.27	
2008-12-28	138		计提住房公积金	50312 工资	¥3 040.57	
2008-12-28	138		计提住房公积金	21205 住房公积金		¥39 545.45
2008-12-28	139		付刘亮运输费	50308 运输费	¥2 480.00	
2008-12-28	139		付刘亮运输费	101 库存现金		¥2 480.00
2008-12-28	140		发行长期债券300万元	10201 临海市商业银行 14140000001	¥3 190 164.00	
2008-12-28	140		发行长期债券300万元	25101 面值		¥3 000 000.00
2008-12-28	140		发行长期债券300万元	25102 利息调整		¥190 164.00
2008-12-28	141		付扁丝加工费	13301 临海塑编公司	¥16 000.00	
2008-12-28	141		付扁丝加工费	2220201 进项税额	¥2 720.00	
2008-12-28	141		付扁丝加工费	10201 临海市商业银行 14140000001		¥18 720.00
2008-12-28	142		外加工扁丝入库(20吨)	1240302 扁丝	¥206 600.00	
2008-12-28	142		外加工扁丝入库(20吨)	13301 临海塑编公司		¥206 600.00
2008-12-28	143		领用缠绕机安装	16904 在安装设备(缠绕机)	¥18 500.00	
2008-12-28	143		领用缠绕机安装	16901 工程物资		¥18 500.00
2008-12-28	144		计提副总裁房租	52112 其他	¥24 000.00	
2008-12-28	144		计提副总裁房租	21208 非货币性福利		¥24 000.00

(续表)

凭证日期	凭证编号	审核登账	摘要	会计科目	借方	贷方
2008-12-28	145		支付福利房租	21208 非货币性福利	¥24 000.00	
2008-12-28	145		支付福利房租	10201 临海市商业银行 14140000001		¥24 000.00
2008-12-28	146		领用工程备用备件	16904 在安装设备（缠绕机）	¥1 960.00	
2008-12-28	146		领用工程备用备件	16901 工程物资		¥1 960.00
2008-12-28	147		支付缠绕机安装费	16904 在安装设备（缠绕机）	¥1 300.00	
2008-12-28	147		支付缠绕机安装费	10201 临海市商业银行 14140000001		¥1 300.00
2008-12-28	148		付本月办公电话费	4020101 办公费	¥550.00	
2008-12-28	148		付本月办公电话费	4020201 办公费	¥720.00	
2008-12-28	148		付本月办公电话费	4020301 办公费	¥950.00	
2008-12-28	148		付本月办公电话费	4020401 办公费	¥1 660.00	
2008-12-28	148		付本月办公电话费	52101 办公费	¥1 070.00	
2008-12-28	148		付本月办公电话费	50301 办公费	¥970.00	
2008-12-28	148		付本月办公电话费	10201 临海市商业银行 14140000001		¥5 920.00
2008-12-29	149		缠绕机入固定资产	16202O1 缠绕机	¥21 760.00	
2008-12-29	149		缠绕机入固定资产	16904 在安装设备（缠绕机）		¥21 760.00
2008-12-29	150		万利马二合一编织袋（12万条）	10201 临海市商业银行 14140000001	¥239 280.00	
2008-12-29	150		收万马利公司二批货款	50101 二合一袋子		¥204 000.00
2008-12-29	150		收万马利公司二批货款	2220202 销项税额		¥34 680.00
2008-12-29	150		收万马利公司二批货款	11302 万利公司		¥600.00
2008-12-29	151		出口普通编织袋（80万条）	10203 临海市建设银行 17170000001	¥1 550 000.00	

(续表)

凭证日期	凭证编号	审核登账	摘要	会计科目	借方	贷方
2008-12-29	151		出口普通编织袋(80万条)	50102 普袋		¥1 550 000.00
2008-12-29	152		一般贸易出口进项税额转出	50201 普袋	¥93 000.00	
2008-12-29	152		一般贸易出口进项税额转出	2220203 进项税额转出		¥93 000.00
2008-12-29	153		摊销保险和报刊费	52117 保险费	¥8 000.00	
2008-12-29	153		摊销保险和报刊费	52101 办公费	¥2 100.00	
2008-12-29	153		摊销保险和报刊费	50313 保险费	¥7 600.00	
2008-12-29	153		摊销保险和报刊费	13901 保险费		¥15 600.00
2008-12-29	153		摊销保险和报刊费	13902 报刊费		¥2 100.00
2008-12-29	154		支付职工福利	21206 应付职工福利费	¥204 000.00	
2008-12-29	154		支付职工福利	10201 临海市商业银行 14140000001		¥204 000.00
2008-12-29	155		外销普通编织袋(10万条)	11301 科迪有限责任公司	¥180 300.00	
2008-12-29	155		外销普通编织袋(10万条)	50102 普袋		¥150 000.00
2008-12-29	155		外销普通编织袋(10万条)	2220202 销项税额		¥25 500.00
2008-12-29	156		收账外材料款	10201 临海市商业银行 14140000001	¥3 276.00	
2008-12-29	156		收账外材料款	51101 废料收入		¥4 800.00
2008-12-29	156		收账外材料款	2220202 销项税额		¥2 800.00
2008-12-29	157		支付顺风大酒店招待费	52109 业务招待费	¥39 800.00	
2008-12-29	157		支付顺风大酒店招待费	10201 临海市商业银行 14140000001		¥476.00
2008-12-29	158		收科迪有限责任公司货款	10201 临海市商业银行 14140000001	¥160 300.00	
						¥39 800.00

(续表)

凭证日期	凭证编号	审核登账	摘要	会计科目	借方	贷方
2008-12-29	158		收科迪有限责任公司货款	11301 科迪有限责任公司		￥180 300.00
2008-12-29	158		因质量问题发生折让	50102 普袋	￥-20 000.00	
2008-12-29	159		因购阀口袋机向中行借款	10202 临海市中国银行 15150000001	￥420 000.00	
2008-12-29	159		因购阀口袋机向中行借款	24101 中国银行		￥420 000.00
2008-12-29	160		阀口袋机交付使用	1620201 阀口袋机	￥420 000.00	
2008-12-29	160		阀口袋机交付使用	10202 临海市中国银行 15150000001		￥420 000.00
2008-12-29	161		建行结汇至商行	10201 临海市商业银行 14140000001	￥1 159 500.00	
2008-12-29	161		汇兑损益	52202 汇兑损益	￥4 333.00	
2008-12-29	161		建行结汇	10203 临海市建设银行 17170000001		￥1 163 833.00
2008-12-29	162		外销三合一编织袋	11308 华旗贸易公司	￥1 719 000.00	
2008-12-29	162		外销三合一编织袋(70万条)	50103 三合一袋子		￥1 470 000.00
2008-12-29	162		外销三合一编织袋	2220202 销项税额		￥249 000.00
2008-12-29	163		付装卸费	50309 装卸费	￥3 567.20	
2008-12-29	163		付装卸费	10201 临海市商业银行 14140000001		￥3 567.20
2008-12-29	164		收中行利息	10202 临海市中国银行 15150000001	￥1 272.16	
2008-12-29	164		收中行利息	52201 利息支出	￥-1 272.16	
2008-12-29	165		预收釜山包装公司货款	10201 临海市商业银行 14140000001	￥80 000.00	
2008-12-29	165		预收釜山包装公司货款	20409 釜山包装制品公司		￥80 000.00
2008-12-30	166		外销三合一编织袋(85万条)	11203 北银包装材料	￥950 000.00	
2008-12-30	166		外销三合一编织袋(85万条)	11310 北银包装材料	￥1 337 350.00	

(续表)

凭证日期	凭证编号	审核登账	摘要	会计科目	借方	贷方
2008-12-30	166		外销三合一编织袋(85万条)	50103 三合一		¥1 955 000.00
2008-12-30	166		外销三合一编织袋(85万条)	2220202 销项税额		¥332 350.00
2008-12-30	167		外销普通编织袋(10万条)	10202 临海市中国银行 15150000001	¥152 100.00	
2008-12-30	167		外销普通编织袋(10万条)	50102 普袋		¥130 000.00
2008-12-30	167		外销普通编织袋(10万条)	2220202 销项税额		¥22 100.00
2008-12-30	168		支付班长培训费	21203 教育经费	¥12 000.00	
2008-12-30	168		支付班长培训费	10201 临海市商业银行 14140000001		¥12 000.00
2008-12-30	169		还中行长期贷款	24101 中国银行	¥5 000 000.00	
2008-12-30	169		还中行长期贷款	10201 临海市商业银行 14140000001		¥5 000 000.00
2008-12-30	170		付河道维护费	52112 其他	¥120 000.00	
2008-12-30	170		付河道维护费	10201 临海市商业银行 14140000001		¥120 000.00
2008-12-30	171		付计生药品费	21206 应付福利费	¥3 250.00	
2008-12-30	171		付计生药品费	10202 临海市中国银行 15150000001		¥3 250.00
2008-12-30	172		付遗属补助	21206 应付福利费	¥126.00	
2008-12-30	172		付遗属补助	101 库存现金		¥126.00
2008-12-30	173		付费云托儿费	21206 应付福利费	¥600.00	
2008-12-30	173		付费云托儿费	101 库存现金		¥600.00
2008-12-30	174		切割机盘亏	19103 待处理固定资产损益	¥14 000.00	
2008-12-30	174		切割机盘亏	1670201 切割机		¥26 000.00
2008-12-30	174		切割机盘亏	1620201 切割机	¥12 000.00	

(续表)

凭证日期	凭证编号	审核登账	摘要	会计科目	借方	贷方
2008-12-30	175		切割机进损失	54201 非流动资产处置损失	￥14 000.00	
2008-12-30	175		切割机进损失	19103 待处理固定资产损益		￥14 000.00
2008-12-30	176		收残料收入	10201 临海市商业银行 14140000001	￥4 500.00	
2008-12-30	176		仓库改建成本	16903 仓库	￥40 000.00	
2008-12-30	176		仓库改建费用	52112 其他	￥8 000.00	
2008-12-30	176		支付仓库改建费用	10201 临海市商业银行 14140000001		￥52 500.00
2008-12-30	177		付党务宣传费	52112 其他	￥3 200.00	
2008-12-30	177		付党务宣传费	101 库存现金		￥3 200.00
2008-12-31	178		土地使用权摊销	52112 其他	￥16 666.67	
2008-12-31	178		土地使用权摊销	17401 土地使用权摊销		￥16 666.67
2008-12-31	179		专利权摊销	51204 专利权摊销	￥4 166.67	
2008-12-31	179		专利权摊销	52112 其他	￥1 300.87	
2008-12-31	179		专利权摊销	17402 专利权摊销		￥5 467.54
2008-12-31	180		非专利技术摊销	52112 其他	￥2 222.22	
2008-12-31	180		非专利技术摊销	17403 非专利技术		￥2 222.22
2008-12-31	181		核算年终汇兑损益	52202 汇兑损益	￥1 993.12	
2008-12-31	181		核算年终汇兑损益	10203 临海市建设银行 17170000001		￥1 993.12
2008-12-31	182		外购母料入库(10 吨)	1230102 母料	￥32 000.00	
2008-12-31	182		外购母料入库(10 吨)	12202 母料		￥32 000.00

(续表)

凭证日期	凭证编号	审核登账	摘要	会计科目	借方	贷方
2008-12-31	183		在途牛皮纸入库(160吨)	1230107 牛皮纸	¥792 000.00	
2008-12-31	183		在途牛皮纸入库(160吨)	12206 牛皮纸		¥792 000.00
2008-12-31	184		收到北京时代投资收益	531 投资收益		¥40 000.00
2008-12-31	184		收到北京时代投资收益	550 所得税	¥3 200.00	
2008-12-31	184		收到北京时代投资收益	10201 临海市商业银行 11410000001	¥40 000.00	
2008-12-31	185		应收账款科迪货款转入坏账	22201 应交所得税		¥3 200.00
2008-12-31	185		应收账款科迪货款转入坏账	11601 应收账款	¥80 000.00	
2008-12-31	186		计提坏账准备	11301 科迪有限责任公司		¥80 000.00
2008-12-31	186		计提坏账准备	52118 坏账准备	¥14 079.25	¥14 045.75
2008-12-31	186		计提坏账准备	11601 应收账款		
2008-12-31	187		计提本月折旧	11602 其他应收款		¥33.50
2008-12-31	187		计提本月折旧	4020107 折旧	¥53 948.81	
2008-12-31	187		计提本月折旧	4020207 折旧	¥46 257.75	
2008-12-31	187		计提本月折旧	4020307 折旧	¥45 195.00	
2008-12-31	187		计提本月折旧	4020407 折旧	¥29 958.00	
2008-12-31	187		计提本月折旧	52119 折旧	¥12 509.70	
2008-12-31	187		计提本月折旧	50307 折旧	¥14 696.25	
2008-12-31	187		计提本月折旧	21206 应付福利费	¥487.50	
2008-12-31	187		计提本月折旧	51205 折旧	¥11 250.00	

(续表)

凭证日期	凭证编号	审核登账	摘要	会计科目	借方	贷方
2008-12-31	187		计提本月折旧	1670101 厂房		¥32 098.31
2008-12-31	187		计提本月折旧	1670201 拉丝机		¥138 202.50
2008-12-31	187		计提本月折旧	1670301 电脑		¥20 489.70
2008-12-31	187		计提本月折旧	1670401 卡车		¥12 262.50
2008-12-31	187		计提本月折旧	168 投资性房地产累计折旧		¥11 250.00
2008-12-31	188		计提无形资产减值准备	543 资产减值损失	¥20 000.00	
2008-12-31	188		计提无形资产减值准备	175 无形资产减值准备		¥20 000.00
2008-12-31	189		计提投资性房地产减值准备	543 资产减值损失	¥117 000.00	
2008-12-31	189		计提投资性房地产减值准备	172 投资性房地产减值准备		¥117 000.00
2008-12-31	190		计提购销合同印花税	52110 税金	¥4 710.00	
2008-12-31	190		计提购销合同印花税	22210 印花税		¥4 710.00
2008-12-31	191		计提财务利息	52201 利息支出	¥211 959.30	
2008-12-31	191		计提财务利息	225 应付利息		¥211 959.30
2008-12-31	192		计提存货减值准备	543 资产减值损失	¥120 000.00	
2008-12-31	192		计提存货减值准备	125 存货减值准备		¥120 000.00
2008-12-31	193		计提固定资产减值准备	543 资产减值损失	¥150 000.00	
2008-12-31	193		计提固定资产减值准备	164 固定资产减值准备		¥150 000.00
2008-12-31	194		计算本月退税额	120 应收出口退税额	¥170 500.00	
2008-12-31	194		计算本月退税额	2220204 出口退税		¥170 500.00

(续表)

凭证日期	凭证编号	审核登账	摘要	会计科目	借方	贷方
2008-12-31	195		结转本月税金	22206 未交增值税	¥2 041 271.51	
2008-12-31	195		结转本月税金	2220201 进项税额		¥2 041 271.51
2008-12-31	195		结转本月税金	2220202 销项税额	¥1 658 606.00	
2008-12-31	195		结转本月税金	22206 未交增值税		¥1 658 606.00
2008-12-31	195		结转本月税金	2220203 进项税额转出		¥97 050.25
2008-12-31	195		结转本月税金	22206 未交增值税	¥97 050.25	
2008-12-31	195		结转本月税金	2220204 出口退税		¥170 500.00
2008-12-31	195		结转本月税金	22206 未交增值税	¥170 500.00	
2008-12-31	196		计提城市维护建设税	504 营业税金及附加	¥122.50	
2008-12-31	196		计提城市维护建设税	22203 应交城建税		¥122.50
2008-12-31	197		计提教育费附加	504 营业税金及附加	¥70.00	
2008-12-31	197		计提教育费附加	22204 教育费附加		¥52.50
2008-12-31	197		计提教育费附加	22205 地方教育费附加		¥17.50
2008-12-31	198		拉丝领用原料	4010101 原料	¥3 474 729.30	
2008-12-31	198		制袋领用原料	4010301 原料	¥2 500 252.37	
2008-12-31	198		拉丝领用辅料	4020103 物料消耗	¥7 896.54	
2008-12-31	198		拉丝领用备件	4020104 修理费	¥13 426.68	
2008-12-31	198		圆织领用辅料	4020203 物料消耗	¥6 548.95	
2008-12-31	198		圆织领用备件	4020204 修理费	¥26 541.46	

（续表）

凭证日期	凭证编号	审核登账	摘要	会计科目	借方	贷方
2008-12-31	198		制袋领用辅料	4020303 物料消耗	￥9 863.78	
2008-12-31	198		制袋领用备件	4020304 修理费	￥36 721.98	
2008-12-31	198		辅助领用辅料	4020403 物料消耗	￥3 545.14	
2008-12-31	198		辅助领用备件	4020404 修理费	￥24 346.99	
2008-12-31	198		管理领用辅料	52114 物料消耗	￥1 165.17	
2008-12-31	198		销售领用辅料	50306 物料消耗	￥1 770.65	
2008-12-31	198		销售领用备件	50305 修理费	￥765.34	
2008-12-31	198		拉丝领用PP(360吨)	1230101 聚丙烯(PP)		￥3 412 846.80
2008-12-31	198		拉丝领用母料(25吨)	1230102 母料		￥61 882.50
2008-12-31	198		制袋领用原料(21.68吨)	1230103IC7A高压料		￥277 076.69
2008-12-31	198		制袋领用原料(0.97吨)	1230104 油墨		￥19 561.67
2008-12-31	198		制袋领用原料(65.04吨)	1230105 专用涂覆料		￥766 763.71
2008-12-31	198		制袋领用原料(26吨)	1230106 彩印膜		￥621 128.56
2008-12-31	198		制袋领用原料(148.80吨)	1230107 牛皮纸		￥789 119.14
2008-12-31	198		制袋领用原料(1.36吨)	1230108 稀释剂		￥14 582.60
2008-12-31	198		制袋领用原料(0.8吨)	1230109 缝纫机线		￥12 020.00
2008-12-31	198		领用辅料	12302 辅助材料		￥30 790.23
2008-12-31	198		备件出库	12303 备件		￥101 802.45
2008-12-31	199		拉丝转制造费用	4010104 制造费用	￥88 102.03	

(续表)

凭证日期	凭证编号	审核登账	摘要	会计科目	借方	贷方
2008-12-31	199		拉丝转制制造费用	4020101 办公费		￥930.00
2008-12-31	199		拉丝转制制造费用	4020103 物料消耗		￥14 396.54
2008-12-31	199		拉丝转制制造费用	4020104 修理费		￥13 426.68
2008-12-31	199		拉丝转制制造费用	4020105 劳动保护费		￥5 400.00
2008-12-31	199		拉丝转制制造费用	4020107 折旧		￥53 948.81
2008-12-31	200		圆织转制制造费用	4010204 制造费用	￥106 678.16	
2008-12-31	200		圆织转制制造费用	4020201 办公费		￥1 130.00
2008-12-31	200		圆织转制制造费用	4020203 物料消耗		￥6 548.95
2008-12-31	200		圆织转制制造费用	4020204 修理费		￥28 741.46
2008-12-31	200		圆织转制制造费用	4020205 劳动保护费		￥24 000.00
2008-12-31	200		圆织转制制造费用	4020207 折旧		￥46 257.75
2008-12-31	201		制袋转制制造费用	4010304 制造费用	￥137 660.76	
2008-12-31	201		制袋转制制造费用	4020301 办公费		￥1 380.00
2008-12-31	201		制袋转制制造费用	4020303 物料消耗		￥19 863.78
2008-12-31	201		制袋转制制造费用	4020304 修理费		￥36 721.98
2008-12-31	201		制袋转制制造费用	4020305 劳动保护费		￥34 500.00
2008-12-31	201		制袋转制制造费用	4020307 折旧		￥45 195.00
2008-12-31	202		分配制造费用辅助生产	4010104 制造费用	￥30 971.09	
2008-12-31	202		分配制造费用辅助生产	4010204 制造费用	￥78 716.76	

(续表)

凭证日期	凭证编号	审核登账	摘要	会计科目	借方	贷方
2008-12-31	202		分配制造费用辅助生产	4010304 制造费用	¥107 228.41	
2008-12-31	202		分配制造费用辅助生产	4020401 办公费		¥1 770.00
2008-12-31	202		分配制造费用辅助生产	4020402 差旅费		¥2 504.60
2008-12-31	202		分配制造费用辅助生产	4020403 物料消耗		¥3 545.14
2008-12-31	202		分配制造费用辅助生产	4020404 修理费		¥24 980.99
2008-12-31	202		分配制造费用辅助生产	4020405 劳动保护费		¥7 800.00
2008-12-31	202		分配制造费用辅助生产	4020406 动力		¥22 300.02
2008-12-31	202		分配制造费用辅助生产	4020407 折旧		¥29 958.00
2008-12-31	202		分配制造费用辅助生产	4020408 其他		¥784.00
2008-12-31	202		分配制造费用辅助生产	4020409 工资		¥123 273.51
2008-12-31	203		扁丝入库(412662千克)	1240302 扁丝	¥4 001 198.63	
2008-12-31	203		扁丝入库	4010102 工资		¥86 162.15
2008-12-31	203		扁丝入库	4010103 动力		¥129 176.38
2008-12-31	203		扁丝入库	4010104 制造费用		¥119 073.12
2008-12-31	203		扁丝入库	4010101 原料		¥3 666 786.98
2008-12-31	204		圆织领丝(406767.30千克)	4010201 原料	¥3 940 233.60	
2008-12-31	204		圆织领丝(406767.30千克)	1240302 扁丝		¥3 940 233.60
2008-12-31	205		编织布入库(406674.90千克)	1240301 编织布	¥4 362 622.83	
2008-12-31	205		编织布入库(406674.90千克)	4010202 工资		¥218 991.47

(续表)

凭证日期	凭证编号	审核登账	摘要	会计科目	借方	贷方
2008-12-31	205		编织布入库(406674.90千克)	4010203 动力		￥43 521.52
2008-12-31	205		编织布入库(406674.90千克)	4010204 制造费用		￥185 394.92
2008-12-31	2C5		编织布入库(406674.90千克)	4010201 原料		￥3 914 714.92
2008-12-31	206		制袋领用(382364.65千克)	4010301 原料	￥4 084 002.21	
2008-12-31	206		制袋领用(382364.65千克)	1240301 编织布		￥4 084 002.21
2008-12-31	207		普通编织袋入库(1712585条)	14001 普袋	￥1 480 530.82	
2008-12-31	207		二合一编织袋入库(1914087条)	14002 二合一	￥2 591 077.39	
2008-12-31	207		三合一编织袋入库(1867362条)	14003 三合一	￥3 107 636.99	
2008-12-31	207		编织袋入库	4010302 工资		￥298 311.40
2008-12-31	207		编织袋入库	4010303 动力		￥65 412.48
2008-12-31	207		编织袋入库	4010304 制造费用		￥244 889.17
2008-12-31	207		编织袋入库	4010301 原料		￥6 570 632.15
2008-12-31	208		结转销售成本(110万条)	50201 普袋	￥971 884.77	
2008-12-31	208		结转销售成本(190万条)	50202 二合一	￥2 545 559.43	
2008-12-31	208		结转销售成本(215万条)	50203 三合一	￥3 431 516.84	
2008-12-31	208		结转销售成本(110万条)	14001 普袋		￥971 884.77
2008-12-31	208		结转销售成本(190万条)	14002 二合一		￥2 545 559.43
2008-12-31	208		结转销售成本(215万条)	14003 三合一		￥3 431 516.84
2008-12-31	209		结转本期损益	321 本年利润		￥2 721 814.64
2008-12-31	209		结转本期损益	50101 二合一	￥4 350 000.00	

(续表)

凭证日期	凭证编号	审核登账	摘要	会计科目	借方	贷方
2008-12-31	209		结转本期损益	50102 普袋	￥1 910 000.00	
2008-12-31	209		结转本期损益	50103 三合一	￥4 705 000.00	
2008-12-31	209		结转本期损益	50201 普袋		￥1 064 884.77
2008-12-31	209		结转本期损益	50202 二合一		￥2 545 559.43
2008-12-31	209		结转本期损益	50203 三合一		￥3 431 516.84
2008-12-31	209		结转本期损益	50301 办公费		￥1 280.00
2008-12-31	209		结转本期损益	50302 差旅费		￥895.00
2008-12-31	209		结转本期损益	50304 广告费		￥12 150.00
2008-12-31	209		结转本期损益	50305 修理费		￥765.34
2008-12-31	209		结转本期损益	50306 物料消耗		￥1 770.65
2008-12-31	209		结转本期损益	50307 折旧		￥14 696.25
2008-12-31	209		结转本期损益	50308 运输费		￥38 750.00
2008-12-31	209		结转本期损益	50309 装卸费		￥3 567.20
2008-12-31	209		结转本期损益	50310 其他		￥32 250.00
2008-12-31	209		结转本期损益	50311 水电费		￥790.42
2008-12-31	209		结转本期损益	50312 工资		￥67 848.40
2008-12-31	209		结转本期损益	50313 保险费		￥7 600.00
2008-12-31	209		结转本期损益	504 营业税金及附加		￥192.50
2008-12-31	209		结转本期损益	51101 废料收入	￥2 800.00	
2008-12-31	209		结转本期损益	51102 出租房收入	￥30 000.00	

(续表)

凭证日期	凭证编号	审核登账	摘要	会计科目	借方	贷方
2008-12-31	209		结转本期损益	51103 出租无形资产	¥5 000.00	
2008-12-31	209		结转本期损益	51202 营业税		¥1 750.00
2008-12-31	209		结转本期损益	51203 房产税		¥1 800.00
2008-12-31	209		结转本期损益	51204 专利权摊销		¥4 166.67
2008-12-31	209		结转本期损益	51205 折旧		¥11 250.00
2008-12-31	209		结转本期损益	52101 办公费		¥3 220.00
2008-12-31	209		结转本期损益	52102 差旅费		¥8 370.50
2008-12-31	209		结转本期损益	52108 诉讼费		¥3 200.00
2008-12-31	209		结转本期损益	52109 业务招待费		¥42 400.00
2008-12-31	209		结转本期损益	52110 税金		¥45 795.84
2008-12-31	209		结转本期损益	52112 其他		¥215 589.76
2008-12-31	209		结转本期损益	52113 低值易耗品摊销		¥260.00
2008-12-31	209		结转本期损益	52114 物料消耗		¥12 415.11
2008-12-31	209		结转本期损益	52115 水电费		¥1 618.12
2008-12-31	209		结转本期损益	52116 工资		¥89 441.55
2008-12-31	209		结转本期损益	52117 保险费		¥8 000.00
2008-12-31	209		结转本期损益	52118 坏账准备		¥14 079.25
2008-12-31	209		结转本期损益	52119 折旧		¥12 509.70
2008-12-31	209		结转本期损益	52201 利息支出		¥201 078.79
2008-12-31	209		结转本期损益	52202 汇兑损益		¥6 568.12

(续表)

凭证日期	凭证编号	审核登账	摘要	会计科目	借方	贷方
2008-12-31	209		结转本期损益	52204 其他		¥2 000.00
2008-12-31	209		结转本期损益	531 投资收益	¥40 000.00	
2008-12-31	209		结转本期损益	54101 非流动资产处置利得	¥47 470.00	
2008-12-31	209		结转本期损益	54102 非货币性资产交换利得	¥26 700.00	
2008-12-31	209		结转本期损益	54201 非流动资产处置损失		¥34 800.00
2008-12-31	209		结转本期损益	54203 债务重组损失		¥23 400.00
2008-12-31	209		结转本期损益	54205 非常损失		¥16 725.15
2008-12-31	209		结转本期损益	543 资产减值损失		¥407 000.00
2008-12-31	209		结转本期损益	550 所得税费用		¥3 200.00
2008-12-31	210		计提本月所得税	550 所得税费用	¥680 453.66	
2008-12-31	210		计提本月所得税	22201 应交所得税		¥680 453.66
2008-12-31	211		结转本期损益	321 本年利润	¥680 453.66	
2008-12-31	211		结转本期损益	550 所得税费用		¥680 453.66
2008-12-31	212		结转本年利润	32201 未分配利润	¥2 531 360.98	
2008-12-31	212		结转本年利润	321 本年利润		¥2 531 360.98
2008-12-31	213		结转利润分配	32202 提取盈余公积	¥253 136.10	
2008-12-31	213		结转利润分配	31301 法定盈余公积		¥253 136.10
2008-12-31	214		分配利润	32201 未分配利润	¥1 012 544.39	
2008-12-31	214		分配利润	22401 东方公司		¥607 526.63
2008-12-31	214		分配利润	22402 南海公司		¥405 017.76

4.2 内部原始凭证

山东德胜塑编责任有限公司 2008 年 12 月应付职工薪酬一览表

序号	部门	工资	职工福利费(14%)	计提社会保险费	住房公积金(7%)	工会经费(2%)	职工教育经费(1.5%)	辞退福利	非货币性福利
1	拉丝车间	54 137.10	7 579.19	17 161.46	3 789.60	1 082.74	812.06		
2	圆织车间	140 199.40	19 627.92	44 443.21	9 813.96	2 803.99	2 102.99		
3	制袋车间	190 980.40	26 737.26	60 540.79	13 368.63	3 819.61	2 864.71		
4	维修车间	45 329.00	6 346.06	14 369.29	3 173.03	906.58	679.94		
5	质检科	11 945.30	1 672.34	3 786.66	836.17	238.91	179.18		
6	生产技术科	13 193.80	1 847.13	4 182.43	923.57	263.88	197.91		
7	供应科	8 452.20	1 183.31	2 679.35	591.65	169.04	126.78		
8	办公室	43 160.50	6 042.47	13 681.88	3 021.24	863.21	647.41	1 400 000.00	60 000.00
9	财务科	14 100.40	1 974.06	4 469.83	987.03	282.01	211.51		
10	销售科	24 236.20	3 393.06	7 682.88	1 696.53	484.72	363.54		
11	车队	19 200.70	2 688.10	6 086.62	1 344.05	384.01	288.00		
12	合计	564 935.00	79 090.90	179 084.40	39 545.45	11 298.70	8 474.03	1 400 000.00	60 000.00

(续表)

序号	部门	工资	计提养老保险费(20%)	计提医疗保险费(7%)	计提工伤保险费(1%)	计提失业保险费3%	计提生育保险费(0.7%)	合计
1	拉丝车间	54 137.10	10 827.42	3 789.60	541.37	1 624.11	378.96	17 161.46
2	圆织车间	140 199.40	28 039.88	9 813.96	1 401.99	4 205.98	981.40	44 443.21
3	制袋车间	190 980.40	38 196.08	13 368.64	1 909.80	5 729.41	1 336.86	60 540.79
4	维修车间	45 329.00	9 065.80	3 173.03	453.29	1 359.87	317.30	14 369.29
5	质检科	11 945.30	2 389.06	836.17	119.45	358.36	83.62	3 786.66
6	生产技术科	13 193.80	2 638.76	923.57	131.93	395.81	92.36	4 182.43
7	供应科	8 452.20	1 690.44	591.65	84.52	253.57	59.17	2 679.35
8	办公室	43 160.50	8 632.10	3 021.24	431.61	1 294.82	302.11	13 681.88
9	财务科	14 100.40	2 820.08	987.03	141.00	423.01	98.71	4 469.83
10	销售科	24 236.20	4 847.24	1 696.53	242.37	727.09	169.65	7 682.88
11	车队	19 200.70	3 840.14	1 344.05	192.01	576.02	134.40	6 086.62
12	合计	564 935.00	112 987.00	39 545.47	5 649.34	16 948.05	3 954.54	179 084.40

193

2008年12月电费分配表

单 位	电量(度)	单价(无税)	金 额	税 额
拉丝车间	208 349	0.62	129 176.38	21 959.98
圆织车间	70 196	0.62	43 521.52	7 398.66
制袋车间	105 504	0.62	65 412.48	11 120.12
维修车间	25 164	0.62	15 601.68	2 652.29
质检科	1 256	0.62	778.72	132.38
生产技术科	1 875	0.62	1 162.50	197.63
供应科	576	0.62	357.12	60.71
办公室	885	0.62	548.70	93.28
财务科	1 241	0.62	769.42	130.80
销售科	524	0.62	324.88	55.23
车队	267	0.62	165.54	28.14
合 计	415 837		257 818.94	43 829.22

194

坏账准备计提表

项 目	账面余额	计提比例	计提数	坏账准备账面数	应入账数
其他应收款	6 670.00	5‰	33.35		33.35
应收账款	5 537 150.00	5‰	27 685.75	13 640.00	14 045.75
合 计					14 079.10

195

2008年12月制造费用分配表

单 位	基本生产	辅助生产	合 计
拉丝车间	88 102.03	30 971.09	119 073.12
圆织车间	106 678.16	78 716.76	185 394.92
淋膜车间			
制袋车间	137 660.76	107 228.41	244 889.17
成品车间			
内衬车间			
造粒车间			
阀袋车间			
合 计	332 440.95	216 916.26	549 357.21

材料消耗汇总表

品名规格	单位	拉丝车间 数量	拉丝车间 金额	圆织车间 数量	圆织车间 金额	制袋车间 数量	制袋车间 金额	维修车间 金额	质检科 金额	生产技术科 金额	供应科 金额	办公室 金额	财务科 金额	销售科 金额	车队 金额	合计
主要材料																
聚丙烯(PP)	吨	360.00	3 412 846.80													3 412 846.80
母料	吨	25.00	61 882.50													61 882.50
1C7A 高压料	吨					21.68	277 076.69									277 076.69
油墨	吨					0.97	19 561.67									19 561.67
专用涂覆料	吨					65.04	766 763.71									766 763.71
彩印膜	吨					26.00	621 128.56									621 128.56
牛皮纸	吨					148.80	789 119.14									789 119.14
稀释剂	吨					1.36	14 582.60									14 582.60
缝纫机线	吨					8.00	12 020.00									12 020.00
辅助材料			7 896.54		6 548.95		9 863.78	1 453.87	567.98	879.42	643.87	732.98	432.19	793.78	976.87	30 790.23
备件			13 426.68		26 541.46		36 721.98	23 583.76	763.23						765.34	101 802.45
低值易耗品																
包装物																
合计			3 496 052.52		33 090.41		2 546 838.13	25 037.63	1 331.21	1 879.42	643.87	732.98	432.19	19 793.78	1 742.21	6 107 574.35

196

197

职工午餐补助费发放表

单 位	人 数	发放标准(元/人)	金 额
拉丝车间	36	40	1 440
圆织车间	160	40	6 400
制袋车间	230	40	9 200
维修车间	32	40	1 280
质检科	8	40	320
生产技术科	8	40	320
供应科	4	40	160
办公室	12	40	480
财务科	5	40	200
销售科	5	40	200
车队	10	40	400
合 计	510		20 400

198

电话费分摊表

序 号	部 门	电 话 费
1	拉丝车间	550.00
2	圆织车间	720.00
3	制袋车间	950.00
4	维修车间	350.00
5	质检科	260.00
6	生产技术科	300.00
7	供应科	750.00
8	办公室	850.00
9	财务科	220.00
10	销售科	850.00
11	车队	120.00
合 计		5 920.00

199

无形资产摊销表

项目	原值	摊销年限	月摊销额
土地使用权	10 000 000.00	50.00	16 666.67
专利权	500 000.00	10.00	4 166.67
非专利技术	160 000.00	6.00	2 222.22
专利权五合一	156 104.55	10.00	1 300.87
合　计			24 356.43

200

应交房产税计提表

序号	单位名称	厂房原值	原值扣除比例	适用税率	应纳税额	备注
1	拉丝车间	807 150	20%	1.20%	7 748.64	固定资产
2	圆织车间	2 395 400	20%	1.20%	22 995.84	固定资产
3	制袋车间	798 000	20%	1.20%	7 660.80	固定资产
4	辅助生产	1 190 000	20%	1.20%	11 424.00	固定资产
5	管理费用	2 520 000	20%	1.20%	24 192.00	固定资产
6	销售费用	719 000	20%	1.20%	6 902.40	固定资产
7	福利费用	130 000	20%	1.20%	1 248.00	固定资产
8	投资性房地产	3 000 000	租金收入 30 000	12.00%	3 600.00	投资性房地产
	合　计	11 559 550			85 771.68	
	固定资产原值	8 559 550		1.20%	82 171.68	41 085.84
	投资性房地产	3 000 000	租金收入 30 000	12.00%	3 600.00	1 800.00
						42 885.84

201

固定资产折旧计算表

2008年12月25日

使用部门	固定资产分类	本月应计提固定资产原值	折旧率	折旧额
拉丝车间	厂房	807 150	0.375%	3 026.81
	机器设备	6 770 000	0.75%	50 775.00
	运输工具		1.5%	
	电气设备	9 800	1.5%	147.00
	小　计	7 586 950		53 948.81
圆织车间	厂房	2 395 400	0.375%	8 982.75
	机器设备	4 970 000	0.75%	37 275.00
	运输工具		1.5%	
	电气设备		1.5%	
	小　计	7 365 400		46 257.75
制袋车间	厂房	798 000	0.375%	2 992.50
	机器设备	5 627 000	0.75%	42 202.50
	运输工具		1.5%	
	电气设备		1.5%	
	小　计	6 425 000		45 195.00
辅助生产	厂房	1 190 000	0.375%	4 462.50
	机器设备	1 060 000	0.75%	7 950.00
	运输工具	547 000	1.5%	8 205.00
	电气设备	622 700	1.5%	9 340.50
	小　计	3 419 700		29 958.00
管理费用	厂房	2 520 000	0.375%	9 450.00
	机器设备		0.75%	
	运输工具	53 980	1.5%	809.70
	电气设备	150 000	1.5%	2 250.00
	小　计	2 723 980		12 509.70

(续表)

使用部门	固定资产分类	本月应计提固定资产原值	折旧率	折旧额
销售费用	厂房	719 000	0.375%	2 696.25
	机器设备		0.75%	
	运输工具	765 000	1.5%	11 475.00
	电气设备	35 000	1.5%	525.00
	小　计	1 519 000		14 696.25
福利费用	厂房	130 000	0.375%	487.50
	机器设备		0.75%	
	运输工具		1.5%	
	电气设备		1.5%	
	小　计	130 000		487.50
投资性房地产	厂房及建筑物	3 000 000	0.375%	11 250.00
	机器设备		0.75%	
	运输工具		1.5%	
	电气设备		1.5%	
	小　计	3 000 000		11 250.00
出租房地产	厂房	0	0.375%	
	机器设备		0.75%	
	运输工具		1.5%	
	电气设备		1.5%	
	小　计			

辅助生产归集表

单位/项目	办公费	差旅费	物料消耗	修理费	劳动保护费	动力	折旧	其他	合计
拉丝车间						129 176.40	53 948.81		
圆织车间						43 521.52	46 257.75		
制袋车间						65 412.48	45 195.00		
辅助生产						17 900.02	29 958.00		
合 计									

产品销售成本计算表

项目	单位	数量	销售单价	销售收入	上月结存	本月入库	单位销售成本	总销售成本	销售毛利
普袋	条	1 100 000	1.74	1 910 000.00	90 000	11 211.00	1 712 585	0.88	1 064 884.77	845 115.23
二合一	条	1 900 000	2.29	4 350 000.00	670 000	87 100.00	1 914 087	1.34	2 545 559.43	1 804 440.57
三合一	条	2 150 000	2.19	4 705 000.00	1 210 000	180 400.00	1 867 362	1.60	3 431 516.84	1 273 483.16
合 计		5 150 000		10 965 000.00		278 711.00	7 179 245.20		7 041 961.04	3 923 038.96

产品成本计算表

产品名称：拉丝车间　　　　　　　　　　　　　　　　　　2008年12月31日

成本项目	单位	上月转入 数量	上月转入 金额	本月领入 数量	本月领入 金额	月末结存 数量	月末结存 金额	本月成本 数量	本月成本 金额	产品名称	产量 数量(千克)
聚丙烯	千克	32 611.00	290 046.10	360 000.00	3 412 846.80	12 648.00	119 289.04	379 963.00	3 583 603.86	本月扁丝产量	412 662.00
减损失	千克				−14 295.00		−14 295.00			单位成本	9.70
母料	千克	8 854.00	23 432.62	25 000.00	61 882.50	846.00	2 132.00	33 008.00	83 183.12		
电费	度				129 176.38				129 176.38		
工资					86 162.15				86 162.15		
制造费用					119 073.12				119 073.12		
合　计		41 465.00	313 478.72	385 000.00	3 794 845.95	13 494.00	107 126.04	412 971.00	4 001 198.63		

产品成本计算表

产品名称：丝库留程　　　　　　　　　　　　　　　　　　2008年12月31日

成本项目	单位	上月转入 数量	上月转入 金额	本月转入 数量	本月转入 金额	本月成本 单位名称	本月成本 数量	本月成本 金额	单位成本	本月领入 金额	月末结存 数量	月末结存 金额	转下道工序 产品名称	转下道工序 数量	转下道工序 金额
扁丝	千克	32 215.50	295 331.16	386 767.30	3 733 633.60	扁丝	412 662.00	4 001 198.63	9.6867	4 207 798.63	58 110.20	562 896.19	圆织领丝	406 767.30	3 940 233.60
外加工扁丝	千克			20 000.00	206 600.00	扁丝	20 000.00	206 600.00							
合　计		32 215.50	295 331.16	406 767.30	3 940 233.60		432 662.00	4 207 798.63			58 110.20	562 896.19		406 767.30	3 940 233.60

产品成本计算表

产品名称：圆织车间　　　　　　　　　　　　2008年12月31日

成本项目	单位	上月转入 数量	上月转入 金额	本月领入 数量	本月领入 金额	月末结存 数量	月末结存 金额	本月成本 数量	本月成本 金额	产品名称	产量 数量（千克）
扁丝	千克	20 779.30	189 101.23	406 767.30	3 940 233.60	22 221.50	214 619.91	405 325.10	3 914 714.92	入库普布	406 674.90
外购丝	千克										
减废品	千克										
领包皮废品	千克									本月总产量	406 674.90
供应公司用丝	千克									单位成本	10.73
电费,蒸汽					43 521.52				43 521.52		
工资					218 991.47				218 991.47		
制造费用					185 394.92				185 394.92		
纸芯	千克										
福利费											
劳动保险											
合　计		20 779.30	189 101.23	406 767.30	4 388 141.51	22 221.50	214 619.91	405 325.10	4 362 622.83		

产品成本计算表

产品名称：布库留程
2008年12月31日

成本项目	单位	上月转入 数量	上月转入 金额	本月领入 数量	本月领入 金额	月末结存 数量	月末结存 金额
自产编织布	千克	25 888.29	257 545.44	406 674.90	4 362 622.83	28 797.09	536 166.06
外购编织布	千克						
车间退布	千克						
加工领布	千克						
加工来布	千克						
小　计	千克	25 888.29	257 545.44	406 674.90	4 362 622.83	28 797.09	536 166.06
合　计	千克	25 888.29	257 545.44	406 674.90	4 362 622.83	28 797.09	536 166.06

成本项目	单位	本月成本 数量	本月成本 金额	单位成本 产品名称	单位成本 金额	转下道工序 产品名称	转下道工序 数量(千克)	转下道工序 金额
自产编织布	千克	403 766.10	4 084 002.21	编织布	10.6809946	普袋用普布	117 995.90	1 260 303.53
外购编织布	千克					二合一用普布	152 449.40	1 628 298.24
车间退布	千克					三合一用普布	111 919.35	1 195 400.64
加工领布	千克							
加工来布	千克							
小　计	千克	403 766.10	4 084 002.21				382 364.65	4 084 002.21
合　计	千克	403 766.10	4 084 002.21					

211

利 润 表

企业02表

编制单位：山东德胜塑编有限责任公司　2008年12月31日　　单位：元

项　　　目	本期金额	累计金额
一、营业收入	11 002 800.00	99 580 800.00
减：营业成本	7 060 927.71	89 601 170.71
营业税金及附加	192.50	256 592.50
销售费用	182 363.26	2 422 333.26
管理费用	456 899.83	1 875 866.83
财务费用	209 646.91	1 473 192.91
资产减值损失	407 000.00	407 000.00
加：公允价值变动收益（损失以"－"号填列）		
投资收益（损失以"－"号填列）	40 000.00	40 000.00
其中：对联营企业和合营企业的投资收益	40 000.00	40 000.00
二、营业利润（亏损以"－"号填列）	2 725 769.79	3 584 643.79
加：营业外收入	74 170.00	80 717.00
减：营业外支出	74 925.15	80 346.15
其中：非流动资产处置损失		
三、利润总额（亏损总额以"－"号填列）	2 725 014.64	3 585 014.64
减：所得税费用	683 653.66	1 053 653.66
四、净利润（净亏损以"－"号填列）	2 041 360.98	2 531 360.98
五、每股收益		
（一）基本每股收益		
（二）稀释每股收益		

4.4 资产负债表、利润表

210

资 产 负 债 表

会业01表

编制单位：山东德胜塑编有限责任公司　　　　2008年12月31日　　　　　　　　　　　　　　单位：元

资　产	行次	年初余额	期末余额	负债和所有者权益	行次	年初余额	期末余额
流动资产：				流动负债：			
货币资金	1	3 954 669.65	2 990 270.60	短期借款	68	8 500 000.00	11 800 000.00
交易性金融资产	2			应付票据	69	3 000 000.00	3 074 295.00
应收票据	3	310 000.00	950 000.00	应付账款	70	5 855 000.00	9 828 590.00
应收股利	4			预收款项	71	1 270 000.00	1 030 000.00
应收利息	5			应付职工薪酬	72	126 740.00	163 961.68
应收账款	6	7 956 707.75	4 449 430.75	交易性金融负债	73		
其他应收款	7	2 790.00	6 700.00	应付股利	74		1 110 544.39
预付款项	8		450 000.00	应交税费	75	89 185.00	623 708.34
存货	10	9 674 760.94	13 326 470.00	其他应付款	81	6 800.00	106 973.60
一年内到期的非流动资产	11			应付利息	83		211 959.30
其他流动资产	21			一年内到期的非流动负债	86		
应收出口退税	24		170 500.00	其他流动负债	90		
流动资产合计	31	21 898 928.34	22 343 371.35	流动负债合计	100	18 847 725.00	27 950 032.31
非流动资产：				非流动负债：			

(续表)

资 产	行次	期末余额	年初余额	行次	负债和所有者权益	期末余额	年初余额
可供出售金融资产	32	300 000.00	776 428.00	101	长期借款	7 200 000.00	2 620 000.00
持有至到期投资	34	200 000.00		102	应付账款		4 233 434.00
长期应收款	38			103	长期应付款		
		6 600 000.00		106	专项应付款		
长期股权投资	39	1 920 000.00	1 671 750.00	108	预计负债		20 000.00
固定资产	40	26 548 630.00	29 158 236.99	110	递延所得税负债		8 862.50
在建工程	41	252 000.00	492 040.00		其他非流动负债		
工程物资	42			111	非流动负债合计	7 200 000.00	6 882 296.50
固定资产清理	43			114	负债合计	26 047 725.00	34 832 328.81
生产性生物资产	44				所有者(或股东权益)		
油气资产	45			115	实收资本(或股本)	33 700 000.00	33 700 000.00
无形资产	46	9 784 166.66	9 832 006.56	118	资本公积	900 000.00	925 787.50
开发支出	50				减:库存股		
商誉				119	盈余公积		294 036.10
长期待摊费用	51			121	未分配利润	56 000.00	1 321 680.49
递延所得税资产	52			122	所有者(或股东权益合计)	34 656 000.00	36 241 504.09
其他非流动资产	53						
非流动资产合计	60	38 804 796.66	48 730 461.55				
资产总计	45	60 703 725.00	71 073 832.90	135	负债和所有者权益(或股东权益)总计	60 703 725.00	71 073 832.90

4.3 科目汇总表

科目汇总表

单位：山东德胜塑编有限责任公司　　　　　　2008年12月31日　　　　　　　　　　第　页

资　产　类					负债所有者权益类				
科　目　名　称	上期余额	本月借	本月贷	总账余额	科　目　名　称	上期余额	本月借	本月贷	总账余额
库存现金	49 955.76	9 495.00	57 879.10	1 571.66	应付职工薪酬	585 611.70	1 088 078.50	906 428.48	403 961.68
银行存款	5 644 000.00	18 332 438.51	22 487 739.57	1 488 698.94	预提费用	17 700.00	17 700.00		
其他货币资金	1 500 000.00	12 000.00	12 000.00	1 500 000.00	本年利润	490 000.00	3 211 814.64		2 721 814.64
应收账款	3 285 800.00	4 012 030.00	2 820 680.00	4 477 150.00	利润分配	56 000.00	1 265 680.49	2 531 360.98	1 321 680.49
其他应收款	9 070.00	9 106.00	11 476.00	6 700.00	应付账款	5 855 000.00	379 980.00	4 353 570.00	9 828 590.00
待摊费用	17 700.00		17 700.00		应交税费	445 865.00	6 454 870.27	6 632 713.61	623 708.34
原材料	2 526 860.27	12 401 882.00	6 359 563.58	8 569 178.69	实收资本	33 700 000.00			33 700 000.00
周转材料	634 359.84	8 735 021.46	8 119 969.81	1 249 411.49	应付债券	1 043 270.00		3 190 164.00	4 233 434.00
委托加工材料		208 996.40	206 600.00	2 396.40	递延税款			8 862.50	8 862.50
在途物资	964 000.00	5 056 770.00	5 898 570.00	122 200.00	应付票据	3 000 000.00		74 295.00	3 074 295.00
库存商品	2 787 110.00	7 179 245.20	7 438 961.04	2 527 394.16	其他应付款	93 200.00	86 400.00	100 173.60	106 973.60
累计折旧	－4 613 400.00	214 470.00	218 403.01	－4 617 333.01	盈余公积	40 900.00		253 136.10	294 036.10
在建工程	231 000.00	4 303 260.00	4 042 220.00	492 040.00	所得税费用		683 653.66		683 653.66
固定资产	29 170 030.00	5 496 040.00	740 500.00	33 925 570.00	主营业务收入		10 965 000.00	10 965 000.00	
预付账款	3 000 000.00	450 000.00	3 000 000.00	450 000.00	主营业务成本		7 041 961.04	7 041 961.04	
待处理财产损溢		47 123.30	47 123.30		营业税金及附加		192.50	192.50	

产品成本计算表

产品名称：制袋工序 2008 年 12 月 31 日

成本项目	单位	上月转入		本月领入		月末结存		本月成本		产品产量				普袋成本			二合一成本			三合一成本		
		数量	金额	数量	金额	数量	金额	数量	金额	产品名称	本月产量（条）	本月产量（千克）	单位成本（元、条）	项目	数量	金额	项目	数量	金额	项目	数量	金额
普通布	千克	245.00	2 852.82	382 364.65	4 084 002.21	5 668.00	60 542.89	376 941.65	4 026 312.14	普袋	1 712 585.00	97 991.9	0.86450064	普通布	117 995.90	1 260 376.31	普通布	152 449.40	1 628 392.27	普通布	106 496.35	1 137 543.56
牛皮纸	千克	4 200.00	55 055.87	148 800.00	789 119.14	2 880.00	15 890.35	150 120.00	828 284.66	二合一	1 914 087.00	235 143.5	1.35368841	油墨	100.00	2 053.48	专用涂敷料	31 292.62	340 841.21	牛皮纸	150 120.00	828 284.66
专用涂敷料	千克	23 800.00	200 887.23	65 040.00	766 763.71	25 425.00	276 930.72	63 415.00	690 720.22	三合一	1 867 362.00	314 727.25	1.66418562	稀释剂	300.00	3 289.79	IC7A 料	10 840.00	118 069.97	专用涂敷料	32 122.38	349 879.01
IC7A 料	千克			21 680.00	277 076.69			21 680.00	277 076.69	费用比例	0.11			缝纫机线	1 200.00	25 096.08	白乳胶	1 990.00	17 058.75	IC7A 料	10 840.00	159 006.72
白乳胶	千克													费用		189 715.17	油墨	200.00	4106.96	白乳胶	2 366.93	20 289.88
油墨	千克	320.00	6 928.24	970.00	19 561.67	320.00	6 571.14	970.00	19 918.77					稀释剂	600.00	6 579.58	油墨	670.00	13 758.33
稀释剂	千克	240.00	2 962.94	1 360.00	14 582.60	220.00	2 412.51	1 380.00	15 133.03								彩印膜	100 000.00	238 895.60	稀释剂	480.00	5 263.66
彩印膜				26 000.00	621 128.56			26 000.00	621 128.56					缝纫机线	1 200.00	25 096.08	彩印膜	16 000.00	382 232.96
缝纫机线	千克	5 249.00	114 485.15	800.00	12 020.00	3 433.00	71 795.70	2 616.00	54 709.45								费用		212 036.97	缝纫机线	216.00	4 517.29
白乳胶、胶带	千克	4 356.93	37 348.63					4 356.93	37 348.63											费用		206 860.91
热熔胶	千克																					
工资					298 311.40				298 311.40													
福利费																						
劳动保险																						
动力					65 412.48				65 412.48													
制造费用					244 889.17				244 889.17													
领普布																						
领彩布																						
领内衬袋	条																					
7042 料	千克																					
二合一																						
三合一																						
合 计		38 410.93	420 520.88	647 014.65	7 192 867.63	37 946.00	434 143.31	647 479.58	7 179 245.20		5 494 034	647 862.65			119 595.90	1 480 530.83		298 572.02	2 591 077.39		319 311.66	3 107 636.98